中國歷代思想家【十三】

主編者：中華文化復興運動總會
王壽南

陳獻章・王守仁
李贄

臺灣商務印書館 發行

陳獻章

宋志明 著

目次

一、傳略……005
1 時代與家世……005
2 艱辛的舉業……010
3 師從吳與弼……011
4 春陽臺自得……013
5 慰親應試……015
6 歸隱白沙里……017
7 著作……020
二、哲學思想……022
1 天道自然……022
2 萬化我出……036
3 操存涵養……048
三、倫理思想……059

1 仁德至善……059
2 規範認同……067
3 處世之道……078
四、結語……089
參考書目……092

陳獻章

一、傳略

1 時代與家世

陳獻章，字公甫，號石齋，晚年自號石翁、紫水歸人，廣東新會縣白沙村人。世稱白沙先生，有時也稱白沙子。生於明宣德三年（西元一四二八年），卒於弘治十三年（一五〇〇年），享年七十三歲。他是明代心學的開山，是一位頗有原創力的著名思想家。

陳獻章所生活的時代是明王朝由盛到衰的轉折時期。他出生的時候，明王朝已建立六十一年了。一三六八年，朱元璋即皇帝位，一三八七年統一中國，建立了高度中央集權的、以漢族爲主體的封建帝國。爲了鞏固剛剛建立的明王朝，促進社會經濟恢復和發展，朱元璋採取了幾項明智的政策。一是釋放奴隸。一三七二年朱元璋下令「諸遭亂爲人奴隸者，復爲民」，並按照民戶、軍戶、匠戶的分類整頓全國戶口。這樣，一大批奴隸、農奴、工奴都獲得了自由民的身分，從而調動了勞動者的積極性。二是實行比較開明的土地政策。允許開墾無主荒地，招徠流民墾荒，安置移民，官府在一定時間內免除稅收並且預以經濟援助。這樣，使廣大的農民重新獲得土地，增加了自耕農的數量，從而爲農業生產的恢復和發展奠定了基礎。三是扶植工商業。簡約商稅，開放對外貿易，採取三十取一的稅收政策，裁併稅關，建塌房以便利商賈，發放「勘合簿」，准許外國商人來華通商。這些措施促進了商品經濟的發展。

朱元璋制定的這些政策，經過明成祖朱棣以及宣宗朱瞻基、英宗朱祁鎮等皇帝的連續貫徹，收到了很明顯的效果，使明王朝很快扭轉了元朝殘酷統治所造成的經濟衰敗的局面，促使經濟走向繁榮。據《明史．食貨志》載，永樂年間宇內富庶，糧食蓄積甚豐，已達到紅腐不可食的程度。

但是，好景不常，到英宗時就已出現由盛轉衰的傾向。在經濟上，土地占有兩極分化已經出現。據統計，弘治年間王朝官田已達到全國私田的七分之一，而大量的私田又都落到貴族、宦官、大官僚的手中。大量農民失去土地，變成流民，他們或者湧入城市，或者逃入深山墾荒，實在沒有辦法只得揭竿而起，由此必然造成社會的不安定。

在政治上，朱明政權日趨腐敗。成祖時信任太監，置東廠，已埋下禍根，到英宗時終於演成太監專權的禍患。在著名的「土木之變」中，英宗也因受宦官王振的挾持而成了瓦剌軍的俘虜。英宗還朝後，又發動「奪門之變」，殺了于謙等人，廢景帝，登奉天殿復位，不久，又發生了鄧茂七、葉宗留、陳鑒胡、李添保、黃蕭養之亂。國內不安定，外患也接連不斷，韃靼屢次騷擾，真可以說是內外交患。面對憂患，皇帝依然過著荒婬無恥的生活，毫無勵精圖治之心。憲宗（一四六五年—一四八七年）在位二十三年，僅召見過一次大臣。

這樣的經濟形勢，這樣的政治局面，構成陳獻章思想形成和發展的環境和條件。他之所以歸隱不出，恐怕與此有密切的關係。除了全國的大環境之外，廣東特殊的小環境對陳獻章思想的形成也有很大的影響。

廣東是明代中國最南端的一個省分，這樣的地理位置使廣州在明代成爲中國最大的海外貿易港。當時中國的貿易以南洋諸國爲主要對象，以廣州爲主要口岸。在《廣東新語》和《羊城古鈔》等書籍中都有關於當時對外貿易盛況的記載。同其他省分相比，廣東的商品經濟比較發達，小私有者市民階層（其中包括小地主、自耕農、手工業者、商人等等）的人數比較多，封建社會末期的特徵比較突出。除了官營手工業之外，他們基本上都是個體經營的，他們擁有少數的資本，但並沒有擺脫封建主義的束縛，在封建專制制度的高壓下，慘淡地經營著。陳獻章本人長期生活在農村，過著讀書人的生活，但這並不妨礙他成爲小私有者和市民階層的思想上的代言人。在他所接近的友人中間就有商人。如他在《茶園曲．寄治香槓袁暉》中寫道：

> 峽東灣灣一水長，商船無日不蘇杭。
> 千村萬落無窮樹，都是袁郎槓里香。

陳獻章的哲學思想強調自我意識，對封建主義的正統觀念有所拒斥，這都直接或間接地反映了市民階層的願望與要求。

陳獻章所生活的時代，既是明王朝由盛轉衰的轉型時期，也是宋明道學由理學到心學的轉型時期。明朝初年，程朱理學仍然是思想上占支配地位的哲學，爲了加強思想控制，明朝政府對程朱理學大力扶植，在明成祖的主持下編纂了《性理大全》等書，學術界出現了薛瑄（一三九二—一四四六年）、吳與弼（一三九一—一四六九年）等著名的理學家。明初程朱理學之所以興盛，同明代的科舉制度有密切的關係。明朝繼承了唐、宋以來的科舉制度，增加了八股文，按照各省或地區的比例規定考試錄取名額，形成了更爲完備的科舉制度，使全國各地的知識分子都有參加各級政府的機會。科舉考試以程朱理學爲教科書，這對於理學之興盛無疑是一個推動力，但對理學的發展卻未必有好處，程朱理學納入科舉的軌道之後，變成了僵化的教條和考試的工具，越來越變得令人生厭，失去其「範圍人心」的作用，從而喪失了學術生命力。於是，到明朝中葉，程朱理學趨於衰落，心學崛起，並且大有取而代之之勢。這是宋明道學發展史上的一項重大轉折，而陳獻章正處在這個轉捩點上。《明史·儒林傳》記載，明代初年聲名卓著的大儒都是朱子學的繼承者，他們師承有自，守儒先證傳，絲毫不敢懷疑。曹端、胡居仁可以作爲代表人物。而從陳獻章開始，學風有了變化。據《明史·儒林傳》記載：「學術之分，則自陳獻章、王守仁始。」以陳獻章爲界限，明代的道學明顯分爲兩個階段，在陳獻章之前，程朱理學占主導地位，而在他之後，心學開始逐漸取得主導地位。

陳獻章生長在一個耕讀傳家的文人家庭。他的祖父永盛先生號渭川，爲人憨厚，不理會世態炎涼那一套世故之道，喜歡讀老子的著作，嚮往道家恬淡超脫的生活方式，很羡慕宋朝道士陳摶的爲人，沒有做過官。陳獻章是個遺腹子，祖父是陳氏家族中對陳獻章影響最大的男性。

陳獻章的父親陳琮，字懷瑾，號樂芸。受道家思想影響也很深，讀書只爲修身，不爲科考，二十七歲早亡，一生中也沒有做過官。潘楳元在《廣州鄉賢傳》中介紹說：「陳琮生有異質，髫齡能文，喜歌吟，尤究心理學，身體力行，毅然以明道淑人爲己任。」陳獻章沒有見過他父親的面，但這位鄉賢的事蹟對他肯定有間接的影響。陳獻章成爲儒家隱者，也算是繼承了祖、父兩輩的家學淵源。

母親林氏是陳氏家族中對陳獻章影響最大的女性。林氏崇信佛教，給陳獻章的思想打上了烙印。母親二十四歲守寡，恪守婦道，作爲儒家道德的實踐者，對陳獻章亦有影響。陳獻章事母至孝，他不肯出仕的原因之一就是要對年邁的老母盡孝道。母親對佛教的信仰對陳獻章有潛移默化的作用。他的母親生病時，他曾按照母親的吩咐，以佛事禱。陳獻章很感激自己母親的養育之恩，他在〈乞終養疏〉中深情地寫道：「方臣幼時，無歲不病，至於九歲，以乳代哺，非母之仁，臣委溝壑久矣。」

2 艱辛的舉業

陳獻章天資聰慧，警悟絕人，記憶力特別強，少讀宋亡厓山諸臣死節事，輒掩卷流涕。陳獻章的聰慧天資加之讀書刻苦，因而學習成績很好。祖父和母親對他抱有很大希望，從小就把他引向科舉之路，指望他能有個晉身的機會。當時程朱理學統治著科場，朱子的四書是舉子們的必讀書。所以朱子學便奠定了他治學的根基。他在〈和楊龜山此日不再得韻〉中寫道：「吾道有宗主，千秋朱紫陽。說敬不離口，示我入德方。」十九歲時，他考中秀才，二十歲到縣庠讀書，他老師很贊賞他的文章，常對人說：「陳生，非常人也，世網不足以羈之。」這一年的秋季，中鄉試第九人，獲得舉人的身分，翌年入京赴春闈，僅考中副榜進士，取得到國子監讀書的資格，廿四歲時再赴秋闈，又一次落第。

科考屢屢失敗，陳獻章並不灰心喪氣，反倒促使他認真思考：自己究竟爲了什麼而學？孔子把學習態度分爲兩種，一種叫作「爲人之學」，這種人學習是爲了達到某種功利目標。一種叫作「爲己之學」，這種人學習是爲了提高自己。「爲人之學」那是小人之道，「爲己之學」才是君子之道。經過一番認真的思考，他終於領悟到：僅僅爲獵取功名而學，不正是墜入「爲人之學」的泥潭嗎？他覺得自己不能在「爲人之學」的泥潭中越陷越深，必須改弦更張，踏上「爲己之學」的正途。在端正了治學的方向以後，他便不再以科舉爲意，並且投師於名儒吳與弼的門下。一日，讀《孟子》：「有天民者，達可行於天下，而後行之」，慨然嘆道：「大丈夫行已當如是。」

3 師從吳與弼

吳與弼字子傅，號康齋，撫州崇仁（今屬江西）人，他是明代與薛瑄齊名的大儒。他在青年時代也曾走過科舉之路，有一次讀到《伊洛淵源錄》，體會到「聖賢之學」或「爲己之學」纔是儒家思想的根本，遂放棄舉業，專攻《四書五經》、程朱理學。他爲人剛毅正直，反對八股制度和宦官當權，一生居鄉躬耕，授徒講學，拒絕皇帝的徵聘，不肯出仕朝廷。吳與弼很重視程朱的理學思想，但並不主張死讀書。他經常慨嘆宋末以來注疏之風帶來的種種弊端，不輕易著述。他認爲「人須整理心下」，「人心不死而天理常存」，「心本太虛」，主張爲學「敬義夾持，誠明兩進」，強調理在心中，主張靜以涵養本心。他把天人合一的聖賢境界作爲人生修行的最終目標，提出「裁斷日新」的口號，主張做一個自強不息、頂天立地的「大丈夫」。吳氏治學面很寬，天文、地志、律曆、醫卜無不探究。他親自參加勞動，經常與弟子們共耕田間。

西元一四五　年，二十七歲的陳獻章放棄舉子業，到江西臨川投師於吳與弼門下。剛到吳氏學館，陳獻章還不太適應。早晨東方剛剛放亮，吳先生便操起農具，準備下田，而陳獻章還在酣睡之中。吳先生對他大喊一聲：「秀才，若爲懶惰，他日何從到伊川門下？何從到孟子門下？」聽到這一聲「獅子吼」，陳獻章頓時猛醒，從此治學做事更加勤奮，不敢有半點怠惰。陳獻章對吳與弼執弟子禮甚恭，先生寫字他奉硯研墨；先生接待客人，他端茶倒水；先生蒔弄庄稼，種菜，編籬笆，他同先生一塊兒幹活。吳與弼平時不太重視講論，但他一言一行都體現著儒者的風範，給弟子們留下很深的印象。吳與弼很看重陳獻章的才學，把他同胡居仁、婁諒視爲自己三個最得意的門生。

陳獻章跟吳與弼學習的時間不太長，只有一年功夫，但獲益匪淺。第一，在吳先生的指導下，他進一步明確了治學的方向，走出了聲利的迷津。他在〈龍崗書院記〉一文中回顧自己走過的道路時説，我年輕的時候沒有師友幫助，治學很不得法，熱中於利祿和功名，常常把糟粕當作精華。自從跟吳先生學習之後，纔有了新的覺悟，慨嘆「迷途其未遠，覺今是而昨非」。正是在吳先生的指導下，他放棄了「爲人之學」而轉向「爲己之學」。第二，吳先生淵博的學識使他大開眼界。吳先生論學講道遵循古人的成法，從周敦頤、程顥程頤兄弟、張載、朱熹的學説談起，上溯孔子和孟子的遺訓，貫通古今，揮揮灑灑，「遵師道，勇挑擔，不屈不撓，如立千仞之壁」，使他感到由衷的佩服。在他的心中，吳先生不愧是一代人豪！當時他對老師講的學問並沒有完全弄懂，但畢竟開拓了他的學術視野。第三，吳先生的不言之教，給了他方法論上的啓迪。吳先生從不正顏厲色地教訓學生，而是注意在生活勞動中與學生們溝通心靈，讓他們自己尋找進入學術殿堂的門徑，這就充分調動了弟子們的創新精神。陳獻章在邊學邊勞動的實踐中體會到，「爲己之學」不是向別人學來的，而是自己向心中求來的。經過這一年的學習，陳獻章明確了方法，開拓了視野，找到了門徑。吳先生已把他領入學術殿堂，至於怎樣尋找寶藏，築造屬於自己的精神世界，全靠自己去努力了。他感到自己沒有必要再在吳先生的身邊待下去了，於是，便拜別自己尊敬的老師，回到故鄉白沙里。

陳獻章跟隨吳與弼先生學習的時間雖然不長，但對於他踏上學術道路至關重要，他經常與友人和弟子們談到這段經歷，很感激吳先生對他的指點。成化十八年（一四八二年），他被徵聘入京，特地到吳先生墓前祭掃，並且寫下〈祭先師康齋墓文〉。他在文章中對先生循序漸進的教育方法，對吳先生「由涵養以及致和，先據德而後依仁」的治學之道，對於吳先生「自得於太極之渾淪」的精神境界，表示深深的敬意。陳獻章沒有辜負老師的期望，他站在先輩的肩膀上再向上登攀，終於創造了獨具特色的心學體系。

4 春陽臺自得

陳獻章從離開臨川回到白沙里之後，立即開始了緊張而艱苦的讀書生活。在相當長的一段時間裏，他足不出戶，閉門讀書，就連參議朱英登門造訪，他也都避而不見。他發憤要遍讀古今典籍，常常徹夜苦讀，不肯休息。實在睏了，就把雙腳放在冷水中泡上一會兒，接著讀下去。他不僅讀儒家的經典，也讀道家和佛教的著作，甚至連稗官小説也不放過。

經過三年苦讀，書倒是看了不少，收穫也不能説沒有，但他總覺得好像缺點什麼。他後來發現，他所缺的止是主體自我的挺立，正是主體對形上本體的親切體驗。而主體自我的挺立僅靠讀書是辦不到的，必須向內用功。他認識到，做學問最可寶貴的是「自得」二字。有了「自得」，有了對形上本體的親切體驗，讀書纔不致於陷於被動，纔能化被動爲主動，把書上的文字化爲自己的深刻體會。如果不用主體意識去駕馭書上的內容，書本歸書本，自我歸自我，是做不成學問的。有了這種認識，他改進了治學的方法，不再向書本上用功，開始在內省上下功夫。他造了一間屋子，稱爲「春陽臺」，長年靜坐於其中，幾乎不到外面走動，甚至於家人也很難見上他一面。

經過十年的靜坐，他排除了外界的干擾，也擺脫了書本的束縛，培養了他的哲學智慧和思想原創力，取得了由博返約的效果。在靜坐的過程中，他消化了所讀書的內容，把前人的著述變成了他從事哲學思考的資糧。他認真地思考宇宙人生的根本問題，建立了自己的哲學體系。他嘗到了靜坐方法的甜頭，也嘗到了靜坐方法的苦頭。他初坐春陽臺時，由於用功過度，幾乎搞垮了身體，後來領悟到，靜坐方法固然有用，但亦不可過分拘執。過分地拘執於靜坐似乎同坐禪沒有什麼兩樣，這有違於儒家的宗旨。他進一步領悟到，動與靜不是對立的，而是統一的，因爲二者都是道的體現。對於道來說無所謂動，也無所謂靜，一個人既可以在靜中與道保持同一，也可以在動中與道保持統一。對於得道之人來說，道可以說無所不至。倘若一個人一味地求靜，恐怕永遠達不到「與道爲一」的境界，永遠不能獲得對於道的深刻體驗。有了這樣一種覺悟，陳獻章又昇入一個更新的思想高度。他不再枯坐求靜，而要動中求靜。他走出春陽臺，投入大自然的懷抱，有時浩歌長林，有時孤嘯絕島，有時乘小舟在海灣垂釣。他離形去智，忘情無我，隨動靜而施功，無入而不自得，進入了精神上的自由世界。

5 慰親應試

陳獻章在科舉道路上屢屢受挫，而在學術道路上頗有建樹，他在四十歲左右時，便是名揚遐邇的大儒了。一些學子慕名而來，投師於他的門下。他教育學生很講究因材施教，注意調動學生的學習積極性和主動性，針對每個學生的資品高下、學力淺深加以培養，循循善誘，絕不人爲地拔苗助長。他並不要求學生死記硬背，注意引導學生自己去體驗大道。對於入室弟子，他首先提出的要求是靜坐，讓學生通過靜坐培養善端。他經常對學生們說：做學問的目的在於求道，光在書本上用功是不夠的，只有從自己的本心上去求，纔可達到目的，纔可祛除「務外」之弊。對此一定要有清醒的認識，否則便會流於「爲人之學」而不是「爲己之學」。認識到了這一點，便會一齊塞斷詩文末習著述等頭路，涵養善端，求得靜中觀道的效果，形成自己獨到的學術風格。

陳獻章教學的內容很廣泛，不限於傳播書本上的知識。在講學的空暇時間，他時常同弟子們在一起練習射禮。於是，有人造謠說他要聚眾起兵，大家都爲他捏一把汗，可是他並不放在心上。他認爲練習射禮乃是儒學中不可少的科目，無可厚非。

陳獻章很滿意這種讀書、教書、求道的生活，沒有再赴科舉的打算。可是在別人看來，像他這樣一位大賢高才，不應該被埋沒在鄉間。學士錢溥被貶謫到順德縣做縣令，他雅重陳獻章的才學，寫信勸陳獻章再去應試，不要辜負了母親對自己的期望。陳獻章讀了錢溥的信，仔細地想了想，覺得也有道理，於是便決定進京重返太學，準備應考。成化三年（一四六七年），他來到北京，復游太學。太學祭酒邢讓以〈和楊龜山此日不再得韻〉爲題，要他作詩一首。陳獻章接過試題，略加沉思，寫下長詩一首，共四十八行，二百四十字。楊時（字中立，學者稱龜山先生）是程門四大弟子之一，他在〈此日不再得韻〉一詩中嘆人生短暫，鼓勵學子們抓緊時間讀書。陳獻章在和詩中回顧了自己十六年來走過的學術道路，翻出新意來。他在詩中寫道，自己把謀道看得比謀衣食更爲重要，從小就立下希聖希賢希天之志；曾把朱子奉爲宗主，從朱子「涵養須用敬」中受到啓發，找到靜坐涵養善端的方法，體會到「樞紐在方寸，操舍決存亡」的道理，因而不再受書本經傳的束縛。陳獻章以朱子之學爲出發點，但沒有受程朱支離之弊的限制，要求由博返約，把握本心，體現出由理學轉向心學的趨向，思想深刻程度無疑超過了楊時。難怪邢讓讀了陳獻章的〈和楊龜山此日不再得韻〉會拍案叫絕，驚嘆「龜山不如也！」

邢讓讀了陳獻章的和詩，對他大加贊賞，視他爲真儒復出。他在朝廷上向同僚們宣揚陳獻章的才學人品，一時在京城引起不小的轟動，許多名士都願意同他交游、論學、酬對，其中有羅倫（字一峯）、章懋（字德懋）、莊昶（字孔暘）、賀欽（字克恭）。賀欽願意執弟子禮向陳獻章求教，爲陳獻章捧硯研墨。侍郎尹旻景慕陳獻章的名望，執意要送兒子到陳獻章處學習，陳獻章極力推辭，尹旻送了六、七次，陳獻章始終沒有接納。

不過，真儒的名聲對於陳獻章並非完全是福音。他受到一些人的傾慕，也受到一些人的妬嫉。成化五年（一四六九年），禮闈開考，由於有人做了手腳，陳獻章再次落第。一時輿論大嘩，京師竟傳出「會元未必如劉戩，及第何人似獻章」的民謠。他的好友們紛紛到陳獻章借居的神樂觀安慰他，他竟大笑不止。莊昶對他說：「他人戚戚太低，先生大笑太高」。其實這次科考失敗對陳獻章的打擊是相當大的，事後他大病一場。他在〈與張憲副廷學書〉中寫道：「僕自己丑得病以來，人事十廢八、九，齒髮都耗，精力寖衰。」這是他最後一次應考，從此他再也不肯邁進科場一步。

6 歸隱白沙里

成化五年秋，陳獻章離開北京，返回故鄉白沙里。從此，杜門卻掃，潛心治學，開始了他大儒大隱的晚年生活。他從早到晚都忙著與門人賓友講學，縱論天下事。他雖居住在偏僻的小山村，可是名聲遠揚，到他書館求學的人來自四面八方。東南邊陲的封疆大吏乃至潘王白夷宣慰使也紛紛致禮於他的廬舍。

成化十七年（一四八一年）江西觀察使陳煒修復朱熹創辦並講學多年的白鹿洞書院，專門派人到廣東白沙里請陳獻章出山主持書院。這本來是許多學者求之不得的事，可是陳獻章卻婉言拒絕了。他在〈復江右藩憲諸公〉中寫道，我並不是不想爲彰明儒道而盡力，無奈我做學問很不得法，見識多有糊塗、錯誤之處，志向也不大，氣力也不足，文風也不行時，加上老之將至，所以實在不能勝任。他在信中寫得很客氣，其實真正的原因是他告別了科場之後，經過多年鑽研，已經告別了理學而轉向了心學。他心裏很清楚，自己的學術理路同程朱並非一脈，當然不便擔任白鹿洞書院的主持。

成化十八年（一四八二年）廣東布政彭韶和巡撫朱英上疏朝廷舉薦陳獻章。陳獻章本來並不想去做官，心甘情願一輩子都過著隱居的日子，朱英生怕陳獻章不肯應聘，特地寫信對他說：「我已對皇上說你願意應聘，如果你遲遲不動身，我豈不犯下欺君之罪嗎？」話說到這種程度，看在老朋友的面子上，陳獻章不得不同意應聘。接到明憲宗徵聘的詔書後，陳獻章立即動身前往北京。

到北京後，陳獻章以爲會得到朝廷的任用，沒想到憲宗下的聖旨竟是「考試了，量擬職事」，要他先到吏部考試，然後量才而授職。這著實使他大感失望。他以有病爲由，要求朝廷延期考試，並且一拖再拖，最後，他索性寫了〈乞終養疏〉，請求皇帝恩准他回家侍奉年事已高的老母。憲宗皇帝反覆讀了他的上疏，降旨稱：「陳獻章與做翰林檢討，親終疾癒仍來供職」。據陳建《皇明通紀》記載，陳獻章得到這一官職，同宦官梁芳有關。陳獻章同梁芳有文字之交，梁芳「素慕獻章名，言于上」，起到了一定的作用。

陳獻章接到聖旨之後，寫了〈謝恩疏〉，派姪兒陳景星送鴻臚寺轉呈皇上，表示接受朝廷的任命，然後立即收拾行裝返回白沙里。事後有人議論說，陳獻章不應該接受朝廷任命的虛銜，認爲他這樣做有失其大儒大隱的身分，不如效法迺師吳與弼乾脆拒絕任命。陳獻章解釋說：他的情況同先師吳與弼不一樣，先師吳與弼是布衣身分，當然可以拒絕朝廷的任命；而他是舉人、監生出身，有聽命朝廷的義務，所以只能這樣做，否則會有沽名釣譽之嫌。

陳獻章應徵赴京雖然僅得了「翰林檢討」的虛職，但卻大大提高了他的知名度。應聘歸來，向他問學的人更多了。向他求教的人除了讀書人之外，還有和尚、道士迺至平民百姓、販夫走卒，他都本著「有教無類」、「誨人不倦」的原則，耐心地回答他們提出的問題，因而贏得了大家對他的尊敬。南畿有一個很有名的僧人，法名太虛，他寫信給陳獻章，向他請教佛法方面的問題，陳獻章回信寫道：「逝者如斯夫，不捨晝夜」，太虛參證數日，對佛法有了更深的體會，他回信告訴陳獻章：「我以此證也。」二人遂結爲講友。向陳獻章求教的還是以讀書人爲多，他們甚至不遠千里，投至陳獻章門下。陳獻章在白沙村講學，對當時的社會造成很大的影響，也得到當地官府的尊敬和支持，甚至主動資助他發展教育事業。張詡在〈行狀〉中提到，參政伍某、僉事戴某等人都願意出錢幫助陳獻章翻蓋房屋，改善教學條件，都被他拒絕了。他自己營造了小廬山書屋供四方學者寄宿。他同當地官府有來往，但保持著個人的操守，不卑不亢。他是以民間教育家的身分辦學的。在他的處所備有專門供學者使用的宿舍，可見他的教育事業已經發展到相當的規模。據《新會縣志》中〈白沙弟子傳〉記載，僅在新會縣陳獻章的弟子就有一百零六人。

陳獻章講學的目的不是爲了應考，而是爲了傳道。他講學的內容就是他本人的學術思想。以他爲中心，形成了明朝第一個心學學派——江門學派。張詡（字廷實）、湛若水（字甘泉）、李承箕都是這一學派中的著名人物。

陳獻章的學問卓然成家，他的書法也獨俱一格。他住在小山村裏，不容易買到毛筆，他就把一束茅紮成筆，用來寫字，因此，陳獻章的字被人們稱爲「茅筆字」。他在詩中多次提到他獨到的茅筆書法，如「恥獨不恥獨，茅根萬莖禿」，「茅君頗用事，入手稱神工」。他的茅筆字居然成爲書法中的珍品，許多人都希望得到他的片紙隻字並且當作傳家寶珍藏起來。先師吳與弼的女婿家境困難，找到陳獻章的門上，陳獻章寫字數十幅相贈，他回到江西小坡後，每幅賣白金數星。有一位官員出使越南，發現越南人特別喜歡陳獻章的茅筆字，每幅可以賣絹數疋。他的隨員中有人帶了一兩幅，頗後悔沒有多帶上幾幅。

明孝宗弘治十三年（一五〇〇年）一代大儒陳獻章在白沙村溘然長逝，終年七十二歲。臨終前，他早早地穿上朝服，命弟子扶著，向北方瞻拜，對明朝皇帝行告別禮。就在他去世的那一年，給事中吳世忠又向朝廷薦他，明孝宗批准陳獻章入閣的詔書送到白沙村，他已經離開了人世。陳獻章接受了「翰林院檢討」的職銜，實際上並沒有做過一天官，他以大儒大隱的形象，留在青史上。在他去世八十五年之後，明萬曆十三年（一五八五年）神宗詔准他同王守仁一起從祀孔廟，謚文恭。

7 著作

陳獻章沒有寫出專門的學術著作，正如他的高弟湛若水所説，陳獻章的思想全部寓於他的詩文中。陳獻章看重的是內心體驗到的活學問，而不是寫在紙上的死學問。他瞧不起那些皓首窮經的儒生，並不以傳疏爲業。他在詩中寫道：「莫笑老慵無著述，真儒不是鄭康成。（即鄭玄）。」他的志向是：「他年儻遂投閒計，只對青山不著書」。有人勸他著述，他巧妙地回答：「伏羲著述數畫耳，況畫前又有易乎。」

儘管陳獻章無意於著述，他還是留下了大量的文字，死後由他的門人輯成《白沙子全集》。《白沙子全集》最早的版本是新會縣知事羅僑（字惟昇）委託陳獻章的門人容貫編輯而成，門人張詡（字廷實）作序，弘治十八年（一五〇五年）刊行。嘉靖十二年（一五三三年）湛若水的門人高簡在維陽修定《白沙子全集》，增加了一些內容，删掉了一些內容。嘉靖三十年（一五五一年）蕭友山重刻全集，湛若水作序。以後還有隆慶三年（一五六九年）刻本，萬曆八年（一五八〇年）刻本，萬曆二十九年（一六〇一年）刻本，萬曆四十年（一六一二年）刻本，明末刻本。清康熙四十九年（一七一〇年）何九疇新編全集，又增加了一些內容，使之更加完備。一九八七年，中華書局以何九疇刻本爲底本，參校其他刻本，重新加以整改、校勘、標點，並將書名改爲《陳獻章集》（上、下兩册），這是目前最好的版本。

二、哲學思想

儘管陳獻章沒有寫出專門的哲學著作，但在他的大量的詩文中洋溢著哲學思想，這是大家公認的事實。他沒有寫出形式上的哲學體系，但他畢竟構築了事實上的哲學體系。他的哲學體系由天道自然的本體論、萬化我出的主體論、操存涵養的工夫論構成，茲分述如下。

1 天道自然

陳獻章的哲學思想是在他放棄舉業之後逐漸形成的，因而與正統的儒家有所不同。在科場失意後，他重新調節自己的價值取向，從對功名的關注轉向對自然的關注，從緊張的心態轉向放鬆的心態。他的世界觀是一個儒家隱者的世界觀。

在陳獻章的詩文中，最具有哲學意味的文章是〈論前輩言銖視軒冕塵視金玉〉這組文章。這組文章由上、中、下三篇構成。宋明理學的奠基人周敦頤在《通書．富貴》第卅三中提出了「銖視軒冕塵視金玉」的清高思想。「軒冕」表示擁有官爵利祿，「金玉」表示擁有財富。周敦頤認爲，君子應當把「道」當作唯一的價值目標，應當以道充實自己，絕不會把利祿財富看得很重。在君子的眼裏，利祿功名、金錢財寶同塵土沒有什麼兩樣，陳獻章接受了周敦頤這種清高思想，並且從哲學方面加以發揮，提出「道」的範疇，並以道作爲他的本體論思想的核心。

陳獻章認爲道是宇宙萬有的實體，具有形而上的意義。具體事物都是道的體現，而道同具體事物相比，更具有根本性。他在〈論前輩言銖視軒冕塵視金玉〉上篇中首先肯定道的至上性，指出：道是最高的範疇，天地也可以說是最高的範疇，在通常的意義上，道和天地都可以說是最高範疇。不過，在本體論的意義上，只能說道是最高的、終極的本體，因爲道是天地的根本。從道的角度看待天地，則天地不過是太倉中的一粒粟米、滄海中的一勺水而已。在這裏，陳獻章區分了「哲學的宇宙」和「物質的宇宙」兩種意義上的存在：道是「哲學的宇宙」，天地是「物質的宇宙」；道是無形的存在，天地是有形的存在；道是無限的，天地是有限的；道是總體，天地是部分；道是形而上的本體，而天地是形而下的現象。因此天地之大是不可以同道之大相提並論的，只有道纔真正稱得上「至大」。

陳獻章把道與天地區別開來，明確地把道作爲哲學思考的中心。關於道的哲學規定，他指出以下幾點。

㈠道是抽象的實體，它是天地萬物之本，在整個宇宙中處於最崇高的位置。他在〈次韻張東海〉詩中寫道：「道超形氣元無一，人與乾坤本是三」。道是宇宙萬有之本，但不能簡單地等同於萬物之中的任何一物，因爲它是超形氣的。任何具體的事物都是具有形氣的，即有形狀和質料的規定，但道沒有形狀和質料的規定。「超形氣」並不等於說無形氣，而是說形氣尚處於混沌未分的原始狀態，故而道爲「元」，爲萬物的本體、始基；道沒有具體的規定，故而可稱爲「無」。陳獻章所說的「無」不是虛無的意思，而是無具體規定的意思。正因爲道無任何具體的規定，纔可以規定任何具體的事物，從而成爲萬物賴以存在的本體。他所說的「無」同周敦頤所說的「無極」是一個意思。道本身沒有具體的規定，但爲任何具體事物所依據，從這個意義上說，道構成宇宙萬有的統一性，故而道又可以稱爲「一」。他所說的「元」、「無」、「一」都是從不同的角度對道的稱謂，三者是同等程度的範疇。在這裏，他接受並闡發了周敦頤「無極而太極」的命題，把無極與太極都歸結爲道，使這個命題的意思更明確了。「人與乾坤本是三」，是說人、乾（天）、坤（地）都是道的體現，從另一個角度說明道的實體性。

㈡道是包羅萬象的總體。從邏輯上說，道具有在先性；從範圍上講，道包容一切，囊括一切，無處不在。陳獻章強調：「道之全體，初無不該」。在常識中，天地是最大的事物，然而天地也包括在道的範圍之內。天地不是道以外的物體，道至少同天地同樣偉大。道與天地相比，有本末之分，大小之殊，主次之別，所以只有道纔可以稱爲總體，纔可以成爲哲學思考的對象。

㈢道的無限性、普遍性以及永恆性。陳獻章指出，道是包羅萬象的總體，但並不意味著道是封閉的系統。恰恰相反，道是開放的系統。所謂開放的系統，就意味著道是超時空的、無限的。他在〈與林郡博（其六）〉中寫道：「此理干涉至大，無內外，無終始，無一處不到，無一息不運」，「此理包羅上下，貫徹終始，滾作一片，都無分別，無盡藏故也」。從空間上說，道無內外，是無限的，又是普遍的，它無一處不到，體現在一切事物之中。道既然是無限的和普遍的，當然也就是永恆的，道是天地萬物的實體、本體、總體，並且自己運動著，「無一息不運」。他從佛教中借來「無盡藏」一語，用來表明道的無限性、普遍性和永恆性。

㈣道具有自爲性。道是自然而然的運動過程，不受其他任何因素的支配。陳獻章在〈與林時矩書〉中說：「宇宙內更有何事，天自信（伸）天，天自信地，吾自信吾；自動自靜，自闔自闢，自舒自卷；甲不問乙供，乙不待甲賜；牛自爲牛，馬自爲馬；感於此，應於彼，發乎邇，見乎遠。」在他看來，道就是宇宙內的事，道不在宇宙之外。道不是孤立存在的，它就體現在天、地、人、牛、馬等等具體的存在物之中，使天成其爲天，使地成其爲地，使人成其爲人，使牛成其爲牛，使馬成其爲馬，……，道自動、自靜、自闔、自闢、自舒、自卷，它就是運動發展的終極原因。在道的支配下，任何具體的事物都處在特定的運動狀態。因爲每一事物處於怎樣的運動狀態，取決於道，也取決於這一事物自身，這二者是一致的，因爲道要通過事物自身起作用，道並不是在事物之外的支配者。每一事物借助道使自己處於某種運動狀態，絕不孚任何外因的干預，「甲不問乙供，乙不待甲賜」。儘管每一事物都是自己運動的原因，但畢竟還在道的範圍之中，所以各個事物又處在內在的總體聯繫之中，「感於此，應於彼，發乎邇，見乎遠。」陳獻章關於道的自爲性的解釋，同神秘主義的宇宙觀劃清了界限。他把道視爲事物之間的內在的、普遍的聯繫，建立起一個有機的宇宙觀。

從以上關於道的哲學規定中可以看出，陳獻章的「道」本體論思想同朱子的本體論思想既有聯繫又有區別。陳獻章承認道的抽象性，強調道與天地之間的區別，同朱熹強調「形而上」與「形而下」的區別是一致的。朱熹認爲理、太極是形而上之道，是生物之本，道在邏輯上先於氣，先於具體事物，陳獻章同意朱熹的這樣一些提法。但是朱熹過分強調道的抽象性，甚至使道變成了脫離了具體事物的抽象化了的絕對，這招致了陸九淵對他的批評。陸九淵在鵝湖之會上表示不同意朱熹的二重化的本體論，認爲太極是理，而理又是心，所以不需要區別形而上和形而下。他指責朱熹關於「無極而太極」的解釋是「頭上安頭」。陳獻章強調道的總體性和自爲性，一方面借鑑了朱熹的理論思惟教訓，另一方面也吸收了陸九淵的觀點。在陳獻章的道本體論思想中，儘管還留有脫胎於朱子學的痕跡，但已明顯地表現出向陸九淵心學靠攏的趨勢。

在道本體論的基礎上，陳獻章進一步提出關於宇宙生成的看法。他認爲道是天地萬物的邏輯起點，在道沒有表現爲某個具體事物之前，只是一種可能性，陳獻章稱這種可能性爲「混沌」或「一」。從混沌到具體事物的形成有一個過程，這是一個自然變化的過程。他在〈太極涵虛〉一詩中寫道：「混沌固有初，混沌本無物，萬化自流形，何處尋吾一」。他承認有一個「混沌」、「渾淪」、「無物」的階段，但這只是邏輯上的前提而已，表明道是萬物所以能夠形成的根據。儻若沒有道，萬物的生成將是不可解釋的。在他看來，混沌的道僅僅是邏輯上的前提，並非事實上的發展過程，道與萬物不是派生的關係，而是「化生」的關係，所以說「萬化自流形，何處尋吾一」。從無形的道到有形的物，不是像從甲產生到乙那樣直接、簡單，因爲道與物不是個體與個體之間的關係，而是本體與現象之間的關係。道不是物所由產生的原因，而是物所由存在的根據。萬物依據道而存在、而化生，道也不能與物相互外在。道既然不與物構成外在的關係，當然也就不存在著物怎樣從道中產生出來的問題了。陳獻章拒絕從發生論的角度說明道與物的關係，只是從本體論的角度說明道物關係，這一看法相當深刻。他沒有採取「道生物」的觀點，從而避免了「無何以會生出有」的理論困難。他從《周易．乾大象》的「流形」說中受到啓發，提出「萬物流形」說，用以表達「萬物一體」的整體意識。他的萬物流形說表明，道在物中，道與物同在。這是一種泛道論的哲學識度。

陳獻章以泛道論的觀點處理道與物的關係問題，也以泛道論的觀點處理道與氣的關係問題。他認爲氣是構成天地間萬物的質料，「天地間一氣而已，屈信（伸）相感，其變無窮」（〈雲潭記〉），道與物是相通的，道與氣同樣是相通的。陳獻章雖然沒有明確提出「道即氣」或「道在氣中」的命題，但他明確地肯定了道與氣的一致性，明確地肯定氣並不在道之外。陳獻章對氣談得不多，並沒有像朱熹那樣把氣當作「道」或「理」的掛搭處，把氣當作由道或理到物的中介。在他看來，道做爲本體，直接地全部地顯現爲物，並不需要以氣爲中介。他不否認氣是構成物的質料，但氣如何構成物，迺是一個形而下的問題，同形而上的道關係不大，故而他不怎麼重視氣這個範疇。他沒有把氣擺在同道或理並列的位置，因而也沒有必要討論道與氣孰先孰後的關係問題。朱子認爲道或理是生物之本，而氣是生物之具，於是帶來了理與氣的關係問題。關於理氣關係，朱熹有兩種說法，一是理氣不分先後，「天下未有無理之氣，亦未有無氣之理」（《朱子語類》卷一），二是理爲主，氣爲從，「氣之所聚，理即在焉，然理終爲主」（《朱子文集．答王子合》）。這兩種説法如何協調起來，則是朱熹難以解決的問題。陳獻章拋開了道與氣孰先孰後的關係問題，直接把物與道相溝通，當然也就不會遇到朱熹所遇到的困難。

陳獻章指出：道轉化爲萬物之後並沒有消失，道一方面作爲天地萬物的實體，一方面也構成天地萬物間的相互關係、運動形式以及規律。基於這一觀點，他在〈雲潭記〉一文中集中闡述關於「變」的看法。他在這篇短文中指出，任何事物都遵循著自然規律發展變化著，美的東西有其所以爲美的道理，醜的東西也有其所以爲醜的道理。這種規律是客觀存在的，事物本身具有的，既非外力所加，也非人心所能主宰。比如，潭水表現出「潔」的特性，而雲表現出「變」的特性，「水以動爲體，而潭以靜爲用」。看起來十分平靜的潭水，其實仍遵循著規律處於運動變化狀態。宇宙萬物都按照規律運動變化著，人也不例外。「人自少而壯，自壯而老，其悲歡得喪，出處語默之變，亦若是而已，孰能久而不變哉！」陳獻章作爲一位哲學家，只是從思辯的角度肯定規律的普遍性，而沒能從自然科學對自然規律做具體的研究，這當然是他的不足；但他畢竟充分地揭示出運動發展的必然性。這對於一個十五世紀思想家來說也是難能可貴的。他以自然主義的決定論反對神秘主義的目的論，給人以理性的啓迪。

在宇宙論方面，陳獻章受道家思想的影響較深。他從老子「道法自然」的思想中受到啓迪，試圖按照自然界的本來面貌來了解自然，解釋萬物的發生發展過程。他拒絕任何神秘主義的觀點。在文章中表現出清醒的理性智慧。他沒有像老子那樣陷入「有生於無」的虛無主義誤區，而是創造性地提出「萬化流形」說，更加貼近客觀世界的本來面貌。他的宇宙論思想，同莊子的「物物者與物無際」的觀點比較接近。陳獻章沿著泛道論的思路，進一步彌合了「形而上」與「形而下」之間的裂縫，化解了理氣之間的緊張對立，給人們提供了一個更爲簡潔、更爲完整的世界圖景。

陳獻章注意研究道與物的關係問題，更注意研究道與人的關係問題，對於後一個問題，陳獻章投入相當大的精力。他認爲道對於人來說乃是一種超越的存在。他在〈仁術論〉中說：「天道至無心，比其著於兩間者，千怪萬狀，不復有可及，至巧矣，然皆一元之所爲。」天道同人心是有區別的，二者不能等同。天道在天地之間的表現形式多種多樣，千變萬化，千姿百態，巧妙無比，這是人的意識所無法改變的。天道作爲一元本體，具有無所不爲的至上性，它並不需要依賴其他任何東西，當然，也不需要依賴人的意識。道與人的關係應該是：人在道中，道包容人。從自然存在的角度上看，人不過是萬物中之一物而已。儘管人是萬物之靈，也不可能凌駕於道之上。在道的面前，人是渺小的。人們常常引以爲自豪的高官厚祿、金銀財富更是微不足道。這正是陳獻章「銖視軒冕塵視金玉」的理由。陳獻章這樣處理道與意識之間的關係，明確地肯定了道乃是客觀本體。他劃清了道與意識的原則界限，並沒有陷入人類中心論的誤區。

一些研究者給陳獻章冠以「唯心論」的帽子，這一結論恐怕難以站得住腳。如上文所述，陳獻章明確地肯定道具有實體性、至上性，同意識有區別，並沒有把意識擺在第一性的位置，怎麼可以說是唯心論呢？也有一些研究者喜歡給陳獻章戴上唯物論的帽子，這樣做也未必合適。因爲陳獻章並沒有把道界定爲物質，從未說過「道即氣」一類的話，所以很難用唯物論一語稱謂陳獻章的哲學體系。其實，唯心論唯物論一類從西方哲學中借用來的術語，未必適用於中國哲學。我們在了解陳獻章哲學時，最好還是採用具體問題具體分析的方法爲宜，不要讓一些籠統的字眼模糊了陳獻章哲學的本來面貌。

陳獻章指出，在道的面前，人雖然渺小，但人在天地萬物之中處於特殊位置。「萬物之中人爲靈」，人的特殊性就在於人有自覺的意識。正是由於人具有自覺的意識，所以人具有認識道的能力，從而構成認知主體，而道做爲被認知的對象，構成知性客體。他說：「至大者道而已，而君子得之」，又說：「吾或有得焉，心得而存之」。從本體論的角度看，道是本體，道不依賴於人，而人作爲萬物中之一物，同其他事物一樣，也必須依賴道纔能存在，「人得之爲人」，人只是道的一部分；而從認識論的角度看，道是可知的，道與人心構成同一關係。他說：「心乎，其此一元之所舍乎！」正是由於心的緣故，道才可能由自在之物轉化爲爲我之物。顯然，在認識論領域，陳獻章把理論重點從天道移向人心。這一轉捩使他告別理學一派，而趨向心學一派。

值得注意的是，陳獻章哲學中的認識論是廣義的認識論，有別於通常意義上的知識論。準確地說，人心認識天道，所得到的不是知識，而是智慧。人心認識天道實際上是超越的本體內在化的過程，這裏既有對本體的體驗或認同，也有主體的反思或自覺。這兩個方面是同一過程的不同側面，構成不可分割的整體聯繫，有如手心和手背一樣。陳獻章強調，人心在認識天道的時候，應當保持虛靜狀態，「惟至虛受道」。這同老子「爲學日益，爲道日損」

的意思是一致的。陳獻章還指陳認識道與認識物的另一點區別，即作爲道的認知主體，並不是一般的人，而必須是「君子」，也就是有很高道德修養和哲學智慧的人。

陳獻章指出，如果採用通常的認識物的方法去認識天道，必將是一無所得。從這個意義上說，道是「不可見」，「不可言」的。人心要想獲得關於道的認識，必須採取特定的方法。這種特定的方法就是舉一反三，告訴你一個正方形的角，便可以推知其他三個角。認識道並不難，而掌握認識道的方法卻是很困難的。比如有人不懂得怎樣使用發射彈子的彈弓，有人告訴他：彈弓的形狀同射箭的弓一樣，但弓弦是竹子做的。如果這個人不會拉弓射箭，就相當困難了。同樣道理，對於不認識道之大的人，有人對他說：道是最大的，與道相比較，天是小的，而軒冕金玉更微不足道，他肯定會感到迷惑不解。按照陳獻章的解釋，在認識道的方法中包含著推理的成分，但這不是主要的；認識道更需要理性的直覺，很難對不認識道的人用語言傳述道。儘管陳獻章認爲掌握認識道的方法很難，但他畢竟肯定了道的可知性。一方面，他把道放在意識之外，強調道不依賴於意識，換言之，道並不必然地存在於人的意識之中，從而便維護了道的獨立的本體論地位；另一方面，他承認人們掌握特定的方法便可認識道，從而肯定了道與意識的同一性。

陳獻章認爲，對於人來說，道還是人應當效法的價值本體。他對自己的門人說：「人與天地同體，四時以行，百物以生。若滯在一處，安能爲造化之主耶?古之善學者，常令此心在無物處，便運用得轉耳。學者以自然爲宗，不可不著意理會。」（〈遺言湛民澤〉）。他指出，人與天地都以道爲體，「四時以行，百物以生」的自然流行過程就是道的體現，這一過程永遠不會完結。儻若萬事萬物都停滯在某一處，也就體現不出道爲「造化之主」的本體意義了。萬事萬物都在道的支配下發展變化著，人作爲萬物中之一物，也不例外。對於人來說，道是意義的世界或價值的世界。作爲一個理想的人格，應當自覺地追求與道爲一的最高境界，「常令此心在無物處」。他所說的「無物處」，也就是指與道爲一的境界，在他看來，這種境界乃是人追求的終極價值目標。

陳獻章把求道設立爲終極的價值目標，並且提出以「自然爲宗」的主張。這一主張最能體現陳獻章哲學思想的特色。他所說的「自然」有多層意義。從抽象的意義上說，自然是指天道，是指宇宙萬有的本體，從這個意義上說，「以自然爲宗」就是時時刻刻都遵道而行，確立「道無所不在」的哲學意識。有了這種意識，纔可以稱得上自覺的人。以自然爲宗，也就是以本然的道爲宗，即以道爲安身立命之地，以道作爲精神家園，以道爲價值尺度，體會人生的意義，體驗人生的價值，從而獲得精神的充實感和歸依感。在陳獻章「以自然爲宗」的主張中，一方面繼承了老子「道法自然」的觀念，一方面繼承了孟子「上下與天地同流」和《易傳》中「與天合德」的觀念，實現了儒、道兩家的合流。他的「以自然爲宗」同中國傳統哲學中「天人合一」的境界追求是一致的，都是一種形而上的價值體驗。

陳獻章指出，以自然或道爲宗的境界是一種令人愉悅的和樂境界。他在寫給湛甘泉的信中說：「此學以自然爲宗者也」，「自然之樂，迺真樂也」。之所以稱爲「真樂」，是因爲這種樂不是建立在感官刺激的基礎上，而是建立在價值理性自我體驗的基礎上；這種樂迺是「得道」之樂，它給人一種真正的灑脫、曠達的心境。按照陳獻章的理解，這種真樂也就是

《論語》中所提到的「曾點之樂」。據《論語．先進》記載，有一天孔子同子路、曾點、冉有、公西華在一起聊天，問他們每個人的志向。子路、冉有、公西華都希望得到一個官職，以便實現自己治國的抱負。唯獨曾點繼續彈琴，不以爲然。孔子問到他，他鏗地彈了一下琴，站起來說：「我和他們三位所說的不一樣，我只希望能在暮春時節，和五、六位成年人，六、七個少年，去沂河裏洗洗澡，在舞雩臺上吹吹風，然後一路唱著歌走回來。」孔子聽後，長歎一聲，表示贊同。陳獻章認爲，從表面上看，曾點的說法似乎卑之無甚高論，其實不然。因爲曾點的價值取向不是現實世界中的功利目標，而是道。他所追求的正是「以自然爲宗」的超凡脫俗的精神境界。

在怎樣理解儒家的價值觀問題上，宋明理學家有兩種不同的意見，一派是以周敦頤、程顥爲代表的灑落派，另一派是以程頤、朱熹爲代表的敬畏派。灑落派欣賞孔顏之樂，有「吾與點也」的意願，講究價值體驗和胸次灑落。周敦頤「綠滿窗前草不除」，別人問他爲什麼，他回答說：「與自家意思一般」。這是一種要與生生不已的道體融而爲一的價值體驗和人生胸懷。師承周敦頤的程顥也繼承了乪師的這種學風，常常借用《中庸》中「鳶飛魚躍」的比喻，描述鷹擊長空、魚翔淺底的活潑、灑落的境界。敬畏派主張敬畏恐懼，常切提撕，講究整齊嚴肅，很重視倫理規範的約束作用。陳獻章主張「以自然爲宗」，顯然是繼承了灑落派的風格，但他並不排斥敬畏派。他認爲講究戒愼恐懼目的在於防止邪惡，也是十分必要的，但不應當讓恐懼敬畏傷害了心境的自得與和樂，他力圖用「以自然爲宗」的理論把兩派綜合起來。

從具體的意義上說，「以自然爲宗」也就是以自然界爲歸宗，以山林爲歸宗。陳獻章「以自然爲宗」的主張中，包含對朝廷生活、都市生活的厭棄，對歸宿山林的頌揚。從他的哲學立場上看，天地萬物都是道的體現，天地萬物取法於道是自然而然，並不受人爲的干擾。「自然」與「人爲」是相對的。在朝市之中，人爲的成分太多，而自然勢必受到干擾；只有在山林纔可以減少人爲的干擾。親近自然，也就是親近道本身。他曾表示，自己的志趣是：「悠然得趣於山水之中，超然用意於簿書之外。」（〈復江右藩憲諸公〉）。可見，他選擇歸隱白沙里的道路並不是偶然的，而是他的價值觀的具體貫徹。

在陳獻章的眼裏，山林歸隱的生活充滿了詩意。在他的筆下，大自然生機盎然，令人陶醉。他在〈歸田園〉詩中唱道：「東籬採霜菊，南渚收菰田。游目高原外，披懷深村間。禽鳥鳴我後，鹿豕遊我前。冷冷玉臺風，漠漠聖池煙。閒持一觴酒，歡飲忘華顛。」廣漠的大自然使他心曠神怡，忘卻人間的種種煩惱，獲得精神上的解放。他的詩文處處透著大自然的清新、淡泊、靜穆，表達出他對自然之道的真切的感受。

從價值體驗的角度說，「以自然爲宗」也叫作「自得」。陳獻章說：「山林朝市一也，死生常變一心，富貴貧賤，夷狄患難一也，而無以動其心，是名曰自得」。他指出，對於一個自得於道的人來說，不再受到外界的牽累，不受耳目的牽累，進入了「鳶飛魚躍在我」的最高境界。在這種境界中之人纔真正懂得了「善」的意義。如果只在書本中探討生活，沒有真正的價值體驗，書讀得再多也沒有用處。他強調「學貴自得」，要通過自覺的體驗去把握道的全部含義，以道作爲人生的最高準則。他所說的「自得」，也就是完成對道的自覺。他說：「人爭一個覺，纔得我大而物小，物盡而我無盡」。這種覺，也就是對小我的超越，對物慾的摒棄，實現與道爲一的復歸，以道義上的「大我」，取代功利上的「小我」。

陳獻章指出，只有體驗到「自得」的人，纔是一個真正的精神上的富有者，纔會有充實的、圓滿的人生，纔會真正懂得「銖視軒冕、塵視金玉」這句話的內涵。按照陳獻章的理解，這句話的真正含義應該是：君子貴道而輕物。君子怎麼會把富貴、貧賤、死生、禍福看得很重呢？就把天下之物歸他所有，對他來說也沒有增加什麼，故而他絕不會驚喜若狂；就是讓他受到任何意想不到的打擊，他也不會驚慌失措，這樣的人怎麼會讓「軒冕」、「金玉」一類微不足道的東西擾亂了平和、自然的心境呢？在他的這種釋義中，既有對道義目標的認定，也有對功利目標的否定。

總括起來，陳獻章的「以自然爲宗」的思想包含著三方面內容：(1)奉天道本體爲最高法則；(2)要求回到山林自然之中；(3)養成恬淡、平和、愉悅、自然的心境。陳獻章「以自然爲宗」的思想，同「到山林中去修行」的道家思想比較接近，而同「到朝廷去做官」的正統儒家思想有一定的距離，但還不能把他歸結到道家的行列中。他本人不願意到朝廷去做官，但並沒有否認做官的人生價值。他的價值觀有很大的包容性，不像道家那樣堅決地採取與當局不合作的鮮明立場。他並不主張逃避現實，而是主張順時應變，不要讓名韁利鎖束縛住自己的身心。他認同於儒家可以仕則仕，可以處則處的觀念，因而仍屬於宋明理學中灑落派中的一員。

陳獻章把道視爲價值本體，建立的是一個古代儒家隱者的價值觀，但對於現代人來說仍具有相當的指導意義。在當今時代，由於科技理性的片面發展，使人離自然越來越遠，離人性本然越來越遠，甚至變成了「單向度的人」，即爲物欲驅動的人。現代人的片面發展，使人們喪失了精神家園，帶來了迷惑和不解：人類究竟應當向何處去？我們今天重溫陳獻章天道自然學說，也許會從中受到啓發。陳獻章哲學告訴我們，人應該以本體爲歸宗，應當以自然爲歸宗，而決不能做物欲的奴隸；人應當像人那樣活著，人不應當把自己物化。他給我們指示了一個形上的世界，一個意義的世界，這對於現代人解決價值迷失、重建精神家園無疑是有幫助的。陳獻章的本體論和價值論思想就像一股清涼的甘泉，可以解決現代人的精神飢渴，就像一帖良藥，可以消解現代人精神生活中的煩惱與緊張。

2 萬化我出

陳獻章哲學主要討論三個問題。第一個問題是客體問題，即何爲宇宙萬有賴以存在的實體？針對這一問題，他提出「天然自然」的本體論學說，上文已述。第二個問題是主體問題，即宇宙萬有同人的意識是什麼關係，作爲主體的人同作爲客體的道之間關係怎樣？針對這一問題他提出「萬化我出」的主體論學說。

司馬遷把中國哲學家的哲學思想模式概括爲「究天人之際，通古今之變，成一家之言」，陳獻章也未超出這種模式。他在論證了天道的本體地位之後，馬上轉到人與天道的關係問題上。借用西方哲學的術語說，就是解決「自在之物」如何轉化爲「自我之物」的問題。於是，他從本體論轉到人自身的哲學思考。

在陳獻章看來，人的存在可以從兩個方面去理解。從物質存在的意義上看，人是肉體的存在物，這就是人的身。人的身體作爲萬物中的一物，同其他事物相比並沒有什麼特殊之處。僅從物質存在的意義上看，人與其他動物並沒有什麼兩樣。「人具七尺之軀，除了此心此理，便無可貴，渾是一包膿血裹著一大塊骨頭。」（〈禽獸說〉）儻若一個人只懂得餓了吃飯，渴了喝水，冷了穿衣服，結婚生孩子，「凡百所爲，一信氣血」，這樣的人稱爲「禽獸」亦未嘗不可。因爲在他的身上並沒有體現出人之所以爲人的特質。從陳獻章的「禽獸說」中反映出，他是不同意僅從物質存在的角度去觀察人、理解人的。

從陳獻章的「天道自然」論的角度看，肉體意義上的人，可以說天人同質或天人一氣，即天人都是物質存在的形式，他指出：「元氣之在天地，猶其在人之身」（〈祭先師康齋墓文〉）。元氣構成「耳目聰明」的生理機制，因而對每個人的個性的形成有著不容忽視的影響。元氣由陰陽二氣構成，對於一個人來說，如果陽氣有餘而陰氣不足，容易養成「驕」的品格；反之，陰氣有餘而陽氣不足，則容易養成「吝」的品格。人來到世上便有陰陽禀氣偏的傾向，如果不注意糾正這個偏向，形成不良習氣，驕者便變得更加驕，而吝者變得更加吝。對於這種先天的氣禀上的偏失，可以通過後天的涵養得到補救，求得陰陽二氣的平和，養成不驕不吝的品格。陳獻章認爲，氣禀僅構成人的形而下的方面，而不是形而上的方面，他並沒有用很多精力去研究。

從精神存在的意義上看，人是意識的主體，這就是人的心，或者稱爲自我意識。在宋明理學中，理學家最關注的哲學範疇之一就是心，而分歧最大的也是心。關於心的看法，大體有兩種意見，一種意見是朱熹一派的看法，他們認爲心不屬於形而上的範圍，而屬於形而下的器。陳淳在《北溪字義》中對心的解釋是「心只似個器一般，裏面貯底物便是性」。陸九淵一派認爲心即理，心具有形而上的意義，聲稱「宇宙便是吾心，吾心即是宇宙」。

陳獻章關於心的看法，既不同於朱熹一派，也不同於陸九淵一派。他綜合兩派的觀點，提出了一種新的見解。他沒有把心看成形而上的本體，在他看來，本體只能是作爲客體的道，而不是作爲主體的心。所以，他沒有接受陸九淵「心即理」的提法。他強調，任何一個人的心都是具體的，並非是抽象的，身與心有著緊密的聯繫。「此身一到，精神俱隨」。換句話說，心作爲認識能力或主體精神，必須以身體爲生理機制纔能發揮作用。心離不開身，心不能單獨地存在，從這個意義上說，心是形而下的。在這裏，他肯定身心的一致性，部分地接受了朱熹一派「心只似個器一般」的觀點，但他沒有把心看成性的儲存器，沒有對心的認識能力作任何限制。

在處理身與心的關係時，他一方面承認心與身的一致性，另一方面卻強調心的主導作用，認爲「心寓於形而爲之主」。心雖然通過身體得以表現出來，但它卻是支配者。心的認識能力是不受身體限制的。正是因爲它不受身體的限制，方顯出它的可貴，使人獲得異於禽獸的特質。在他看來，心是獨立的、主動的。強調心的作用，這是陳獻章人論的特色之一。

正因爲心的認識能力是不受身體限制的，可以以任何客體爲認識對象，當然也可以以天道爲認識對象。心既是一身的主宰者，又是能夠接受天道的主體。在陳獻章看來，心就是溝通主體與客體相互聯繫的通道，能夠使人達到與天道同一的形上境界。他說：「心之大用，初無不貫」（〈語錄〉）。又說：「高明之至，無物不覆，反求諸身，把柄在手」（〈示黃昊〉）。「高明」是指天道，意思是天道無所不在；「把柄」是指心，意思是只要發揮心的作用，便能把握天道，使之由自在之物化爲爲我之物。陳獻章認爲，心雖然不是陸九淵說的那種形而上的本體，但它是使人進入形而上境界的根據。通過心的作用的發揮，使人超越身體的限制，從萬物中的一物提昇到形而上的本體境界。他關於人的看法，同德國近代哲學家萊布尼茲的「人是形而上學的動物」的說法有相似之處。

歸結起來，陳獻章關於心的看法包括以下幾個具體觀點。第一，心以身體爲生理機制，心離不開身。第二，心是人的主宰，他稱心爲「神氣」，強調「神氣人所資」。心就是人資以爲生的神氣，沒有了心，人就不能成其爲人，失掉了人的本質規定。人正是因爲有了心，纔把自己同其他動物區別開來。第三，心的作用有至上性。心雖是方寸之地，卻具有無限廣闊的容量。它是人認識道、體驗道、把握道的唯一途徑，是人之所以能夠道化即進入形而上境界的根據。第四，心具有主動性。道是自在的、被動的客體，「天道至無心」，天道不以人心爲轉移，也不會自動地進入人心。人要認識、體驗、把握天道，必須反求諸己，使「把柄在手」。從以上四點可以看出，陳獻章雖不否認人的物質存在（身），但更看重人的精神存在（心）。他把心看成與客體的天道相對的精神主體。

陳獻章立足於上述心學理論，進一步討論了天人關係問題。他接受儒家天人合一的傳統觀念，並且作了四點發揮，提出一組命題。

㈠天人一氣。陳獻章認爲，天和人都以氣爲物質基礎，人的身體來自於氣，天地萬物也都來自於氣。在他看來，這是不證自明的事實，故而並沒有用多少筆墨詳加説明。

㈡天人一理。他在〈天人之際〉一詩中寫道：「天人一理通，感應良可畏。千載隕石書，春秋所以示。客星犯帝座，他夜因無事。誰謂匹夫微，而能動天地。」他在詩中明確肯定天人一理相通，都遵循著天道自然運行的規律。正因爲天人一氣，一理相通，故而可以相互感應。他以嚴光的一段故事作爲例證，説明天與人的感應關係。據《後漢書．嚴光傳》記載，有一次漢光武帝請老朋友嚴光作客，晚間與嚴光同床共眠，嚴光把腳放在光武帝的肚子上。第二天早朝，太史上奏説，昨夜有一顆忽隱忽現的星急促地干犯御座。光武帝笑著解釋説：這是我昨夜與老朋友嚴光同床共眠的緣故。陳獻章舉的這個例證當然不能證明天人之間存在著感應關係。

其實，陳獻章的天人感應思想主要來自董仲舒的影響，並非是他的發明。他在這首詩中著重強調的是天人一理，並且得出「匹夫動天地」的新結論，從而同董仲舒有所區別。董仲舒的天人感應説中的「人」是指封建皇帝，宣揚君權神授的帝王思想；而陳獻章的天人一理説中的「人」是指平民百姓，表達的是一種平民意識，旨在喚起人的責任感。他所説的「天」是一種自然的運行變化過程，並沒有什麼神秘之處。他提出的天人一理的命題無非是説，天地萬物與人都遵循著最一般的規律，這無疑是一種理性的觀點，只不過被裹上了一層天人感應的外衣罷了。

陳獻章指出，既然天人一理，那麼，人就應當取法於天，取法於理。他在〈程鄉縣社學記〉中寫道：「夫子一太極也，而人有不見太極而生者乎？」在宋明理學中，太極常常被當作天理的同義語，陳獻章沿襲了這種用法。他指出：既然爲人師表的孔夫子都把太極奉爲圭臬，我們普通人還能離開太極而生存嗎？陳獻章雖然沿用了理、天理、太極一類理學術語，但賦予其不同的含義。在朱熹哲學中，天理被賦予倫理的含義，他在提出「宇宙之間，一理而已」的命題，立即從中引申出「其張之爲三綱，其紀之爲五常」的倫理規範。陳獻章「天人一理」的思想與朱熹「宇宙一理」的觀點類似，但他把天理描述爲一種自然而然的流行變化過程，沒有著意凸顯其倫理規範的意義，這同他的「天道自然」的價值取向是一致的。朱熹的天人一理說給人一種緊張、敬畏的感覺，陳獻章的天人一理說並不會給人這種感覺，只給人一種精神上的歸依感。陳獻章說：「神理爲天地萬物之本，長在不滅，人不知此，虛生浪死，與草木一耳」（〈與馬貞〉）。在他看來，一個人如果沒有「天人一理」的意識就等於虛度一生，同草木沒有什麼區別；只有確立「天人一理」的觀念，纔算獲得人之所以爲人的本質規定。

㈢天人合德。這是陳獻章從主體方面對「天人一理」原則的引申與發揮。天人合德的提法最早見於《易．文言》「夫大人者，與天地合其德，與日月合其明，與四時合其序，與鬼神合其吉凶。」孟子在〈盡心〉篇中說的「盡其心者，知其性也；知其性，則知天矣」也表達了類似的思想。陳獻章接受了這些傳統的思想，對天人合德的原則表示認同。他認爲，天人合德，就是先儒一向重視的「誠」的心境。他在〈無後論〉中寫道：「此心存則一，一則誠，不存則惑，惑則僞」。他所說的「誠」，是指認同於天人一理的原則，真誠遵循這一原則爲人處世；他所說的「僞」，是指言行不一，表面上表示擁護天人一理的原則，而骨子裏卻加以拒斥。陳獻章指出，誠是開萬世的根本，而僞則是喪家邦的禍根。只有立足於誠，纔會真正體會到天地之大和萬物之富，纔會有寬廣的胸懷和坦蕩的心境。「蓋有此誠，斯有此物；則有此物，必有此誠」。誠是人所擁有的最圓滿的心態，人們擁有了誠的心態，纔可以自覺地參與天地間萬物流行大化的過程，擔負起「開萬世」的重任。只有這樣的人，纔稱得上有道君子。「誠」是天地萬物發生發展真實無妄的根本道理，也是人認同這一道理的最佳心境。

誠是儒學的主要範疇之一，可以從主體與客體兩個方面理解。孟子說：「誠者天之道也，誠之者人之道也。」從客體角度界定誠，把誠視爲天道的同義詞。荀子說：「君子養心莫善於誠」，從主體心態的角度界定誠，強調誠是心性修養達到的最佳心境。《中庸》則把這兩種用法混同起來，寫道：「誠者天之道也，誠之者人之道也。誠者，不勉而中，不思而得，從容中道，聖人也。誠之者，擇善而固執之者也。」理學家周敦頤、程氏兄弟迺至朱熹一般都從客體角度理解誠，認爲誠的意思就是無妄。朱熹在《中庸注》中寫道：「誠者，真實無妄之謂」。無妄意即無虛妄、真實無誤的意思，於是，誠變成了凸顯天理實在性的修飾語。

陳獻章對誠的理解與宋代理學家們有所不同，他不是從客體的角度而是從主體的角度界定誠，強調誠是人們認同於天道的心境。他沒有把誠解釋爲與「妄」相對立的範疇，而是看成與「僞」相對的範疇。「僞」是虛假、虛僞的意思，不涉及真實或虛妄的問題，而只是一種與真誠相反的心態。陳獻章認爲人們在天道的面前，應當抱著一心一意、真誠歸依的心態，不能抱著虛與委蛇的僞善心態。在陳獻章哲學中，誠主要是同人道相聯繫，而不同天道相聯繫。他倡導真誠的人道，是有感而發的。在陳獻章時代，儒學已不再成爲讀書人的真誠信仰，大多數人讀書只是爲了獵取功名，一旦金榜題名，他們便會把儒學講的道理拋到九霄雲外。儒家的道理並未真正進入他們的內心世界，對於他們來說，完全是外在的，毫無真誠可言。正是針對這種儒學的工具化傾向，陳獻章纔大聲呼喚著天人合德，呼喚人們對於天道的真誠信仰，抨擊那種僞君子式的人生態度，要求重新建立起「誠」的心境，作一個真誠的儒者。

陳獻章對「誠」的另一新的理解是順其自然，這同他的「天道自然」的價值取向是一致的。在他看來，天道至誠無妄，天自然成其爲天，地自然成其爲地，萬物自然成其爲萬物，沒有半點矯揉造作；人取法至誠無妄的天道，就應當養成至誠無僞的心境，順應天道行事，不要受到個人私慾的干擾。他說：「聖道至無意，比其形於功業者，神妙莫測，不復有可加，亦至巧矣，然皆一心之所致。」（〈仁術論〉）這裏所說的「至無意」，就是放棄個人狹隘的功利目標，順應自然，一切以天道爲歸宗的意思。在他的心目中，「至無意」就是衡量一個人是否擁有「誠」的心境的尺度。一個人一旦養成「至無意」的心態，他便成爲自己內心世界的主宰者，而不再成爲功名利祿的奴隸。這樣的人在事業方面永遠處於主動的位置：他獲得成功，絕不會被成功沖昏頭腦；他遇到失敗，亦能泰然處之，順隨自然，絕不會因失敗而一蹶不振。

㈣天人同體。陳獻章在〈致湛民澤〉的信中明確提出：「人與天地同體」。這是他從主體與客體相統一的角度對「天人一理」的引申與發揮，也是他所追求的最高的道境，即形而上的得道境界。他在〈題吳瑞卿采芳園記後〉寫道：「隨時屈信（伸），與道翱翔，固吾儒也。」他指出，儒家的終極目標應當是天人同體、與道翱翔的境界。天人同體的意思是實現天道與人道的統一，這裏的「體」是指作爲究極本體的自然之道，他主張以道爲基礎實現人道與天道的統一，實現主體與客體的統一。按照他的「天道自然」本體論觀點，天地變化，草木蕃時，是萬物的自然；隨時屈伸，與道翱翔，是人的自然。站在道的立場上看，這兩方面是同一的。

陳獻章指出，天人同體是人的道化，而不是道的人化。換句話說，天人同體是人追求道的過程，因爲只有人纔具有主體性、能動性，纔可以設立追求的目標；而道作爲客體來說是被動的，當然不會主動地追求與人同體。他在〈認真子詩集序〉中說：「夫道以天爲至，言詣乎天曰至言，人詣乎天曰至人，必有至人能立至言。」他在文章中經常使用「得之」、「會此」、「湊泊吻合」等字眼描述人主動追求與道同體的心路歷程。爲什麼說天人同體是人的道化，而不是道的人化呢？因爲道在陳獻章哲學中是自然的本體或實體，具有自在性，天自己成其爲天，地自己成其爲地，每一事物都是自然的存在，並不受外力的干預，「甲不問乙供，乙不待甲賜」。也就是說，天道是不依人的意志爲轉移的自在之物，當然不會自己去實現人化。與天道相對而言，人具有自主性，有能力將天道由自在之物轉化爲爲我之物。不過，天道由自在之物轉化爲爲我之物後，並不意味著天道服從人，而是人服從天道。他在〈與林郡博書〉中指出，人得道之後，進入「往古來今，四方上下，一齊穿紐，一齊收拾」的境界，但在這種境界中仍需遵循「色色信他本來，何用爾腳勞手攘」的順道自然的原則。換句話說，人們進入天人同體的得道境界後，並沒有取得支配一切的權力，只是達到了順道自然的自覺而已。

進入天人同體境界中的人，有哪些特徵呢？陳獻章指出，第一，在這種境界中的人擺脫了名韁利鎖的束縛，真正獲得了超越感。他在〈隨筆〉詩中這樣形容得道之人：「斷除嗜慾想，永撤天機障。身居萬物中，心在萬物上。」嗜慾想是指小我的私慾，私慾是妨礙人進入天人同體境界的最大障礙。只有除掉了這障礙，纔能進入得道境界，獲得心靈的解放。進入天人同體境界中的人，身體雖然仍爲萬物中之一物，但他的心已超越萬物之上，他即世間而出世間，有一種類似宗教的超越體驗，與佛教中講的「得證真如」有異曲同工之妙。他在寫給僧人太虛的信中說：「太虛師，真無累於外物，無累於形骸矣。儒與釋不同，其無累同也」。所謂無累，即不受名利等身外之物牽累，甚至不受肉體的牽累。在這種境界中之人，勘破名利關，銖視軒冕，塵視金玉，斷除世俗的種種煩惱，以儒家的方式實現了對於私慾小我的超越，獲得心靈的寧靜，找到了安身立命之地。

第二，在這種境界中的人真正有了自我意識，獲得了精神上的自由。陳獻章在〈論前輩言銖視軒冕塵視金玉〉上篇中指出，對於得道之人來說，「天地之始，吾之始也，而吾之道無所增；天地之終，吾之終也，而吾之道無所損。」他有了真正的自我意識，真正成爲認識道、體驗道、掌握道的主體。這種人與天道爲一，精神上不再受任何限制。他遺世獨立，無牽無掛，不勉而中。陳獻章寫道：「天地無窮年，無窮吾亦在，獨立無朋儔，誰爲自然配。」（〈曉枕〉）得道之人首先必須是獨立的主體，然後纔説得上得道。我掌握了道，掌握了自然，也就是取得了自由。在這裏，他揭示了「自由就是掌握必然」的道理。陳獻章用詩的語言描繪精神上的自由，如「江門洗足上廬山，放腳一踏雲霞穿。」（〈示諸生〉）「虛空一拍手，身在飛雲處。」（〈登飛雲〉）詩中所描繪的境界，正是達到天人同體的那種無拘無束的自由境界。

第三，在這種境界中的人真正體味到形而上的意義，充分展現人之所以爲人的本質規定。陳獻章在〈與林郡博〉的信中這樣形容與天同體的人：「此理干涉至大，無内外，無終始，無一處不到，無一息不運。會此則天地我立，萬化我出，而宇宙在我矣。」這裏的「我」顯然不是人的肉體，而是指人的精神，指人的心。人心作爲主體本來是同作爲客體的道相對而言的，但到了天人同體的境界，主體與客體已經完全統一起來了：人通過心從道那裏獲得了形而上的本質，從而成爲道的自覺的體現者。在陳獻章哲學中，道是宇宙萬有的實體和發展演化的自然過程，具有無限性、普遍性和永恆性。得道之人已成爲道的代表，將道的無限性、普遍性和永恆性已充分體現於此人的一身之微中。對於得道之人來説，他的精神世界與道已合而爲一，不再有主體與客體的分別。

一些研究者抓住陳獻章「天地我主，萬化我出，而宇宙在我」一類的話，把他視爲主觀唯心主義者，這是一種誤解。因爲陳獻章在這裏是描述天人同體的精神境界，而不是描述客觀事實。在對天人同體境界的描述中，他似乎把天地、萬化、宇宙都歸結爲我，但並沒有因此而取消道的本體地位。他是在肯定天地道立、萬化道出、宇宙在道的前提下説這番話的，這些話只是適用於那些得道之人，並不是一般性的判斷。其意思無非是說，對於得道之人來說，他的精神主體已取得了與道同等的意義，因此，對於他來說，可以說「天地道立，萬化道出，宇宙在道」，說「天地我立，萬化我出，而宇宙在我」亦未嘗不可。得道之人只是體味到道的形而上意義而已，並不意味著他的心就是宇宙萬有的本原。由此看來，主觀唯心論的帽子對於陳獻章來說並不合適。

陳獻章在處理道與心的關係問題時，同陸九淵、王陽明是有區別的，他從來沒有提出過「心即理」、「心外無理、心外無物」一類的哲學命題。他始終把道的實在性作爲自己哲學思想的基本點，並沒有把道與心直接等同起來。他承認道與心具有同一性，但在他的哲學體系中，這種同一性是在克服了道與心的對立之後實現的。道與心的第一層關係是道心分立，道爲本體、實體，同時也是客體，心爲主體，心是道的一部分，心從屬於道。第二層關係是以心求道。道雖然具有實在性，但沒有能動性，只有心纔具有能動性，只有心纔可以自覺地追求道。第三層關係是道心合一。道與心完全地融爲一體，不再有主體與客體的分別。我心即是天道，天道即是我心。但這迺是心經過涵養之後實現的，況且並不是任何人都能進入這種境界。陳獻章關於道心關係的看法，顯然比陸九淵「心即理」的粗疏之見深刻得多。他在承認道的客觀實在性前提下，闡揚心的主觀能動性，對於王陽明的致良知之教無疑具有啓迪作用。

綜上所述，陳獻章提出「天人一氣」、「天人一理」、「天人合德」、「天人同體」一組命題，以獨到的方法對儒家的天人合一觀念作了新詮釋。在這組命題中，天人一氣是基礎，天人一理是核心，天人合德是最佳的心境，而天人同體是最高的道境。這組命題論說的重點是人，而不是天，因爲天與人能否合一，關鍵取決於人。陳獻章的人學思想有兩個值得注意的特點。第一，他強調自我，強調在道的面前人人平等。他認爲只要認真涵養，任何人都可以進入得道境界，表現出某種程度的平民傾向。第二，他肯定心是人掌握道的根據，認爲萬化道出可以轉化爲我出，對心的主體性作了充分的肯定。他承認道的實在性，但沒有凸顯道的絕對性和權威性。他強調人有求道、掌握道的自由，具有某種思想解放的意義。

3 操存涵養

儒家哲學既是學識，又是工夫，包括學、問、思、辨、行等項內容。陳獻章繼承了儒家的這一學統。他在討論完本體（客體）問題和主體問題之後，涉及的第三個問題便是主體與客體如何統一的問題。這正是他的「操存涵養」的工夫論所要解決的問題。

陳獻章的工夫論是服務於他的本體論和主體論的。我們在上文曾提到，陳獻章把天人同體視爲最高的得道境界，照他看來，進入這一境界應當是儒者治學、修身、做人要達到的終極目標。只有進入這種境界，纔不枉爲人；否則，徒具形骸，喘息於天地之間，便同昆蟲沒有什麼區別。能進入天人同體境界的人便是他心目中的聖人，他在〈枕上〉詩中唱道：「仲尼不作周公夢，天下共嗟吾道衰，總爲乾坤元氣薄，聖人誠處衆人知」。他把孔子視爲聖人，而他的工夫論正是對於入聖域的進路所作的探索。

陳獻章指出，一個人要想把自己造就成爲聖人，就必須加強自我修養。平常人與聖人之間固然有很遠的距離，但只要堅持不懈地加強自我修養，這段距離一定會不斷地縮短，終究會成爲聖人。自我修養是什麼意思呢？就是以聖人爲標竿，去掉自己身上不如聖人的地方，學習聖人比自己高明的地方，逐步地向聖人看齊。他主張「今日修之，明日修之，修之於身，修之於家園，修之於天下，不可一日而不修焉者也」（〈重修梧州學記〉）。這就是所謂「作聖之功」。

那麼，怎樣實施作聖之功呢？陳獻章在〈與賀黃門〉的信中提出四條綱領。他寫道：「心地要寬平，識見要超卓，規模要闊遠，踐履要篤實。能是四者，可以言學矣。」第一條是心地寬平而不狹隘。要有兼收並蓄、從善如流的氣度，對他人要寬容，要有聽得進不同意見的雅量，不斤斤計較於毀譽。他在〈示學者帖〉中告誡自己的門人說，對於別人的批評，自己不必介意。因爲每個人由於禀習不同，自然有自己的好惡、自己的是非尺度；人往往用自己的是非尺度去衡量別人，又常常以自己的是非尺度去判斷別人的批評意見，這就未免造成偏見。一個心地寬平的人應當放棄這種偏見，不必責人以周。對於別人的批評意見應當平心靜氣，應當認真地檢查自己，有則改之，無則加勉，以求「無毀之實」。假如你自己並沒有可指責之處，別人硬是對你吹毛求疵，那麼，錯的並不是你，而是無端指責你的那個人。

第二條是識見超卓而不隨波逐流。識見超卓就是站得高看得遠，有獨到的見解，不滿足於流俗之見，不做古人的奴隸，不做書本的奴隸，更不做世俗的奴隸。陳獻章倡導獨立思考的精神，他在〈次韻張廷實讀伊洛淵源錄〉詩中唱道：「往古來今幾聖賢，都從心上作心傳，孟子聰明還孟子，如今且莫信人言」。意思是要繼承前聖的精神實質，而不是死守章句，要自己用心把握儒家的根本道理，而不能輕信後儒的傳疏解釋，力求獲得真知灼見。他曾在〈贈陳秉常〉詩中唱道：「我否子亦否，我然子亦然，然否苟由我，於子何有焉？人生寄一世，落葉風中旋。胡爲不自返，濁水連清淵。」如果人生在世，只是跟著別人亦步亦趨，隨聲附和，毫無主見，這樣的人在陳獻章看來，有如旋風中的落葉，實在可悲可憐。他奉勸這樣的人幡然悔悟，挺起腰桿做人。

第三條規模闊遠而不淺陋。這條綱領包含兩層意思。一層意思是說作爲一個立志成爲聖人的儒者，要聞多識廣、博學深思，不能如井底之蛙，只看到巴掌大的一塊天。陳獻章認爲，只有見得廣，思想纔會有深度。另一層意思是說要立足於求道，不能只關注眼前的東西。只有進入與道同一的境界纔稱得上規模闊遠。用陳獻章的話來說，「至大者道也，而君子得之。」（〈論前輩言銖視軒冕塵視金玉〉）

第四條是踐履篤實而不蹈虛。前三條屬於知，這一條屬於行。陳獻章認爲自我修養最終應當落實到行動上，貫徹到實踐中，按照道的指引去爲人處世。他強調，遵道而行一是要「篤」，即堅持不懈、毫不動搖；二是要「實」，即腳踏實地，絕不飄浮。陳獻章指出，知僅僅是「學之指南」，知最終要落實到行上，否則就算不上真知。他在〈送羅養明還江右序〉中說：「君子所以學者，獨詩云乎哉？一語默，一起居，大則人倫，小則日用，知至至之，知終終之，此之謂知」。他主張爲學應當從人倫日用出發，並且貫徹到行爲踐履之中，不能半途而廢；如若不然，容易走上「虛無寂滅」的歧途。總之，在陳獻章看來，知和行是統一的關係。他雖然沒有像王陽明那樣明確地提出「知行合一」的命題，但也表達了類似的思想。

朱熹在白鹿洞書院學規中制定的爲學之序是「博學之，慎思之，明辨之，篤行之。」如果我們把朱熹提出的四條爲學之序同陳獻章的四條綱領比較一下，不難發現他們的思想傾向是不一樣的：朱熹把博學放在首位，而陳獻章把正心地放在首位；朱熹重視窮理，陳獻章重視明心。在如何成就聖人問題上，他們採取了不同的進路，但在重行這一點上，卻是殊途同歸。

基於上述四條綱領，陳獻章認爲作聖之功的下手處是心。他在〈書自題大塘書屋詩後〉一文中說：「爲學當求諸心必得。所謂虛明靜一者爲之主，徐取古人緊要文字讀之，庶能有所契合，不爲影響依附，以陷於徇外自欺之弊，此心學法門也。」他指出，做學問的目的在於把自己造就成聖人，這就必須在自己的心上下功夫，走爲己之學的路子，而不是爲人之學的路子。要達到這一目的，首先必須有主體意識，有獨立思考的精神；不作影響之談，不依附於別人的說法；既不徇外，也不自欺。這是求之於心、掌握心學法門的最基本的要求，陳獻章稱之爲「舉足第一步」。

爲什麼作聖之功要在心上下手呢？因爲心與道是相通的，惟有心纔能成爲連接主體與客體的橋梁。他在〈示諸生〉一詩中給門人們的贈言是：

無我無人無古今，天機何處不堪尋。

風霆示教皆吾性，汗馬收功正此心。
水火鼎中非玉液，鴛鴦譜裏失金針。
道人欲向諸君說，只恐諸君信未深。

這首詩中的「天機」指的是天道。天道無我無人無古今，說明天道是永恆的本體。人要掌握天道，唯一的途徑就是在心上用功。「汗馬收功正此心」一句是這首詩的中心意思。他告誡自己的門人，風霆示教不過是我們的天性，能否體會到天人合一的境界，關鍵還在於涵養此心。外部教育環境只能當作涵養此心的條件，並不能代替心的涵養。讀書如同繡花女看鴛鴦譜，如果只在鴛鴦譜上下工夫，而不去練習刺繡技巧，永遠不會擁有「金針」。讀書、受教育也是這樣，這只能是輔助心性涵養的必要條件，但並不能代替心性涵養。如果一味地讀死書，而不注意涵養心性，有如笨拙的繡花女只讀鴛鴦譜而不動手去掌握繡鴛鴦的本領。總之，只有涵養此心，纔能在實踐中貫通萬物，使天地萬物與我渾成一體，進入最高的得道境界。

陳獻章指出，涵養心性的關鍵在於造就「胸次澄澈」的心境。他在〈書自題大塘書屋詩後〉中寫道：「此理洞如，然非涵養至極，胸次澄澈，則必不能有見於一動一靜之間。」何謂「胸次澄澈」？就是使心處於「虛明靜一」的狀態。所謂「虛」是指排除耳目的干擾，不抱有任何成見，以求與至虛的道合而爲一。陳獻章很重「虛」，主張「全虛圓不測之神。」所謂「明」是指洞察天道的直覺能力，心處於清醒、明覺的狀態，不爲謬見所誤。陳獻章所說的「明」，也就是宋代理學家常說的「惺惺」。所謂「靜」，是指心態平靜，具有靜中觀道的定力，排除各種干擾。所謂「一」，有兩層含義。一層含義是真誠專一的心理狀態，心排除一切雜念，專注於道，保持著定向興奮的狀態。陳獻章認爲這是求道時必不可少的心理條件，沒有這個條件無法進入得道境界。另一層含義是太一，即天道。他在〈讀張地曹偶拈之作〉詩中唱道：

拈一不拈二，乾坤一為主。
一番拈動來，日出扶桑樹。
寂然都不拈，江河自流注。
濂洛千載傳，圖書及祖宗。
昭昭〈聖學篇〉，授我自然度。

這裏的「乾坤一爲主」的「一」是指天道，「拈一」就是與道爲一。他把道的「太一」與心理狀態上的「專一」看作同一東西的兩個方面。天地萬物都以「太一」爲實體，都是「太一」的表現形式。「太一」動則出扶桑，靜則江河流注。人作爲萬物中的一物，也以道爲實體。人心理狀態的「專一」正是對「太一」的明覺。所以，「拈一」就是心通道境，普照萬物，有見於天道一動一靜之間。陳獻章強調，胸次澄澈的心境是涵養至極的結果。因此，能否成爲聖人，關鍵在於能否在涵養二字上用功。只有使心保持虛明靜一的心境，纔可以體認陰陽動靜、萬化流形的大道理，並且堅定地用以指導自己的人生實踐。這就是陳獻章的「心學法門」的真諦之所在。

那麼，涵養心性的具體方法是什麼呢？陳獻章提出的第一條辦法就是靜坐。這是「心學法門」的入門工夫。他的門人林熙緝回憶說：「先生教人爲學，始初必令靜坐，以養其善端。」他本人也曾在〈與林友〉的信中說：「學勞擾則無由見道，故觀書博識，不如靜坐。」倡導靜坐養心，這是陳獻章治學方法的最顯著的特色。靜坐的方法是陳獻章在應用朱子讀書窮理方法失敗之後逐步摸索出來的。他本人曾有過多年苦讀的經歷，但並沒有找到「吾心與此理」的湊泊脗合處。於是舍繁返約，找到靜坐的方法。經過多年靜坐，他的體驗是：「見吾此心之體隱然呈露，常若有物。」有了這種體驗，在日用倫常中便可以應付裕如；如同抓住了駕馭馬的銜勒。有了這種體驗，體認物理、了解聖賢思想來歷，有如找到了源頭活水。

從心性涵養的意義上說，陳獻章提出的靜坐方法包含著三層意思。首先，靜坐是讀書的負面，即「不讀書」的意思。陳獻章認爲，學問有兩種，一種是由積累而至的書本知識，這種知識是可以言傳的。另一種是不由積累而至的關於道的知識，這種知識是不可以言傳的。道「至無而動，至近而神」，要想求道，僅靠讀書是不成的，必須拋開書本，用心去體驗道、直覺道。由此可見，他所說的靜坐是一種以道爲對象的直覺的方法。這種方法同他的本體論思想是一致的。

其次，靜坐是主體意識的挺立。陳獻章反對讀死書，反對爲讀書而讀書、爲科舉而讀書，反對「爲人之學」，倡導「爲己之學」。在他看來，涵養心性首先要解決的問題就是如何使主體意識（己）挺立起來。主體意識的挺立是尋求「爲己之學」的必要前提，沒有這個前提當然談不上爲己之學。主體意識的挺立不是讀書聽講可以達到的，唯一的途徑就是自我去開發；而開發的手段之一就是靜坐，由靜坐見心體。他常常對自己的門人說：「爲學須從靜坐中養出個端倪來，方有商量之處。」（〈與賀克恭黄門〉）在這裏，他所說的「端倪」指的就是心體呈露，就是主體意識的挺立。有了這樣一種體驗，纔算找到了「爲己之學」的立足點，「方有商量之處」。

再次，靜坐是一種心理定力的訓練。陳獻章指出，做學問不但要有主體意識，還要有一種堅定不移、虛明靜一的心態，這就涉及心理定力的訓練問題。心理定力的獲得不能依靠外力，而應從主觀方面去解決，所以他纔大力提倡靜坐。他還指出，培養心理定力應當遵循以自然爲宗的原則，「始終一境，勿助勿忘。」既不可以急躁，又不可以懈怠。通過持之以恆的靜坐修養，養成矢志不渝的信念，並且將之貫徹於人生實踐之中。

陳獻章很重視靜坐的方法，但他並非以靜坐爲涵養心性的惟一手段。靜坐固然可以取得一定的效果，但畢竟有些消極，如果使用不當，容易流於禪學，故而只可以當作入門工夫。要想使心性涵養達到更高的水平，除了採用靜坐的方法之外，還應當採用積極的方法。這積極的方法，他稱之爲「洗心」。「洗心」的概念出於《易傳．繫辭》「聖人以此洗心，退藏於密。」意思是說，應當使心運行不息，不滯於物，以易理爲歸宿。陳獻章接受了《易傳》的這一觀點，很重視洗心的必要性。他在〈夢作洗心〉詩中唱道：

> 一洗天地長，政教還先王。

再洗日月光，長令照四方。
洗之又日新，百世終堂堂。

他在詩中告訴我們，所謂洗心就是「日新」的意思，即去掉心中不符合道的私見、慾望、機巧、狂馳等等雜念，使心保持與道爲一的清潔狀態，有如新鮮的山井山泉。他在〈題心泉贈黃敘仁〉一詩中以山井山泉喻心地清潔：「夜半汲山井，山泉日日新。不將泉照面，白日多飛塵。飛塵亦何害，莫弄桔槔頻。」他的門人湛甘泉在解釋這首詩的意思時說，詩中的泉比喻本心，飛塵比喻物慾，而桔槔比喻機巧之心。這種解釋是符合陳獻章的原意的。

關於洗心的具體方法，陳獻章指出以下幾點：

(1)撥悶。他寫有〈撥悶〉、〈撥悶漫書〉二詩，抒發自己在病中的心境。他吟道：「久病在床，展轉莫舒；我欲觀化，有握其樞。」他抱病在床，輾轉反側，苦不堪言。然而卻由此想到痛苦何由產生的哲學問題。他的結論是：一切痛苦、煩惱都是由於主觀慾望與客觀規律之間發生矛盾造成的。病痛原本是自然現象，如果想不開便會造成精神上的痛苦，愈加不能自拔。那麼，怎樣纔能排遣痛苦和煩惱呢？陳獻章的辦法是「天豈不知，天偶遺之。吾將尤誰，我聊任之，撥悶以詩。」惡劣的情緒會妨礙心境的平和，一但體會到順應自然的真樂，便會消除惡劣的情緒。

(2)忍怒。陳獻章指出，除了痛苦和煩惱以外，憤怒也是一種不良的情緒，爲了保持心境的平和，控制憤怒情緒也是十分必要的。他在〈忍字贊〉中說：「七情之發，惟怒爲遽。」

「當怒火炎，以忍水制；忍之又忍，愈忍愈勵。」在忍怒方面，他很佩服唐代的張公藝。張公藝家九世共居，唐高宗問他家族何以如此和睦興旺，張公藝寫了一百個忍字呈給皇帝，皇帝對他加以獎賞。陳獻章認爲忍怒是涵養本心必不可少的工夫，因爲「小不忍則亂大謀。」一個人有了善於忍怒的涵養，纔能處逆境而不慌，堅定地向著成功目標前進。

(3)慎獨。慎獨是《禮記．中庸》提出的涵養方法，要求人在獨處而無人覺察的時候，仍舊謹慎地嚴格地要求自己，使自己的動機和行爲都符合道德準則。陳獻章對慎獨這項儒家傳統的涵養方法很重視，他在〈冬夜〉詩中寫道：「平生昧慎獨，即事甘掣肘。」可見他是經常運用慎獨的方法涵養心性的。撥悶、忍怒是要克服不良情緒，使心態恢復平和，都是有針對性的洗心方法，而慎獨與二者不同，它是一項經常性的涵養工夫，講究心性涵養的自覺性。實行慎獨工夫，要求心心在道，一刻也不脫離。不但在行動上遵道而行，而且要時時刻刻檢查自己的動機是否違背了道。對於那些違背了道的動機，即便沒有表現出來，沒有被人發覺，但自己心裏是清楚的，絕不能原諒自己，而應當戒慎恐懼，加以清除。慎獨是一項比撥悶、忍怒要求更高、更嚴格的涵養工夫。

陳獻章指出，心性涵養工夫的頂點就是自得。他對自己的學生說得最多的一項工夫就是自得。他在〈李文溪文集序〉中說：「士從事於學，功深力得，華落實存，洒浩然自得，則不知天地之爲大，死生之爲變，而況於富貴貧賤，功利得喪，屈信（伸）爭奪之間乎！」照陳獻章看來，自得是心體（主體）掌握道體（客體）的最高表現，這是一個心性涵養的艱苦過程，故而謂之「功深」；又是心與道湊泊融會的過程，故而謂之「力到」。這兩個過程統一起來，標誌著修行者已達到與道同一的最高境界，如同花落之後結出豐碩的果實。這個果實就是「浩然自得」的收穫，真正屬於自家的東西。修行者以此爲安身立命之地，什麼富貴貧賤、功利得喪、屈伸爭奪都不會使他動心。心性涵養到了自得的程度，纔算工夫到家了。

綜上所述，陳獻章從涵養的綱領講起，講到靜坐、洗心等涵養的方法，建立了一個獨到的工夫論系統。陳獻章的工夫論，注重本心自省，不像朱熹那樣注重讀書窮理，已把爲學工夫心學化了，從而開啓了明代心學運動的先河。陳獻章的工夫論，涉及自我控制、心理鍛煉、情緒調整、境界提高、本體體驗、意義尋求、終極關懷等問題，這對於我們現代人仍具有啓迪意義。其不足之處在於，由於過分注重主體方面，過分強調開大源、立大體，而對於經世致用方面重視不夠，表現出空疏的傾向，由此反映出他的儒家隱者哲學思考方式的局限性。

三、倫理思想

儒學一向以闡人倫、助教化著稱，十分重視怎樣做人的倫理學問題，在陳獻章的身上，也體現出儒家的這一共同特徵。他從事哲學思考，主要目的不在於幫助人們掌握「所以然」的規律，獲得自然科學知識，而在於幫助人們認識自己、認識人生，掌握「所當然」的倫理規則，從而擁有積極的、健康的、圓滿的人生。換句話說，他的哲學思考以倫理學為歸終。基於「天道自然」的本體論、「萬化我出」的主體論以及「操存涵養」的工夫論，他認為「仁」是最高的道德原則，對儒家的某些倫理規範表示認同，表明他關於人生態度和處世之道的看法。陳獻章的倫理思想既有儒家的共同色彩，又有鮮明的個性特徵。

1 仁德至善

「仁」是儒家倫理思想的核心，由儒家的創立者孔子率先提出。他的「仁者，愛人」的論斷，成為後世儒者堅定不移的信條。陳獻章繼承了孔子的仁學思想，也把「仁」視為道德的最高準則，並且力圖從理論上加以證明，賦予其新的內涵。

自從孔子把「仁」作爲儒家倫理思想的核心之後，後世儒者都從不同的角度予以解釋和證明，賦予其絕對的價值。簡略地說，後世儒者的解釋方法和證明方式大體上有兩種類型。一種是神學的進路，以天意說明仁的絕對價值，以漢儒董仲舒爲代表。他聲稱「人之血氣，化天志而仁；人之德行，化天理而義。」（《春秋繁露．爲人者天》）董仲舒視天爲人的祖宗，認爲仁德來自有位格的天。另一種是理學的進路，以哲學本體論說明仁的絕對價值，這是宋代理學家們比較一致的作法。理學的奠基人周敦頤說：「天以陰生萬物，以陽成萬物。生，仁也；成，義也。故聖人在上，以仁育萬物，以義正萬民。」（《通書．順化》）他從天地間陰陽變化之道中引申出仁義之道。理學的集大成者朱熹也在〈仁說〉中指出：「天地以生物爲心者也，而人物之生，又各得天地之心以爲心者也。故語心之德，雖其總攝貫通，無所不備，然一言以蔽之，則日仁而已矣。」這裏的「天地之心」，乃是指化生萬物的天理。天理化生萬物，這就是仁德的終極來源。朱熹把哲學本體論與倫理學中的仁德緊密地聯繫起來：哲學本體論爲仁德提供普遍性的前提；而仁德則爲本體論提出具體性的驗證。朱熹這裏所說的「仁」是廣義的，是一切道德觀念的總稱，具有總攝貫通、無所不備的普遍性。

陳獻章對仁德的論證和闡發也採取了宋代理學家的進路，力圖從他的本體論學說中直接引申出仁的觀念。他認爲天地間萬事萬物都以道爲本體，道構成萬事萬物之間最普遍的有機聯繫，「動於此，應於彼。」這種普遍的有機聯繫，就是仁德的客觀基礎。道又是動態的實體，是無限的運動變化過程，「默而觀之，一生生之機，運之無窮，無我無人無古今。」道在運行過程中的盎然生機就是仁德的體現。道將宇宙萬物連結爲一個整體，「塞乎天地之間，夷狄禽獸草木一體，惟吾命之沛乎盛哉。」（〈古蒙州學記〉）仁德就是道的整體性的昇華。總之，在陳獻章看來，仁德來自天道的普遍性、生化性和整體性，仁德並不僅僅是人的道德觀念的總和，追本溯源，仁德迺是以天道爲本原。換句話說，仁德不僅僅是人德，而且是天德。禽獸草木也都體現著仁德，不過禽獸草木是不自覺的，只有人纔能達到對仁德的自覺。陳獻章同意二程「切脈可以體仁」的說法，因爲切脈可以通過局部幫助醫生了解病人的整體狀態。哲學家對仁德的研究也是如此，他從人類自身入手，但並不局限於人類的自身，而要揭示出仁德出自天道的原理。對於人來說，體認仁德，也就是體認天道。

陳獻章指出，最能體現天道仁德的莫過於春天了。春季裏，東風送暖，萬物復蘇，大地上一派生機，到處洋溢著溫馨的氣息，體現出天道的好生、仁愛之德。周敦頤曾說：「天以春生萬物。」陳獻章也有與周敦頤相同的感受。他寫了大量歌頌春天的詩作，動情地唱道：

> 一物春知物物春，一年春亦萬年春。
> 總在乾坤形氣內，敢誣當世謂無人。

在陳獻章的眼裏，春就是仁。萬物沐浴著春的溫暖，也就是沐浴著天道的仁德。人作爲萬物中的一物，同樣分享著天道的仁德。人作爲萬物之長，有責任自覺地領略仁德，以仁德作爲自己行爲的最高準則。

陳獻章沒有僅僅從人類自身去考察仁德的起源，他從人德推到天德，把形而上的天道視爲仁德的究極本原。他之所以這樣做，目的在於凸顯仁德原則的至上性、權威性。立足於

「天道自然」的本體論，陳獻章認爲存在著客觀的仁，這種客觀的仁就是天道自然流行、化生萬物的本性。人們正是從天道的本性中獲得仁德意識，按照他的這種說法，人恪守仁道，不僅僅是對自己負責，而且也對天道負責；道德行爲不僅僅是自律，而且也是他律。陳獻章試圖從天道方面爲他律找到形而上的理論根據，喚起人們履行仁德的使命感，督促人們時時刻刻效法天道的仁德，使自己的行爲處處符合道德原則。這樣，陳獻章便從形而上的高度賦予仁德絕對價值，把人們的道德行爲視爲追求形上意義、追求終極關懷的神聖過程。經過這樣的解釋，陳獻章把道德信念、道德原則都建立在他的本體論學說的基礎之上了。

陳獻章指出，仁德不但有客觀的依據，而且有主觀的依據。客觀的依據是天道，主觀的依據則是人心。他在〈古蒙州學記〉中寫道：「仁，人心也。充是心也，足以保四海，不能充之，不足以保妻子。」他認爲，聖人正是爲了保養人心之仁，纔制定禮義等行爲準則。其實，聖人制定禮義規則並非出於個人私智機巧，只不過是找到恰當地表現人心之仁的形式而已，「君子因是心制是禮，則二者兩全矣，巧莫過焉。」（〈仁術論〉）他以內容與形式的統一說明禮樂制度的合理性，從人心中爲禮義制度尋找內在根據，把禮樂的約束作用歸結爲人心的自我約束。在他看來，形式是由內容決定的，聖人制定的禮義作爲行爲準則來說，迺是由人的道德理性決定的；一切行爲準則無非是道德理性的選擇，都是理性爲自身立法並且自己遵守。這樣，陳獻章就爲儒家的自律原則找到了理論根據。

聖人制定禮義考慮到人心，也考慮到人情。陳獻章指出：「夫人情之欲在於生，聖人即與之生，人情之惡在於死，聖人不與之死。」（同上）聖人的道德理性與眾人是一致的，聖人的道德情感同眾人也是一致的。聖人欲眾人之所欲，惡眾人之所惡，他所制定的行為準則，既出於理性的自覺，又出於情感上的自願。這樣，陳獻章便把自覺與自願兩個方面巧妙地統一起來了，沒有像宋代理學家那樣，把天理與人欲截然對立起來。陳獻章這樣處理人心與人情的關係，顯然比宋代的理學家們開明得多。

陳獻章認為主觀的仁同客觀的仁是統一的，二者的統一就構成了天人合一的道德境界。在這種境界裏，「物我一體，惟吾命之」，充滿了生機和仁愛。這種境界就是孟子所說「上下與天地同流」的境界，就是程顥所說的「仁者與萬物同體」的境界。陳獻章同孟子、程顥一樣，把天人合一視為最高的道德理想，而進入這種境界中的人，也就是他心目中的聖人。聖人就是集天德人德於一身的人，在他的身上充分體現道德原則，從而成為眾人應當效法的楷模。

以上，陳獻章從客觀的仁談到主觀的仁再談到主客觀統一的仁，確認仁為最高的道德原則。那麼，人應當怎樣在行動中貫徹仁道原則呢？陳獻章指出以下幾點。

第一，以仁的原則嚴格要求自己，把仁的境界視為安身立命之地。《易傳．繫辭》有「安土敦乎仁，故能受」的觀點，陳獻章寫了〈安土敦乎仁論〉一文，加以闡發說：「寓於此，樂於此，身於此，聚精會神於此，而不容惑忽，是謂之曰：安土敦乎仁也。」他認為「仁」就是人之所以為人的根本，「仁」就是人的本質。如果失掉了仁，就等於失掉了人的本質，失掉了人之所以為人者，從而也就同禽獸所差無幾了。仁是做人之道，是一切德行的總匯。所以，人能有仁，便是 個完人。做人應當以仁為安身立命之地，時時刻刻把握仁的準則，以行仁爲樂事。對自己行仁道，也就是忠於自己的修身之道。對自己行仁道應當全心全意、毫不含糊，用仁的原則規範自己的一言一行，以仁存心，不能有所疏忽。孔子曾提出「我欲仁而仁至矣」、「爲仁由己」等等著名的論斷，陳獻章表示認同。他強調，實行仁道原則必須從自己開始。一切從自身做起，一切從我做起，這迺是儒家仁道的首要一條。

第二，對待他人實行推己及人的原則，盡己盡忠，以仁愛之心相待。陳獻章認爲，仁既是自我約束的最高準則，也是處理人際關係的最高準則。所謂仁，應當在與人交往的過程中得以實現，假如一個人獨居荒野，與人老死不相往來，他即便有崇高的仁德意識，也無法表現出來。所以，仁道必須體現在與他人相交往的過程之中。從這個意義上説，仁道就是與人相處之道。仁道要求每個人應當愛自己的父母，愛自己的兄弟姊妹，愛自己的親朋好友，迺至愛全體社會人民。

陳獻章主張每個社會成員都應當以仁愛之道相待，尤其是各級官員，更應當成爲履行仁道的模範。他在〈潮洲三利溪記〉一文中指出，做學問應當講究「爲己之學」，而不是「爲人之學」；至於做官剛好與此相反，應當講究「爲人之仕」，而不是「爲己之仕」。這兩個方面是有聯繫的：只有講究「爲己之學」的人纔能成爲「爲人之仕」；反之，那些熱衷於「爲人之學」的人只能成爲「爲己之仕」。他認爲，作爲一位官員，理應當做到，爲官一任，造福一方，對百姓實行仁政。成化十二年（一四七六年）巡撫都御史朱英督兩廣軍定荔浦之亂，在桂山岩將七百多脅從者釋遺歸農。陳獻章對此事大加贊賞，特寫〈古蒙州學記〉一文，贊揚此種仁政之舉動。

在陳獻章看來，對他人實行仁道，包含著對他人人格尊重的意思。他在〈夢記〉中寫道，他在夢中呼童子取行具，童子不理睬，慨嘆「越人歌之，楚人聽之。」醒來之後，他發了一通議論：楚人和越人氣質不同，語言不同，愛好不同。假如一位楚人唱歌，楚人聽後會從內心受到感動，而越人聽了卻無動於衷。由此看來，楚人就是楚人，越人就是越人，這是不可更改的事實，假如有一位越人到楚人所居之地強迫楚人遷往越地，必將受到反對。反過來也是如此。正確的作法應當是「守其爲越者，無遽責楚以必同。」這就是說，人們應當彼此尊重，纔能和睦相處，絕不可以把自己的喜好強加於人。陳獻章認爲，楚人和越人應當彼此尊重，和睦相待；同樣道理，漢族和少數民族也應當彼此尊重，和睦相處。他主張華彝一體，反對種族歧視。他在〈木犀〉詩中唱道：「名花得見太平年，擊壤聲高壓管弦，化日熙熙春蕩蕩，華彝何處不同天。」陳獻章從儒家的仁道原則中引申出民族和睦的思想，這是他對儒家仁學的豐富與發展。在他的身上絲毫沒有大漢族主義的氣味。當然，他對異族侵犯中原是持反對態度的。

第三，不但對他人實行仁道，而且對物也實行仁道。對物行仁是對人行仁的擴延，陳獻章主張對物加以愛惜、保護、不要糟蹋，更不可殘忍。他認爲，人作爲有生命的存在物，同其他有生命的存在物息息相關，應當一視同仁，不應隨便戕害。在他家的房東檐下，棲息一窩不知名的小鳥，母鳥每天銜蟲而歸，育養著三隻幼雛。有一天，不懂事的小僕人夜裏掏鳥窩，將一隻幼雛摔死。陳獻章知道後十分生氣，特寫〈感鳥〉一詩，向鳥表達自己的歉意。他仿佛覺得小鳥飛到他的枕邊，嘰嘰喳喳叫個不停，似乎在訴說著哀怨。「吾甚愧此鳥，感之欲霑纓。」他把小僕人狠狠地教訓了一番，「再拜謝此鳥，此意何由平。」

在陳獻章正節堂東側的高墻上，有一窩八哥鳥。一天，兩隻幼雛從鳥巢中墜下，母鳥只得到地上哺育自己的幼雛，時常還發出悲慘的叫聲，絲毫不顧及旁邊是否有人。陳獻章發現後深爲母鳥愛護幼雛的行爲所感動，不禁大發惻隱之心，他趕緊把幼雛送到鳥巢之中，並作詩一首：「將雛無力上榱題，聲斷殘陽翅忽低。高棟托身君亦誤，鷦鷯安穩只卑棲。」他有感於八哥從高墻上墜落，借題發揮說，人與鳥是一樣的，久居高棟也有墜地的危險，不如像鷦鷯一樣低枝而棲倒安全一些，以此表示自己銖視軒冕，甘於淡泊的情懷。

陳獻章不但對禽獸充滿仁愛之心，對植物也施以仁道。他在〈菊逸說〉中寫道：「草木之品在花，桃花於春，菊花於秋，蓮花於夏，梅花於冬。四時之花，臭色高下不齊，其配於人也亦然。」他認爲，各種花都是草木之精氣下發於上的英華，與人的倫理精神息息相通，對於人培養仁德大有幫助，人應當本著仁愛之心善待百花。陳獻章寫了大量的詩作，謳歌菊花、素馨、梅花、枳殼……，在他的筆下，百花爭豔，生機盎然，洋溢著仁愛和溫馨。他認爲，賞花、愛花，會從花中受到啓迪，陶冶自己美好的心靈。

除了花之外，陳獻章對竹也頗爲鍾愛。他在〈對竹〉詩中唱道：「窗外竹青青，窗內人獨坐。究竟竹與人，元來無二個。」他對竹獨坐，覺得宇宙間萬物渾然同體，皆以生生之氣爲本，自己同青竹之間似乎並無區別，本來無二。正如陳獻章的高足湛甘泉對此詩所解釋的那樣，「先生隨處察仁體，真得洙泗濂洛之正傳矣。」（〈白沙子古詩教解〉）

以上，陳獻章從對己、對人、對物三個方面闡述了他關於如何貫徹仁道原則的看法。其實，這三個方面貫穿一個基本觀點，即本著對天道負責的精神待己、待人、待物。天道既是仁德至善的動機的出發點，又是仁德至善的行爲的落腳點。他在〈與張廷實主事〉的信中寫道：「道無往而不在，仁無時而或息，天下何思何慮，如此迺至當之論也。聖人立大中以教萬世，吾儕主張世道，不可偏高壞了人也。」他強調道與仁是聖人立教萬世、確立不移的最高原則，主張將這一原則貫徹到對己、對人、對物的行爲實踐中，倡導仁愛精神，倡導和諧精神，反對殘暴，反對酷政，充分表達了他的儒者情懷。

2 規範認同

陳獻章作爲一位儒者，對仁德觀念表示認同，並且從他的本體論加以闡發與論證。但他同時又是一位隱者，因而同官方哲學家還有所不同。他並沒有公開拒斥儒家的倫理思想體系，但立足於自己的哲學立場作了某些加工改鑄。他從整體上接受仁的觀念，而對傳統的道德規範系統則有所選擇，並沒有完全接受。他對某些道德規範不感興趣，對某些道德規範大力宏揚，從而表現出不同於俗儒的個性特徵。

宋代理學家在談到仁的時候，一般都同三綱五常相聯繫。例如，程顥說：「學者須先識仁，仁者渾然與物同體，義禮知信皆仁也。」（《二程遺書》卷二上）朱熹也說：「蓋天地之心，其德有四，曰元亨利貞，而元無不統；其運行焉，則爲春夏秋冬之序，而春生之氣無所不通。故人之爲心，其德亦有四，曰仁義禮智，而仁無不包。」（《朱文公文集．仁說》）他們從天理的普遍性引申出仁德的普遍性，然後再把仁德同三綱五常相聯繫，把仁視爲一切道德規範的總匯。陳獻章也以天道的普遍性論證仁德的普遍性，但並沒有著意從仁德中引申出三綱五常等道德規範。他沒有著意張揚三綱五常，但也並沒有明確地表示拒斥。他作爲中世紀的學者，無法跳出他所在的時代。他畢竟有自己的思考，並沒有盲目地隨波逐流、人云亦云，沒有做影響附和之論。他按照自己的理解，只對爲數不多的儒家傳統的道德規範表示認同，而對三綱五常一類的正統觀念幾乎不置一詞。

陳獻章認同的第一個道德規範是孝。他在〈望雲圖詩序〉中寫道：「夫孝，百行之源也。通乎神明，光於四海。堯舜大聖也，孟子稱之曰『孝弟』而已矣。故君子莫大乎愛親。」他把孝行看成各種道德行爲的根源，認爲孝道與天道相通，堯舜等聖王皆是行孝的典範，可見他對孝是相當重視的。「孝」爲四德（孝悌忠信）之首，歷來受儒家的關注，但各個時代的儒者對「孝」的理解並不完全相同。孔子和孟子把尊親、事親看作孝的主要內容，孟子說：「孝子之至，莫大於尊親。」後來孝又被當作宗法等級倫理道德的基礎，《中庸》強調「夫孝者，善繼人之志，善述人之志也，」主張子繼父業。隨著封建制度的確立與鞏固，孝被提到根本大法的地位，《孝經》認爲「夫孝，德之本也，教之所由生也」，「夫孝，天之經也，地之義也，民之行也」，強調孝是人們必須遵守的天經地義的倫理綱常。宋代的理學家把孝與忠緊緊地聯繫在一起，主張移孝作忠，程頤說：「臣之於君，猶子之於父。」（《河南程氏粹言》）他們把孝變成單方面的道德規範，主張子絕對地服從父，如同臣絕對地服從君，宣稱「天下無不是的君父」。經過這樣的解釋，孝道便成了維護君父權威的工具，變成了維護人身依附關係的工具，從而也就變得越來越不近情理。陳獻章強調孝爲百行之源，粗略看來同漢儒和宋儒的說法沒有多少區別，但仔細琢磨一下便會發現，陳獻章對孝的理解與他們的說法有很大距離。他把「孝」界定爲「愛親」，這是一種與他們的提法都不同的新見解。

陳獻章把「孝」界定爲「愛親」，其實質含義是把孝理解爲對母愛的回報。這是他從自身的經歷中得來的最真實的感受。他是一個遺腹子，是母親含辛茹苦一手把他撫養成人。他的母親林氏二十四歲就守寡，爲了培養陳獻章兄弟二人真可以說吃盡了苦頭，奉獻出自己全部的愛。陳獻章很感激自己的母親，很愛戴自己的母親，他正是從愛母親的崇高而真摯的感情出發提倡孝道的。他主張普遍的愛親，把孝視爲人生的第一位的道德信條。在他看來，爲人之子對雙親實現孝道，完全是自然而然、理當如此的事情。這種孝道觀同他的「天道自然」的哲學本體論是一致的。陳獻章的孝道觀同孔孟的「尊親、事親」的觀念比較接近，但把孝同母愛緊緊地聯繫在一起，卻是他的獨到之處。他對孝的理解，更有人情味，更能體現出人道主義精神。

在傳統的儒家孝道思想中，孝往往同父權相聯繫，所謂「三年無改於父道，可謂孝矣。」孝對於父親來說是一種權力，而對於兒子來說只是一種義務。在陳獻章孝道觀中沒有父權意識，因而也就沒有造成權力與義務的疏離。在他的心目中，行孝的對象是母親。眾所周知，女性在中世紀是沒有社會地位可言的，可見，陳獻章對母親行孝道，完全出於內心的真感情，出於人性之自然，並不涉及家業的傳承問題。在傳統的孝道觀中，由於權力與義務的疏離，父爲子綱，子成了父的附庸，於是孝成了論證人身依附合理性的工具。而陳獻章的孝道沒有把父親視爲行孝的主要對象，因而沒有傳統的孝道觀的弊病。

陳獻章所表彰的孝子幾乎都是向母親行孝的模範。他在〈望雲圖詩序〉中，表揚王公事母至孝的事蹟。王公是山西人，少年喪父，與母親一起生活。後因赴廣東南海縣做官，不得不離開老母親。到任以後，一想到年邁的老母親無人陪伴，便流涕嗚咽而不自勝。南海縣一些有名望的人請人繪製了一幅〈望雲思親圖〉，題詩其上，並請陳獻章作序，然後贈給王公，表彰他一片孝心。陳獻章欣然爲圖及詩作序，稱贊說：「蓋公之孝自天性，非由勉慕乎外。」他在〈永慕堂記〉中所提到的御史李昆，也是一位對母親行孝的孝子。李昆進拜老母於堂，十分恭敬孝順，使陳獻章頗受感動。他應李昆之邀，特寫「永慕堂」匾額相贈，並寫〈永慕堂記〉，闡揚孟子「大孝終身慕父母」之意。

其實，陳獻章本人就是一位愛母至深的孝子。他最關心最掛念的人就是自己的母親。他寧肯在家而不出去做官或執教，都是爲了侍奉自己的老母，他違心地再次赴考也是爲了自己的老母。據張詡〈白沙先生行狀〉載，陳獻章「孝弟出於天性，事太夫人甚謹。」陳獻章不在身邊，母親林氏吃飯都不香。陳獻章外出，每每掛念自己的母親，歸心似箭。「母愛子慕，惟日不足。」陳獻章晚年身體狀況不佳，而林氏卻康強如壯。他生怕自己死在母親前面，不能爲母親送終，常常向天祈禱，但願能死在母親之後。弘治八年（一四九五年）林氏病故，享年九十一歲，這時，陳獻章已是六十八歲的老者了。他服喪素食，心情十分悲痛，非常懷念自己的母親，母親死後，他再也不肯穿好衣服，以表達自己的哀思。母親死後五年，他也離開人世。陳獻章事母至孝，有口皆碑。他去世後，申時行奏請朝廷批准陳獻章從祀孔廟，上疏說：「今孝友如獻章，出處如獻章而謂之禪可乎？」（〈從祀文廟疏議〉）可見，行孝是陳獻章之所以能夠得到從祀孔廟這一殊榮的原因之一。

在中世紀的中國，「孝」幾乎是人人都會講的口頭禪，但有人講孝是真誠的，有人講孝卻是虛僞的，他們把孝掛在口頭上，並不打算實行，更有甚者竟把講孝當作沽名釣譽的手段。針對這些僞君子，陳獻章強調孝應該出於本心，出於真誠，出於對雙親的至愛。他在〈風木圖記〉中說：「夫孝子之事其親，視於無形，聽於無聲，致愛則存，致慤則著，著存不忘乎心，奚存歿間哉？」他認爲孝子對待自己的雙親，應當體貼入微，發自內心，至誠相待，纔算盡了孝道，而不能只作表面文章。所謂孝應當是兩代人心靈的感召，情感的溝通，精神的互慰，「具足於內者，無所待乎外，性於天者，無所事乎人。又非事親一事爲然也，一以貫之。」在他看來，這纔是儒家孝道的真正含義。可惜，孝道的真正含義並沒有得以發揚。在普通人的眼裏，孝不過是「豐其養，厚其葬，生之封，死之贈」一類的事情，在陳獻章看來，這距真正的孝道相去甚遠。他並不否認「豐其養，厚其葬」之類的行爲也屬於孝，還曾對別人贍養親人表示贊賞。但他認爲，養親只能算是行小孝，而不算行大孝。因爲這種孝是外在表現出來的，大家有目共睹的，並且這種孝行是針對親人的，只能算作意向所向的好，還不是意向本身的好。

陳獻章認爲，大孝應當是意向本身的好，應當是發自內心的孝的動機，而不僅僅是孝的行爲。他在〈與邱蘇州〉的信中談到事親時說：「僕聞之，君子之事親也，盡其在我者，不必其在人者。苟吾之所爲，不畔（叛）乎道，不愆乎義，則其爲孝也大矣，祿之失得弗計也。」大孝的標準是內在的，而不是外在的。大孝應當建立在把握道義的基礎之上。他所說的道是指「天道自然」，而義則是仁義的天德。在他看來，是否算作大孝，不在於別人甚至是雙親對你的評價，而是你自己以天道天德爲尺度對自己進行評價。所以，行孝實質是自己按照天道天德行事，盡其在我，祿所弗計。這樣一來，他便把大孝提到尊重天道天德、尊重自我的高度，從而把傳統儒學中的「孝」從外在的道德規範轉化爲內在的價值取向，從他律變爲自律，使之心學化了。陳獻章的這種理解可以說發前人所未發。

陳獻章指出，心中的天道或心中的仁德是孝的根據，因此行孝實質就是正心、誠意、修身。然而行孝並不僅僅是個人的行爲，其影響面是很大的。立足於孝道，可以齊家、治國、平天下。首先，孝道有利於家族的繁榮和興旺。「古之仕者世繼，死者有廟，生者爲宗。思相慶而死相弔，百世不相忘。」（〈增城列氏祠堂記〉）如果每個家族成員都認同孝道，勢必增強人們之間的團結，形成良好的家風。孝道不僅可以影響有血緣關係的家族成員，也可以影響其他社會成員，收到「慎終追遠、民德歸厚」的社會效應。因爲家族與國家密切相關，「家之譜，國之史也。」（〈湯氏族譜序〉）實行孝道可以改善家風，也可以改善社會風氣。總的來看，陳獻章對孝道的理解雖有獨到之處，但並沒有超出儒家思想的範圍。

陳獻章認同的第二個道德規範是忠。他在〈永慕堂記〉中說：「夫忠孝之推也，不孝於親而忠於君，古未之有也。」他認爲忠是孝的邏輯延伸，忠與孝是密切相關的。孝於親是忠於君的前提，假如離開這個前提，忠於君就無從談起。孝的對象是同自己有血緣關係的雙親及其他長輩，忠的對象是同自己沒有血緣關係的君主，儘管所指向的對象不同，但道理是一樣的。按照他的看法，如果說孝的涵義是愛親的話，那麼忠的涵義便應當是愛君了。

忠也是儒家倫理學中的一個重要的道德範疇，是指誠懇、積極爲人的人格和態度，即所謂「盡己之謂忠」（朱熹《四書集注》）孔子很重視忠道，把它看作人的重要品德，主張「君使臣以禮，臣事君以忠。」（《論語．八佾》）孟子認爲，「教人以善謂之忠」（《孟子．滕文公上》），把忠當作重要的道德規範。漢代的《忠經》認爲忠是「爲國之本」，《白虎通義》把忠德列爲三綱之首，主張臣民對君主絕對盡忠，視忠爲天經地義的法規。在儒家傳統的忠道中，既有積極的因素也有消極的因素。其積極的因素包含著忠於祖國、忠於民族的合理內核，曾培育出岳飛、文天祥等一大批民族英雄，他們不愧爲中華民族的脊梁。其消極因素是帶有封建專制主義傾向，常常把盡忠的對象僅定爲君主一人，臣民似乎只有盡忠的義務，而君主享有不受限制的權力，從而導致「君叫臣死，臣不敢不死」的愚忠。這兩種因素是緊密地結合在一起的。

陳獻章對忠道的闡發，主要是側重於其中的積極因素，即側重於闡發其中的愛國主義思想。陳獻章居住地新會縣南面的大海中有一座厓山，爲宋末抗元的最後據點。宋祥興二年（一二七九年），元將張弘範率軍攻打厓山，少傅張世傑與元軍在海上決戰，兵敗突圍，遇颱風溺死。左丞相陸秀夫在厓山被攻破時，背負宋帝趙昺投海殉國，慈元后亦一同殉難。白沙離厓山很近，陳獻章從小就受這一歷史事件的影響，萌發愛國主義感情，長大成人以後，他經常到厓山憑弔爲國盡忠的先烈，留下大量詩篇，忠烈們不惜以身殉國的精神使他感奮不已。他在〈寄賀柯明府〉詩中唱道：「寥寥二百年，大忠起江濆」。他把張世傑、陸秀夫、文天祥、慈元后看成彪炳史册的民族英雄、愛國忠烈。有一次，他到厓山受風所阻，七日方纔歸回。他突發奇想：莫非是陸、張的英靈在挽留自己？他在詩中唱道：「言歸輒風濤，無乃疑張陸。」他還在〈登厓山觀奇石碑〉詩中寫道：

長年碑讀洗殘潮，野鬼還將野火燒。
來往不知亡國恨，只看奇石問漁樵。

我們從陳獻章的這些慷慨激昂的詩句中，不難領略到他對忠德的頌贊，領略到他同殉國忠烈在精神上的共鳴，領略到他作爲一個儒者所具有的愛國主義情懷。爲了紀念殉國的忠烈，他曾倡議在厓山建「大忠祠」和「慈王廟」。成化二十二年（一四八六年）御史徐瑁命人削去張弘範刻在奇石上的「鎮國大將軍張弘範滅宋於此」的字樣，陳獻章建議改刻「宋丞相陸秀夫負帝沉此石下」，可惜未被採納。

陳獻章頌贊宋末殉國的「三忠」，並不僅僅是「發思古之幽情」，在當時是有實際意義的。在他所處的時代，明王朝與外族之間的鬥爭相當激烈。明英宗曾被瓦剌軍擄去，明孝宗時韃靼屢犯塞內，這不能不使他聯想起宋末殉國的忠烈。由此反映出，陳獻章宏揚忠道帶有抵抗外族入侵的進步意義，透露出他的一片憂國之心。

對於傳統忠道的消極方面，陳獻章當時雖然不可能有清楚的認識，卻能保持一定的思想距離。他對那種「文諫死，武戰死」一類的愚忠並不怎麼欣賞。漢成帝時，槐里令朱雲請斬安昌侯張禹。成帝大怒，欲殺朱雲，朱雲竟把殿檻攀折。後來成帝原諒了他，並下令保存原檻，只作修補，以表彰朱雲直諫，史稱「引裾折檻」。東漢漢安元年（一四二年）張綱到洛陽都亭就把車停下來，把車輪拆下來埋在地裏，發誓上書彈劾當權的大將軍梁冀及其弟梁不疑，京師爲之震動，史稱「都亭埋輪」。在傳統的儒家倫理思想中，引裾折檻、都亭埋輪被視爲忠臣的典範，陳獻章卻不以爲然。他在〈與張憲副廷學〉信中表示，朱雲、張綱的舉動同真正的忠臣相比，有如以猛禽比鳳凰，二者相去甚遠。對於他們的舉動許之以「勇」尚可，許之以「忠」則不妥。

陳獻章同意忠君就是愛君的說法，但他認爲愛君是有條件的，而不是無條件的。假如君主真的有恩於你，你當然應當表示感謝。比如，明憲宗朱見深旌表陳獻章的母親，賜予他翰林檢討官職，他自然應當上表謝恩。儘管如此，他還是不肯放棄意志自由，無條件地拜倒在皇帝的腳下。他在處理忠孝衝突的時候，沒有像所謂的忠臣那樣，在忠孝不能兩全的情況下捨孝求忠，相反，他倒是捨忠求孝。他接受了皇帝賜予的官職，卻不肯到任，理由是自己要對年邁的老母盡孝。他在〈望雲圖詩序〉中說：「君與親一也。在親爲親，在君爲君，世寧有篤於親而遺其君乎？」在他看來孝親與忠君是等值的，不主張絕對地對君主盡忠。這樣，他就同愚忠劃清了思想界限。

陳獻章認同的第三個道德規範是節。「節」是「節操」的縮語，包含節氣、操守、骨氣、志氣等意思，是指道德品質上的堅定性和堅持性。節也是儒家歷來所重視的道德範疇之一。據《左傳．成公十五年》記載，諸侯們要擁立子臧爲王，子臧推辭說：「聖達節，次守節，下失節。爲君非吾節也，雖不能聖，敢失守乎？」說罷便逃到宋國去了。這是關於守節的最早記載。宋代理學家對守節作了狹義的限制，特指婦女爲亡夫作出不再嫁的承諾。程頤的弟子向他請教：有一位寡婦既孤獨又貧窮，並且無依無靠，她是否可以再嫁？程頤的答覆是：「只是後世怕寒餓死，故有是說。然餓死事極小，失節事極大。」（《河南程氏遺書》卷二十二）在中世紀的中國，年紀在三十歲喪夫而不再嫁，獨居五十年以上的婦女，便是社會所公認的節婦。

陳獻章基本上接受了宋儒的守節觀念，因爲他的母親就是一位受到皇帝旌表的節婦。他在這樣一位母親的哺育下長大成人，自然會對守節觀念有很強的認同感，這完全是可以理解的。他在〈書韓莊二節婦事〉一文中對節婦韓氏和莊氏肅然起敬，他寫道：「今之誦言者，咸曰：『餓死事極小，失節事極大，』故臨利害，比二氏乃能之，學者固不能於此。」在他看來，二節婦的高風高節，遠非那些只會讀書的書生們可比。他還在〈止遷蕭節婦墓賦〉中爲蕭節婦大唱贊歌：「嗟此烈婦兮，彼丈夫弗如。」他把蕭節婦視爲令男子漢汗顏的道德楷模。

值得注意的是，陳獻章對節婦們的表彰，並非僅僅凸顯她們爲亡夫守節的行爲，而且凸顯她們不畏強暴，寧死不屈的氣節。據《新會縣志》記載，陳獻章提到的莊節婦原本是海康人，隨著丈夫吳金童逃荒來到新會縣劉銘、梁狗的家中，劉、梁二人貪圖梁氏貌美，想佔有她，遂在海上將金童害死，莊氏數日後發現丈夫的屍體，放聲痛哭。當天夜裏，她便背著幼女投海自殺。陳獻章提到的蕭節婦名叫烏頭娘，在逃難時被水軍掠到香山小欖，欲強暴她。她寧死不從。後來水軍要把她賣掉，並且威脅她說：「你若不讓賣就殺死你！」蕭氏並不怕死，伸長脖子讓刀砍下。圍觀的民眾無不被感動得落淚。陳獻章對她們的表揚，包含對抗暴精神的肯定。由此看來，他雖然贊揚節婦，但並沒有完全落入宋儒的窠臼，也包含著一些合理的因素。

陳獻章對「節」的理解不像宋儒那麼偏狹。他認爲，守節不僅是女性應盡的道德責任，同樣也是男性應盡的道德責任。無論男人還是女人，都應該做一個有節氣、有操守的人，都應該向著自己所選定的價值體系和道德理想矢志不渝地努力前進，絕不輕易地放棄或改變，從而保持人格和道義上的純潔性和一貫性。他在〈與賀黃門〉的信中說：「人無氣節不可處患難，無涵養不可處患難。」他指出，在守節方面，韓愈不如蘇軾。同樣是遭貶官，韓愈到潮州以後，便撐持不住，整天價愁眉苦臉，急急忙忙地同太顛和尚交朋友，以排遣心中的苦悶。這同他以前堅定排佛的態度大相逕庭。而蘇軾被貶到海南以後，仍舊能保持儒者平和的心境，居然有興致在詩中唱道：「日啖荔枝三百顆，不妨長作嶺南人。」陳獻章對蘇軾處逆境而守節的舉動表示出衷的贊佩，感嘆地說：「此皆是患難奈何不得，氣象何其壯哉！」

陳獻章指出，「節」既適用於私德，同時也適用於公德。守節既能夠用以維護自己的名譽，也能夠用以表達自己對祖國、對民族的忠貞。他認爲宋末英勇獻身的抗元英烈都是爲祖國爲民族守大節的典範。據張詡〈白沙先生行狀〉記載，陳獻章「少讀宋亡厓山諸臣死節事，輒掩卷流涕。」陳獻章關於「節」的看法，雖然沒能擺脫宋代理學家的影響，但畢竟同他們有區別。他關於守節的看法比較接近這一觀念的原初意義。

3 處世之道

陳獻章把「仁」視爲道德的最高準則，對「孝」、「忠」、「節」等道德規範表示認同。雖然提出一些與先儒不同的看法，可是他的道德觀仍然以儒家爲主調，這是無可辯駁的事實。然而，在人生態度方面，他卻較多地接受了道家的思想。他將儒、道兩家的思想加以整合，提出了關於處世之道的看法。

陳獻章認爲，人生在世，要解決的第一個問題就是如何立世的問題。一個人首先必須在社會上站得住腳，然後纔談得上處世問題。人怎樣纔能在社會上站得住腳呢？陳獻章指出，那就是要使自己成爲一個有本事的人，成爲對社會有用的人。他在〈誡子弟〉中說：「人家成立則難，傾覆則易。」一個人能否成才，他的父兄固然負有教育責任，但關鍵還是看他自己是否肯努力。一個人只有掌握一門對於社會有用的專長，才能在社會上站得住腳。他講了這樣一個故事。村裏有一戶人家，以彈琴爲職業。彈琴本是一項高雅的藝術，用來陶冶情操未嘗不可，然而作爲一項專門的職業，在農村中卻是無法糊口的。這位琴師把彈琴的藝術傳授給兒子，希望他的兒子託琴而衣食。然而他的希望很快破滅了，不但糟蹋了琴藝，而且還坑害了兒子。他的家境敗落，一家人幾乎不能生存。村裏的人都瞧不起這戶人家，不願意同他家來往，把他家孤立起來。講完這個故事，陳獻章評論說，琴師家之所以無法在農村裏住下去，並不是他的道德品質不好，而是他選擇了在農村中沒有用的職業。他「既無高爵厚業以取重於時，其所挾者率時所不售者也，而又自賤焉，奈之何其能立也？」看起來，一個人要在社會上站住腳，必須掌握一項對社會有用的本領，否則必將遭到社會無情的淘汰。他語重心長地告誡晚輩們：如果自己沒有掌握一種社會需要的本領，那是無法在社會上站得住腳的；自己無法立於世上，卻推諉於命運不佳，那就更不應該了。

陳獻章指出，一個人要在社會上站得住腳，並不是一件容易的事，稍有不慎就可能身敗名裂。有一種人，自以為才高意廣，不願意久居人下，虛榮心極強。他們附庸風雅，不自量力，講排場、擺闊氣，把錢都花在畋獵馳騁、賓客應酬、輿馬服食等方面，只圖一時的快樂，而不知窮之將至。鄉下人把這種敗家子稱為「大頭蝦」。大頭蝦挺鬚瞪目，頭比身子還大，看起來個頭不小，其實沒有多少肉，吃起來味道也不好，真是「豐乎外，餒乎中。」鄉下人以大頭蝦譏諷那些不務實、圖虛榮的人，陳獻章認為「言雖鄙俗，明理甚當。」他專門寫了〈大頭蝦說〉教導晚生後輩，希望他們從中吸取教訓，引以為戒。

陳獻章的立世主張是一種入世主義的人生態度，這也是儒家的一貫思想。在中國古代哲學史中，人生態度大致分為三種類型。一種是出世主義的人生態度，以佛教為代表，佛教認為人生是苦，主張擺脫痛苦，放棄對人生的執著，看破紅塵，皈依佛門，到達涅槃寂靜的無生境界，徹底脫離苦海。另一種是避世主義的人生態度，以道家為代表。道家不像佛教那樣直截了當地否定人生的價值，但他們對社會生活並不熱心，主張寄意於山林，以躲避社會上人與人之間的紛爭。再一種就是入世主義的人生態度，以儒家為代表。儒家肯定人生的價值，強調人生的責任感和使命感，主張積極地參與社會生活，在現實的社會生活中實現人生的價值。在上述三種人生態度中，陳獻章主要認同於儒家，把「立世」視爲人生的首要任務，他主張認認真真地生活，做一個有益於社會的人。

與立世問題相聯繫，人生在世遇到的第二個問題是如何看待名利的問題。一個有事業心的人，對社會作出自己應有的貢獻，社會對他所作的精神回報就是名，對他所作的物質回報就是利。陳獻章指出，由於社會是複雜的，社會所作的回報未必恰當。有的人努力上進，貢獻很大，卻是默默無聞，所得甚少；有的人投機取巧，善於鑽營，卻名利雙收。因此，一個人不可把名利看得太重，而應當學會淡泊名利。他認爲，名利並不是人生的目的；倘若把名利看成人生的目的，那在他看來，實在是一個可憐的鄙夫。「鄙夫患得失，較計於其實。高天與深淵，愁絕徒嗟吁。」（〈得何時矩書〉）一個人整天價患得患失，爭名於朝，爭利於市，實在活得太苦太累。陳獻章把名利看成身外之物，主張擺脫名韁利鎖的束縛，堂堂正正地做一個人，而不做名利的奴隸。他在〈送李世卿還嘉魚〉一詩中唱道：

富貴何忻忻，貧賤何戚戚？
一為利所驅，至死不得息。
夫君坐超此，俗眼多未識。
勿以聖自居，昭昭謹形跡。

我們從陳獻章關於名利的看法中，很容易發現道家對他的影響。莊子把對名利的追求稱之爲「喪己於物，失性於俗」，警告人們不要把自己「物化」了，陳獻章的看法同莊子很相似。他們都不把得失際遇放在眼裏，主張在人生的道路上，保持清醒的自我意識，不為物所移，不受變於俗。不過，陳獻章作為一個儒者，同道家還是有所區別的。基於入世主義的人生態度，他雖反對把名利當作人生的目的，但承認事功的價值。當然，他認為事功應當服從於仁道原則，只有服從於仁道原則的事功才是有價值的，否則即使聞名於世，也是不足稱道的。他在〈書漫筆後〉中寫道：「文章、功業、氣節，果皆從吾涵養中來，三者皆實學也。唯大本不立，徒以三者自名，所務者小，所喪者大，雖有聞於世，亦其才之過人者耳，其志不足稱也。學者能辨乎此，使心常在內，到見理明後，自然成就得大。」可見，他反對為名利而求事功的態度，但不反對為實現仁道而求事功的態度。這樣，他便在名利觀上把儒道兩家的思想綜合起來了。

與名利觀相聯繫，人生在世遇到的第三個問題是如何看待苦樂問題。名利是來自社會方面的回報，苦樂是人生的自我體驗。名利觀與苦樂觀是一致的：一個以名利為人生目的的功利主義者，他必然以有所得為樂，以有所失為苦。他有所得便沾沾自喜，有所失便愁眉苦臉。他的情緒完全受到外因的左右，已喪失掉獨立的自我意識。陳獻章認為，功利主義的苦樂觀是不足取的，不應當把苦樂同外物相聯繫，而應當把苦樂同心中之道相聯繫，同自然之道相聯繫。唯有得道之樂、自然之樂才是真正的快樂，才不會讓身外之物來搔擾平和灑脫的心境。他在〈真樂吟效康節體〉中以詩的形式抒發了自己關於真樂的看法。他寫道：

真樂何從生，生於氤氳間。

氤氳不在酒，乃在心之玄。
行如雲在天，止如水在淵。
靜者識其端，此生當乾乾。

在他看來，真樂應當以得道爲基礎，同飲酒等外在刺激不相干。這是一種動靜自如的超然境界，一種求道得道的哲人之樂。他在〈湖山雅趣賦〉中說：「富貴非樂，湖山爲樂；湖山雖樂，孰若自得者之無愧怍哉！」明確地否定了功利主義的苦樂觀，而認同道家寄意山林、返回自然的苦樂觀。他一轉筆，強調必須把湖山之樂提到自得之樂的高度，這樣，便把道家的苦樂觀同儒家的「尋孔顏樂處」的說法溝通了：無論是儒家還是道家，都以得道爲真樂。儘管儒家的道和道家的道有不同的內涵，道家側重於天道，儒家側重於人道，但這種差異在陳獻章思想體系中完全被化解了。在他的眼裏，天道與人道本來就是一回事。由此看來，陳獻章的苦樂觀也體現出儒道合流的特徵。

人生在世還會遇到的第四個問題，那就是如何看待生死。由於人生態度不同，人們對生死意義的理解和認識也不同。功利主義者以名利爲人生目的，他們對死亡抱有著無比的恐懼心理，甚至臨死時還帶著永遠不得滿足的可憐相。佛教否定人生的價值，認爲人生老病死無一不苦，主張歸依佛門，跳出六道輪迴，進入涅槃境界。陳獻章關於生死的看法，既不同於庸俗的功利主義者，也不同於虔誠的佛教信徒。他以哲學家特有的慧眼，把生和死看成不可避免的自然現象，並不抱有過分的傷感。人生本來就是自然萬象的組成部分。在自然界中，草木有榮有枯；同樣，人應該也有生有死。面對榮枯、生死，最好的辦法就是順其自然，不必有任何憂愁與焦慮。他在〈盆池栽蓮至秋始花〉一詩中教導不懂事的小女孩要明白花開自有花落時的道理，不必眼淚汪汪地自尋煩惱。

開花恨不早，花落卻生愁。
白露能消物，紅蓮不耐秋。
頻來癡小女，對此淚長流。
不識榮枯理，哀樂空相讐。

明白了植物有榮必有枯的道理，也就會明白人有生必有死的道理，從而對生死坦然相待。他在〈奠何教授文〉中抒發了這樣的感慨：「於乎！生之謂來，死之謂往，往來之間，奚得奚喪？河岳星辰，鼠肝蟲臂，大小則殊，由其所遇。」陳獻章這種任其自然的生死觀同莊子「不知説（悅）生，不知惡死」（《莊子．大宗師》）的看法相當接近。

以上，陳獻章關於立世、名利、苦樂、生死等問題的看法構成他的處世之道的組成部分，但還不是他論説的重點問題。他的處世之道所要解決的主要問題是「出」與「處」的關係問題，這乃是古代學業有成的知識分子所面臨的一個最嚴峻的切身問題。

在中世紀的中國，知識分子的選擇向度大體上有兩個，一個是出仕，即通過科舉或選聘到朝廷中去做官。古代又稱爲「現」、「用」、「在田」。另一個是處家，即拒絕到朝廷中任職，心甘情願地保持平民身分，繼續過著耕讀傳家的生活。古代又稱爲「隱」、「藏」、

「在淵」。對於這兩個向度到底應當選擇哪一種？這是古代思想家常常談論到的一個話題。孔子認爲處理出處關係的原則應當是「天下有道則見，無道則隱」（《論語．泰伯》），意思是說，當權者奉行儒道時應當出來做官，爲君王效力；否則就隱居在家，絕不能爲了一官半職而放棄儒家的原則立場。《易傳．繫辭上》說：「君子之道，或出或處，或默或語。」同孔子所說的意思大體相同。儒家認爲，一個學有成就的知識分子可以出仕朝廷，也可以隱居在家，究竟應當選擇哪一種，必須視儒道是否得以實行而定。這就是儒家倡導的時中原則。道家的看法與儒家不同。基於避世主義的立場，道家抱著與當局持不合作的態度，拒絕出來做官。楚威王聽說莊子很有才學，派使者帶著很多金錢到莊子家拜訪，請他到楚國任卿相。莊子笑著對楚國的使者說：金錢的確是重利，卿相的確是尊位，可是你沒有看見郊祭用的犧牛嗎？平時餵養得很好，可是一旦被殺掉當作供品擺到太廟的供棹上，它就是想當一個平常的小豬也都不可能了。所以，請你離開吧，別來打擾我。我寧肯在汚泥中自得其樂，也不想受到當權者的羈絆。莊子的志向是「終身不仕，以快吾志焉」（《史記．老莊申韓列傳》）。在出處問題上，道家奉行清高原則，視出世爲汚行。

陳獻章在處理出處關係時，理論上認同於儒家的時中原則，而實際上卻接受了道家的清高原則的影響。他把儒家的時中原則和道家的清高原則結合起來，提出「咸率乎自然」的處世之道。他在〈與順德吳明府〉的信中說：「出處語默，咸率乎自然，不受變於俗，斯可矣。」這句話包含著豐富的哲理。他所說的自然，也就是我們前文提到的「天道自然」。在陳獻章看來，在處理出處關係時，應當立足於本體論的哲學識度，認識到出或處都是體現天道的手段，既不要矯揉造作地拒不出仕，也不要煞費苦心地往官場裏面擠。「自然」的內化便是「自我」，或出或處，都應當自己拿定主意，切不可受世俗之見的左右。無論是出還是處，都不能作違心之舉。

陳獻章「率乎自然」的主張同儒家時中原則是相容的，其中包含著隨遇處宜、隨時處宜的意思。用現在的話說，就是具體情況具體對待，不要受任何條條框框的限制。他在〈復朱都憲〉信中說：「在親爲親，在君爲君，無所往而不然矣。夫天下之理至於中而止矣。中無定體，隨時處宜，極吾心之安焉耳。」他認爲衡量「時中」的終極標準是形而上的天道，而把握天道的主體則是自我。所以，到底是該出仕，還是隱居，歸根究到底是一種自我選擇。依據心中之理，你覺得應該出仕，便當仁不讓地出仕；你覺得應該隱居，就理直氣壯地隱居，不必顧及閒言碎語。陳獻章不像道家那樣一概反對出仕，而承認選擇的自由，這是一種儒家的處理方式。他在〈客乞題隨時子軒〉中以詩的形式表達自己「隨時處宜」的觀點：

> 無雨笠且罷，未晴蓑不捨。
> 蓑笠用無窮，我是隨時者。

這表明，隨時處宜也就是順乎自然的意思。到什麼時候辦什麼事，且勿拘泥呆板，正如雨天披上雨具、晴天收起雨具一樣自然。到底是出仕還是歸隱，陳獻章很尊重每個人的自我選擇。他的門人和朋友中很多都是仕途中人，他並不因此而中斷同他們的交往。他在〈與羅一峯〉的信中說：「應魁止於貧而已，若能進退以道，甚佳。至於甚不得已爲祿而仕，亦無不可，但非出處之正也。」儘管陳獻章本人並不贊成出仕，但他還是坦然地表示尊重羅應魁的選擇。即便在不得已的情況下採取權宜之計，他也表示充分理解。他本人也游移於出與處之間，他應過科考，因屢屢失敗而放棄；他願意過江門垂釣的隱居生活，但仍舊接受了朝廷的招聘；他接受了皇帝的任命，卻不肯到任。他以自己的行動爲「隨時處宜」作了最清楚的說明。

不過，從陳獻章一生中總的傾向來看，他所選擇的是隱居之路，而不是出仕之路，對道家的清高原則表現出很強的認同感。他在〈與湛民澤〉的信中表明自己隱居不出的心跡：「古人托居，必有所見，儻今日之圖可遂，老腳一蹬祝融峯，不復下矣。」他所傾慕的理想人物不是諸葛亮式的名臣賢相，而是歷代閒雲野鶴般的高才大賢。他在詩文書信中贊賞過巢父、許由、顏淵、曾點、嚴光、陶潛、李白、邵雍、林逋等等，這些人都是歷史上有名的處士或歸隱者。他有時還把莊子當作自己的楷模，在〈題莊子泉〉詩中唱道：「閒看千丈雪，飛下玉臺山。爭知白沙子，不是南華山。」詩中的白沙子指他本人，南華山指莊子，表示自己要像莊子那樣清高、那樣逍遙、那樣蕭灑。

陳獻章之所以選擇了歸隱的道路，有他不得已而爲之的苦衷。這主要取決於他對「時」的看法。在他看來，當時的政治是黑暗的，「忠信於人真可仗，爪牙當道卻須還。」（〈鱧洲山遇虎〉）在這樣的世道上，賢愚美醜都被顛倒了。他在〈夢記〉中慨嘆：「西子蒙不潔，掩鼻過者疾趨而爭先。雖有惡人，齋戒沐浴，被服明鮮，以祀上帝，執侍周旋，與世駢肩。」在這爪牙當道、小人得志的年月，還能指望行道有爲嗎？莫不如抽身退步、遠離官場。他作爲一個儒者，當然希望有機會施展自己治國安邦的才幹，可惜歷史並沒有給他這樣一個機遇。在這種情況下，他只好走歸隱的道路了。他在〈處士陳君墓志銘〉中抒發了生不逢時的感慨：「世無我遺，安以隱爲，世不我須，其隱亦宜。」可見，他選擇歸隱之路，其實也是對當時昏闇世道的抗議。

陳獻章不因不得志而煩惱，而能隨時處宜，另闢人生蹊徑。他住在「天高皇帝遠」的邊陲小山村，剛好爲他歸隱提供了方便條件。他可以遠離喧囂的鬧市，得到幾分安寧，他很滿足於歸隱的生活，從自然中體味到無窮的樂趣。他在〈南歸寄鄉歸〉詩中唱道：

山童呼犬出，狂走信諸孫。
乳鴨爭嬉水，寒牛不出村。
圩煙浮竹杪，田水到桑根。
鄰叟忻相遇，笑談忘日曛。

在這鄉居歸隱的生活中，他獲得了精神上的自尊，甚至有幾分自傲。在他眼裏，那些在官場中競奔的人實在有點可笑，勸他們早點省悟，擺脫官場的煩惱。他的朋友罷官歸來，他竟以〈可左言贈憲副王樂用歸瑞昌〉一詩相贈：

可可可，左左左，費盡多少精神，惹得一場笑唾。百年不滿一瞬，煩惱皆由心作。若是向上輩人，達塞一齊顱破。歸來乎青山還我，白雲滿座。莫思量，但高臥。

如果以為陳獻章真的甘於寂寞，對於現實生活漠不關心，那是對他的誤解。他畢竟是儒家的隱者，在他那清高的風度裏，仍然挾裹著「位卑不敢忘國憂」的儒者情懷。他的眼是冷的，可心卻是熱的。他身在山村，心繫國事，仍舊思考著如何革除弊政的問題。他的結論是，要想革除弊政，首先必須從「正淑人心」入手。他說：「在今日正淑人心、正風俗，扶世教之第一義也。」（〈程鄉縣社學記〉）而要做到這一點，就必須興辦教育事業。他的主張是儒家一向倡導的老辦法，「昔者堯、舜、禹、湯、文、武、周公道大行於天下，孔子不得其位，澤不被當世之民，於是進七十子之徒於杏壇而教之，擇善力行，以底于成德。其至也，與天地立心，與生民立命，與往聖繼絕學，與來世開太平。」（〈龍崗書院記〉）他效法孔子，在白沙村辦起頗有規模的學館，擔負起「傳道、授業、解惑」的重任，以期實現「庶政無不修，用人無不當，理財無不富，治兵無不強」的美好理想。他在自己的人生實踐中，把儒家的入世的時中原則同道家的避世的清高原則巧妙地統一起來了。

綜觀陳獻章的倫理思想，其突出的特點是：一方面宏揚儒家的仁道觀念以及孝、忠、節等道德規範，另一方面又從道家學說中汲取精神資糧，構成儒道互補的理論體系。在他的倫理思想中，洋溢著儒家入世進取的精神，又透露出道家脫俗超然的風範。他的學說源於儒學，而異於傳統儒家，不屬於道家，卻帶有道家的色彩。他揉合儒道兩家，走出了一條獨特的理路。他像其他儒家大師一樣，重視內聖工夫，卻不認為一定要把內聖落實到外王。他反對強求功業，主張順道自然，嚮往「勿助勿忘、鳶飛魚躍」的最高的人生境界。總的來說，他所建立的是一個儒家隱者的倫理思想體系。

四、結語

陳獻章是明朝中期傑出的思想家。他在宋代理學走向衰微、趨於工具化的情況下，毅然放棄科舉道路，重振「為己之學」，經過多年探索，發揮思想原創力，別開生面，獨闢蹊徑，建立了一個獨具一格的道學思想體系，為學林吹來一股新風，成為有明一代心學的奠基人。

陳獻章的道學思想體系的鮮明特色是突出一個「自」字。⑴注重自然。他認為道是宇宙萬有之本，道通萬物，具有至大、至虛、至上的品格。但道並不是主宰者，宇宙中的一切事物都依據天道生存著，發展著，「化化生生各自然」，處於「自動自靜，自闔自辟，自舒自卷」的演化過程之中，構成生動活潑的大千世界。⑵注重自得。自然的天道是本體，同時又是客體。與客體相對而言則是主體自我。自我具有認識天道的能力，以天道為認識對象。自我認識天道不是被動的認識過程，而是自我主動的追求過程，因此，自我要想掌握天道，必須發揮主體的能動作用，得到直接、切身的體會。這就是他反覆強調「學宗自然」、「學貴自得」。⑶注重自修。自我了解天道，也就是主體與客體的統一，這一過程要通過長期的自我修養得以實現。為了達到這一目標，他提出了靜坐、洗心等修養方法。⑷注重自律。他依據上述哲學識度闡述倫理思想，把仁道視爲人生最高的道德原則，認同「孝」、「忠」、「節」等道德規範。他不否認他律的作用，但更強調自律，強調在道德理性基礎上的自我約束、自我完善。(5)注重自立。他在尊重道德原則和道德規範的前提下，主張養成獨立的人格，這種獨立的人格就是他心目中的理想人生。他在處理立世、名利、苦樂、生死、出處等問題時，都表現出強烈的自立意識，絕不受種種世俗之見的困擾。在他的自立意識中，還包含著自尊、自愛、自潔、自信等多種意思。上述自然、自得、自修、自律、自立五個方面都相互聯繫，構成陳獻章道學思想體系的基本內容。

陳獻章道學思想開心學風氣，對王陽明心學思想的形成有很大影響。正如黃宗羲在《明儒學案．白沙學案》中指出的那樣，「有明之學至陳白沙始入精微，其吃緊功夫全在涵養，喜怒未發而非空，萬感交集而後動。至陽明而後大。兩先生之學最爲相近。」陳獻章對王陽明的影響是通過他的高足湛若水實現的。湛若水繼承陳獻章的心學思想，進一步加以發展，把心提到本體論高度。他認爲，「心也者，包乎天地萬物之外，而貫夫天地萬物之中者也。」（《湛甘泉集．心性圖説》）這種看法同王陽明「心外無理、心外無物」的思想已經相當接近了。湛若水同王陽明的關係很密切，他們曾訂終身共學之盟。他們經常吃住在一起，相互砥勵，切磋學問。王陽明承認：「晚得友甘泉湛子，而後吾之志益堅，毅然若不可遏。則予之資於甘泉多矣。」（《王文成公全書．別湛甘泉序》）湛甘泉對於王陽明的影響實際上也就是陳獻章對王陽明的影響。在明代心學發展史上，陳獻章首開風氣，始入精微，王陽明纘其餘緒，成爲集大成者，終於把心學提到正宗地位。在宋明道學思想發展史上，心學之所以能夠發展爲足以同理學相抗衡的分枝，陸九淵、王陽明的作用固然很大，但陳獻章亦功不可沒。他的學術思想構成心學發展過程中的重要環節。

參考書目

《白沙子全集》 陳獻章，明羅僑刻本。
《陳獻章集》 陳獻章，中華書局。
《明史》 張廷玉等，中華書局。
《明儒學案》 黃宗羲，上海商務印書館。
《陳白沙哲學思想研究》 章沛，廣東人民出版社。
《宋明理學史》（上卷） 侯外廬、邱漢生、張豈之主編，人民出版社。
《中國古代著名哲學家評傳》（續編四） 趙宗正、李曦編，齊魯書社。
《宋明理學》 陳來，遼寧教育出版社。
《中國近世儒學史》 宇野哲人著，馬振君譯，中國文化大學出版部。
《湛甘泉集》 湛若水，明刻本。
《白沙遺言纂要》 張詡，明刻本。
《東所文集》 張詡，明刻本。
《中國哲學史資料選輯》（宋元明之部） 中國社會科學院哲學研究所中國哲學史研究室編，中華書局。

王守仁

王熙元　著

目次

一、王陽明傳略……097
1 陽明的生平事蹟……097
2 陽明的時代背景……125
二、王陽明的學術思想……132
1 陽明的心學……132
2 陽明的學術著作……144
三、王陽明思想對當時及後世的影響……153
1 陽明思想對本國的影響……153
2 陽明思想對世界的影響……179
參考書目……190

王守仁

一、王陽明傳略

1 陽明的生平事蹟

・早期生活——理想孕育時期

明代大思想家王陽明，名守仁，字伯安，因曾築室於浙江四明山的陽明洞（在浙江省紹興縣東南二十里會稽山上），自號陽明子，故學者稱陽明先生。他是浙江省餘姚縣人，生於明憲宗成化八年九月三十日（西元一四七二年十月三十一日）。

陽明的誕生，有一段類似神話的傳說：他母親懷孕十四個月，有一天，祖母夢見有穿絳紅色衣裳的神仙，從雲端抱著一個嬰兒送入懷中，當她自睡夢中驚醒的時候，已聽到嬰兒啼

的樓房為瑞雲樓。哭之聲。祖父竹軒公覺得很奇異，便為孫兒取名為雲；地方人士相互傳告，因指稱陽明降生

當陽明五歲的時候，還不會說話，有一天，與一羣兒童正在嬉戲，有一個神秘的僧人經過，他說：「好一個孩子！可惜被說破了。」祖父竹軒公彷彿心有所悟，便為孫兒改名守仁，說也奇怪！不久，竟能說出話來。

歷史上偉大人物的降生，不免有些略帶神秘意味的傳說，彷彿荒誕無稽的神話，或許不值得我們深信；但在民智還不十分開化的古代，這種傳說卻足以增強父母親族對孩子的深愛，因而督教益發嚴慎，期望更加殷切；而且神話傳說既久，無形中也將使孩子產生「生與俱來」的堅定信念，因而愈加策勵奮勉。對於陽明和他的父母親族來說，情形正是如此。

陽明幼時，聰穎過人，五歲以後，便逐漸嶄露出他特異的稟賦。在他開始說話後的某一天，忽然朗誦出祖父竹軒公平日讀過的書中文句，大家驚訝地問他，他回答說：「聽祖父讀書時，已默默地記在心中了。」由此可見他頗有「過耳成誦」的夙慧，無異於「過目不忘」的天才。

十歲以前，陽明都生活在家鄉餘姚。憲宗成化十八年（一四八二年），陽明十一歲的時候，因父親在京師（北平）做官，迎養他祖父竹軒公，於是祖孫二人相偕前往。路過金山寺，祖父與客人飲酒賦詩，詩未作成，陽明竟從旁賦出一首：

金山一點大如拳，打破維陽水底天。

醉綺妙高臺上月，玉簫吹徹洞龍眠。

客人大感驚異，又要他賦〈蔽月山房〉詩，陽明隨口應聲說：

山近月遠覺月小，便道此山大於月。
若人有眼大如天，還見山小月更闊。

一個年僅十一歲的孩童，吐詞竟如此氣概非凡，且富有哲學的境界，由此適可預卜他來日將成就一番聖賢學問和豪傑事功。

次年，陽明十二歲，正式就學於塾師，因才氣縱橫，表現出豪邁不羈的性格。父親龍山公見他過度成熟，常常深懷憂慮，只有祖父竹軒公心裏有數，所以對他不多加約束。

正因爲他才氣、性格的不羣，使他一心嚮往於高超的學問與事業。可惜當時沒有遇到良好的業師，指點他做學問的方向，所以他常面對著書本凝神靜思，而眼前書本上的知識，又不能解除他心中的疑慮，滿足他崇高的願望。有一次他忍不住向塾師請問：「什麼是天下第一等事？」那位迂腐庸俗的塾師回答說：「就是讀書登第嘛！」他想了一想，頗不以爲然地說：「登第恐怕不是第一等事，而是讀書學聖賢吧！」雖然人皆可以爲堯舜，但一個年僅十二歲的孩子，居然肯定學聖賢是天下第一等事，其心智的不平凡，就可想而知了。

從此他全靠自己摸索追求，由於沒有人指示他做聖賢的途徑，於是又轉念想做豪傑。在十五歲那年，正當北方邊陲多事，他不畏艱苦，冒險馳出居庸三關，縱覽山川形勢，探詢諸夷種族，聽到不少邊防備禦的策略，於是慨然有經略四方的雄心大志。

這時陽明畢竟年事太輕，一切都沒有成熟，當然不能立即實現他的豪情壯志，只有在夢中陶醉了。有一天，他忽然在夢裏拜謁馬伏波的廟。馬伏波名援，是東漢英勇的將軍，光武帝時奉命平定交趾，後來朝廷曾樹立銅柱以表彰他的功績，並拜伏波將軍。年八十餘，仍率兵討伐蠻夷，曾對人說：「丈夫立志，窮當益堅，老當益壯。」又說：「男兒當死於邊野，以馬革裹屍而還。」這豪壯的英雄氣概，常在陽明的內心深處激盪，使他魂牽夢縈，心嚮往之。所以夢中更賦詩一首：

> 捲甲歸來馬伏波，早年兵法鬢毛皤。
> 雲埋銅柱雷轟折，六字題文尚不磨。

這首詩的字裏行間，充滿了陽明欽仰民族英雄馬伏波的心跡，也顯露了他爲國立功，以期不朽的英雄思想，更似乎注定了他將來立功異域的命運。

他父親爲了使他的感情與情緒生活能夠安定下來，在他十七歲那年，命他親往洪都（江西南昌）去成親。新夫人諸氏，是江西布政司參議諸養和的女兒，諸家與陽明的家庭是世交，這門親事自然是門當戶對。結婚是人生大事，可是在成婚的當天，他卻獨自信步走到附近的鐵柱宮，看見一位道士正在打坐。由於好奇心的驅使，便向道士叩問養生的道理，並嘗試著與道士對坐，這一坐竟忘了回家，錯過了洞房花燭夜；直到第二天早晨，才被岳家派人找回來。這件事雖然跡近荒唐，但卻表現了他求真而忘我的哲人氣質。

婚後一年多的時間，陽明都住在南昌岳家，這是他早年生活中最安靜恬適的一段歲月。就在這恬靜的生活裏，他正式用功練習寫字，岳父官署中藏紙數箱，都被他用光，而書法因此大進，他曾告弟子說：「我開始寫字時，臨摹古人的碑帖，只學得字的外形而已；後來提筆不輕易落紙，先要凝神靜思一番，從心中排除字形，長久之後，才會通寫字的妙法。」因讀了程明道「寫字要學習保持敬心」的話，所以又說：「可知古人任何事隨時都從心上去學習，如能用心精明，字也就自然寫得好了。」這幾句話，是他早年學寫字的心得，也是他日後成就心學用功的方法，所以他晚年與弟子談論致知之學，多舉這番心路歷程為例證。

十八歲那年冬天，就在陽明偕夫人由南昌回餘姚途中，路經廣信府（江西省上饒縣）時，便順道親自去謁見當時的大儒婁一齋，一齋告訴他宋儒格物致知的方法，並說聖賢是可由力學而成就的，由此啓發了他嚮慕聖學的念頭，這確是他思想發展史上一個重要的轉變歷程，後來他研究理學，就是受一齋的啓發和影響。

二十一歲在浙江考中了鄉試以後，又隨父親到京師，這時他對宋儒格物之學大感興趣，於是遍求朱子的遺書，潛心研讀。有一天，想起先儒既說萬物都有表裏精粗，即使一草一木，也包含了至高的道理，那何不實驗一番？於是他發憤做了一次「格物」的工夫。他很興奮地約了一位朋友，試格庭中的竹子。他們整天面對竹子沉思默想，那位朋友一連格了三天，便支持不住而病倒了；陽明認真地堅持了七天，也同樣病倒了。竹子的道理，絲毫沒有格通。於是他爽然若失，深悟這樣格物不是做聖賢的工夫，便放棄了朱子的學說，轉變興趣於辭章之學。這是陽明思想的又一次變遷，由於他既執著而又跳脫的性情，使他有多方面的生活體驗和新的嘗試。

繼而他在京師曾先後參加過兩次會試，都不幸名落孫山。後來他約同幾位詩友，在家鄉龍泉山寺結了一個詩社，成天醉心於詩歌吟詠之中，想做個大詩人。但是當他次年返回京師時，因眼見邊陲情勢危殆，國家極需軍事人才，便又轉而學習武藝，留心武事，遍讀兵家的秘典。不過在這一方面，一時仍然沒有達成他的理想。

經歷幾度轉變、幾度挫敗之後，使他覺得非常的惶惑和厭倦。功名武事，既無成就；聖賢學問，又不得其門而入；詩歌辭章，更不足以滿足他蓬勃的雄心。正當徬徨無助的時候，偶然讀到朱子上光宗的奏疏說：「居敬持志，爲讀書之本；循序致精，爲讀書之法。」這才深深悔悟：自己以往既沒有做到依循程序、以漸至精微的方法，更沒有掌握居心敬慎、以持守志氣的根本，只是好高騖遠，不切實際，當然一無所獲。於是他收拾徬徨的心情，再度循序讀書，努力精進。可是他總覺得外物的道理和自己的本心，始終顯得是兩截東西，無從融合。在極端沉鬱的情緒下，他舊病復發，心志也轉趨消極遁世之想。

總之，陽明的早期生活，充分表現出他是一個具有多方面興趣的人。在這一階段裏，他的心中始終充滿著一股勇往直前的衝勁、熱烈追求的欲望；更有著不可遏抑的自我擴展的力量，隱然驅策著他不斷地奮發努力，邁向精神的高峯，追求人生的理想。這是他早期生活的特徵，可稱爲理想孕育時期。

‧中年生活——憂患歷鍊時期

孝宗弘治十二年（一四九九年），陽明二十八歲，在京師考取了進士，任工部觀政，這是他正式踏入仕途的開端。不久又轉爲刑部主事，在起初的幾年間，他非常熱中於政治，由於北方韃虜的猖獗不已，朝廷政治的積弊日深，基於耿耿忠義之心，他勇敢而坦率地向朝廷上疏進諫，在洋洋數千言的奏疏中，他深痛剴切地指陳當時積弊的癥結所在，並提供邊疆防務的必要策略。但是，他的意見卻未被孝宗所重視與採納，滿腔愛國的熱忱，與大智大勇的精神，所換來的是朝廷的冷淡與漠視。於是在失望之餘，他的心情又再度趨向於消極。

此後，他又繼續擔任過一些低微繁瑣的職務，因無以舒散他內心的沉鬱，而不得不放情於山水，在他三十歲時，奉命審錄江北囚犯之後，便暢遊安徽的九華山，並作〈遊九華賦〉以述志。賦中充分流露他對神仙世界的慕想，「長遨遊於碧落，共太虛而逍遙。」這是他當時的心跡。但他本性中的天倫之愛，使他躊躇和矛盾，「匪塵心之足攬兮，念鞠育之劬勞。」他不能因自己的出世求道，而斷然滅絕倫常，可見陽明天性之淳厚。

由於苦心鑽研聖賢之學，體質素弱的陽明，曾幾次病倒。因責任感與上進心的驅使，日間雖案牘勞形，入晚又挑燈夜讀，每至深宵而不息，這樣用功過度的結果，思想雖然大有進益，但卻患上虛弱嘔血的宿疾，於是不得不向孝宗上疏乞求養病。這時是弘治十五年（一五〇二年），陽明三十一歲，在告病還鄉後不久，便築室於陽明洞，窮究仙經秘旨，並由靜坐以體悟長生久視的法門。

在這段寂靜的歲月裏，他往日熱烈的感情，已逐漸洗剝一淨，只想離世遠遁，擺脫苦惱的塵網。可是他上有年邁的祖母、恩重的父親，下有親愛的妻子，實在放心不下，也斬不斷天賦的親情與愛情。正在徬徨猶豫的時候，他頓然憬悟到仙釋兩條路並非自己的理想，只有儒學才是人生的大道；於是，便到錢塘（浙江杭州）的西湖養病，準備從靜寂的生活中自拔出來，重新轉換興趣，蓄養精力，振起儒家入世的精神，以實現救世的宏願。這時，他面對著江上明朗的月色，不覺往事歷歷，而吟出他一片真摯的心聲：

江上孤臣一片心，幾經漂沒水痕深；
極憐撐住即從古，正恐崩頹或自今。
蘚蝕秋螺殘老翠，蝺鳴春雨落空音；
好攜雙鶴磯頭坐，明月中宵一朗吟。

在他四處漂泊、幾經奮鬥，而性向又時常轉變的生涯裏，內心總不免陷於徬徨與苦悶中，但他天生一付不羈的本性，當志氣昂揚時，他一心想做聖賢豪傑；當才情奔放時，他又想做詩人文豪；當意趣淡泊時，他甚至也想做道士和尚。他是如此的到處執著，而又到處跳脫。繞了一個大圈子，最後終於又回到儒家，肯定了人生的價值，對自己應走的道路，作了明智的抉擇。

就在孝宗駕崩的前一年，陽明三十三歲時，由浙江返回京師，擔任兵部主事，再度進入仕途，準備一抒他匡時濟世的抱負。第二年，陽明因見京師士大夫們，長久沉溺在詞章記誦的習氣中，而忽略儒家的身心之學，便與湛若水一見定交，毅然共同以聖賢之學為天下倡，並開始聚徒講學，一時蔚然成為風氣。

陽明三十五歲這一年，武宗即位，專橫的宦官劉瑾，操持朝中的權柄，每天以聲色犬馬的娛樂，使武宗沉溺在物欲中，於是朝政荒廢，不堪聞問。一些正直的大臣如戴銑等，相繼進獻諫言，都被劉瑾假傳聖旨，逮捕入獄；陽明的父親龍山公，也因不願奉迎，為劉瑾所私恨，而藉機勒令他退休。這時陽明義憤填膺，熱血沸騰，又勇敢地上疏諫諍，以謀匡扶君主，清除內奸，並為素昧平生的忠直之士戴銑等抗言相救。劉瑾得知，大為憤怒，便立刻偽造詔令，將陽明捕入錦衣獄，並廷杖四十，死而復甦，更貶逐陽明到貴州龍場（今修文縣），做管理驛站的小吏。仗義救人的陽明，自己卻落得如此悽慘，明代朝政的黑暗，公理正義之泯沒，怎不令人悲憤與浩嘆！

龍場驛位居貴州西北，是個邊遠蠻荒的地區，且萬山叢棘之中，瘴氣逼人，陽明深知未來的生活真不堪設想，這樣深鉅的精神刺激，使他大病了一場。正德二年（一五〇七年）夏天，他被迫踏上遙遠艱險的旅途，內心極度悵惘。可是陰險殘酷的劉瑾，對他一步也不肯放鬆，就在陽明啓程後不久，又暗中派遣刺客跟蹤，想在半路上暗算陽明，一直追趕到浙江錢塘江邊，他看看情勢不對，急中生智，便在黑暗中假意投江，並將衣帽浮在水面。這時他悲憤到了極點，遺下兩句詩：「百年臣子悲何極！夜夜江濤泣子胥。」當地的地方官到江邊祭奠亡魂，家人也哀泣服喪，以為他真已死去。

在驚險中脫離虎口、九死一生的陽明，從此埋名隱姓，換上平民的服裝，登上一條商船去舟山，不料途中又碰上颶風，隨船漂泊到福建，登岸以後，便潛身於武夷山中。深夜向山中一寺廟投宿，竟爲老僧所拒。再行約半里，見有一座野廟，因身體極度疲困，便入廟倚靠香案而眠。不久，有老虎成羣而至，環繞廊柱大吼，這時真是驚險萬狀；但說也奇怪，這羣老虎竟始終不敢入內，當然更絲毫沒有傷害到陽明。天亮時，一僧人來廟中，見陽明居然無恙，大感驚奇，以爲定非常人。於是引他去見寺中一位異人，這人就是二十年前當陽明十七歲新婚時，在江西鐵柱宮相對坐談養生之道的那位道士，如今竟又不期而遇，真是人生何處不相逢！陽明便將脫逃的經過及決心隱藏的打算和盤相告，但道士卻提醒他：只怕會牽累家人，於是陽明只好取消了逃避的計畫。

在荒山野廟中，這一夜驚險奇異的遭遇，可說是他後半生命運的轉捩點。臨行之前，他曾賦詩題於壁間：

險夷原不滯胸中，何異浮雲過太空？
夜靜海濤三萬里，月明飛錫下天風。

一切危難困厄，都不足以動搖他堅定的心，他依舊保持著超脫自在的心境，表現他始終一貫的精神，準備隨時在險惡的環境中奮鬥，而絕不逃避現實，可見艱苦的人生經歷，已使他鍛鍊成堅強不屈的意志和勇邁向前的毅力。

後來他取道武夷、鄱陽，前往南京，去看望他年老的父親，好在奔赴謫地之前，向老父告別，不久又返回錢塘。這時已天寒歲暮，冰雪滿途，一路上艱苦備嘗，他有詩描敘當時的情況：

危棧斷我前，猛虎尾我後。
倒崖落我左，絕壑臨我右。
我足履荊榛，雨雪更紛驟。

回錢塘以後，又經由廣信（江西省上饒縣）、袁州（江西省宜春縣），渡過湖南的湘水、沅江，而往貴州龍場。當他路經沅湘一帶，不覺觸景生情，想起當年遭時不濟、懷才不遇、忠而被讒、貶逐江南，最後自沉於汨羅江的屈原，而自己的命運，正與這位悲劇性的愛國詩人相同。正直的君子，愛國的忠臣，卻落得如此！於是他作了一篇〈弔屈原賦〉，爲屈原鳴不平，也爲自己抒悲憤。

經過千里跋涉，次年（正德三年，一五〇八年）的春天，終於到達了貴州的龍場。龍場在貴州一片荒山荊棘之中，陽明形容它：「連峯際天，飛鳥不通。」不但遍地是傷害人的蛇虺怪物，到處是毒害人的瘴癘之氣，而且當地居民都是些苗夷鴂舌之人，語言不通，真是「舉目言笑，誰與爲歡？」其處境之危困，真令人興起「人生至此，天道寧論」的慨嘆！他只有默然面對羣峯，無語問蒼天，不覺吟出：「遊子望鄉國，淚下心如摧」這樣傷感動人的詩句。

生活在如此惡劣的環境中，一切理想固然都成泡影，而平生的得失榮辱，自然也不縈於懷，只好日夜端坐，默默地沉思，以求心境的平靜與純一；漸漸地，他覺得胸中灑落，精神的超脫，使他克服了險惡環境的挑戰。隨從的人都因抵抗不住毒氣的侵襲而病倒，陽明卻反而精神振奮，照顧他們的疾病與生活，並爲他們吟唱家鄉小調取樂，以安慰他們寂寞憂鬱的心情。

由於惡劣環境的刺激與磨鍊，磨出了他心靈的光輝。在一個靜靜的深夜裏，他突然從夢中悟出了格物致知的道理，不覺歡呼雀躍而起，隨從的人都被驚醒，他興奮地告訴他們說：「從前我一直被格物的道理所困惑，如今才了解所謂聖人之道是本性自足的，只要在自己心中去尋求本性就是格物。」他又將過去所讀的經書中的道理，與自己的思想相印證，竟都能一一符合。於是二十多年來心中所鬱結的塊壘，一旦豁然開朗了。

這場夢給他的啓發，使他深深悟解出「心即理」的學說，並由此推衍爲「致良知」與「知行合一」，而奠定了他思想體系的基礎。這一次大徹大悟，使他以往困惑苦悶的心情，完全煙消雲散；一切矛盾蔽障，也都雪釋冰消。他不禁興奮地歌出：

> 大道即人心，萬古未嘗改。
> 長生在求仁，金丹非外待。
> 謬矣三十年，於今吾始悔。

由於精神的超脫，陽明的心情逐漸坦然了；對竄逐荒山野嶺的生活，也逐漸習以爲常了。當地那些無知的苗人獠人，經過他精神的感化以後，都心悅誠服地與他親近。這時，隨從的人也都相繼康復，陽明率同他們伐木架屋，屋成之後，命名爲「何陋軒」，軒前建一座亭，環植翠竹，命名爲「君子亭」，取孔子「君子居之，何陋之有」的意思。於是更種植些園蔬花木，閒來鳴琴讀書，心胸澹泊，一靜如水，頗有怡然自得之樂。這時，唯一使他眷戀難忘的，就是對親人和家鄉的思念了。「野林意所眷，思親獨疚心。」「行雲無定時，遊子無還期。」這是反映他親情鄉思的寫照。

陽明三十八歲時，貴陽提督副使席元山，向他詢問朱陸異同。陽明告訴他：一切只須在自己心上去尋求，不必向外旁騖；又將自己在龍場靜悟的過程相告，並爲他詳盡開示知行合一的道理，不久，元山也豁然開悟，歎爲聖人學問的復興。因而修葺貴陽書院，聘請陽明主講，並親自率同諸生，以師禮事奉陽明。從此貴州學風大盛，連當地土苗也大爲開化，德澤所及，影響非常深遠。

謫居三年的艱苦生活，對陽明個人來說，固然是畢生一大困厄與不幸；但相反的，這三年的歲月，卻正是他一生思想學問上最寶貴的轉機，猶如在人生的鎔爐裏經過千錘百鍊之後，鍾鍊出他思想人格、學問志向的真實光輝。在這段時期，他超脫了一切心靈的蔽障，徹悟了格物致知的真旨，確定了知行合一的學理，磨出了動心忍性的意志。後來他自己曾說：「居夷三載，見得聖人之學，若是其簡易廣大，始自嘆悔錯用了三十年之力。」所以，這三年痛苦的磨鍊，與痛苦中對真理的覺悟，對他一生的成就，有極深切的影響。

正德四年（一五〇九年），陽明被朝廷赦還，並調升江西廬陵（吉安縣）知縣。次年三月，他到達廬陵任所，有詩述當時的感想說：

萬死投荒不擬回，生還且復荷栽培；
逢時已負三年學，治劇兼非百里才。
身可益民甯論屈？志存經國未全灰；
正愁不是中流砥，千尺狂瀾豈易摧？

像陽明這樣才高學富的人，要他來治理一個縣城，真如牛刀小試。官位雖然卑微，但在九死一生之餘，不但能安然生還，而且更蒙受栽培，真是意想不到的幸事；所以只要有益於民眾，他毫不以爲委屈，而願爲國家社會效力。因此，他一到任，就以委婉勸告的態度，開導人心，平息紛爭，除暴安良，消弭盜寇，於是全縣大治，這都是陽明盛德感化的結果，和垂拱而治的績效，不僅當時已收宏效，而且遺澤流於後世，久爲人們所稱頌。

不久，陰謀不軌的劉瑾，被武宗定罪後伏誅，奸宦終於惡貫滿盈，得到了應得的報應，一時天下人心大快。這年十一月，陽明奉召入京，覲見武宗。自正德二年被劉瑾所陷，竄逐蠻荒以來，忽忽四年，萬死餘生，如今重臨京師，真有恍如隔世之感。雖然元凶已死，仇恨業已湔雪，而舊日朝中僚友，大多星散零落，撫今追昔，不禁感慨萬千！

同年十二月，陽明升任刑部主事，在京師與黃綰相識，並引見湛若水，三人終日談論聖學與實踐的事。正德六、七年間，又先後調任吏部主事、文選清吏司員外郎、考功清吏司郎中、太僕寺少卿等職。這時他決定便道回鄉省親，與弟子徐愛同行，在舟中暢論《大學》宗旨。正德八年（一五一三年）二月，他回到了久別的家鄉餘姚。被赦多年以來，他一直擔任些低微的官職，被繁瑣的事務纏身，返鄉之後，這才有暇偕弟子、友人暢遊浙江境內的名山勝景，以抒發多年來疲困的身心。後來又到安徽滁州（滁縣）監督馬政，由於政事清閒，更得以悠遊當年的醉翁歐陽永叔所流連的山水佳勝之地，而吟出「林間盡日掃花眠」，「野情終是愛丘園」這樣恬淡的詩句。

在滁州期間，由於陽明已負盛名，所以當地士人相從問學的人，日益眾多。他們常在月夜林間，環坐談笑，或吟詠嘯歌，頗有曾點「浴乎沂，風乎舞雩，詠而歸」那種悠然灑脫的情境，也有孟子「得天下英才而教育之」的樂趣。他的〈山中示諸生〉詩說：「滁流亦沂水，童冠得幾人？莫負詠歸興，溪山正暮春。」

正德九年（一五一四年）夏季四月，陽明四十三歲，升任南京鴻臚寺卿。在南京講論學術，為了針砭末俗，總是指點學子存天理、去人欲，教他們蕩滌心胸，留得清明，如此方能辨識心性的本體。他指引學生趨於高明的路向，但又耽心他們不免流於空疏，果然不出所料，當時滁州的學士們，便喜歡放言高論，有悖於他的教言，後來一般研究王學的末流，只知道肆意空談，使陽明純正的身心實踐之學，流為空虛無用的口頭禪，以致被世人所詬病，竟於陽明在世時，便已現出端倪，並為陽明所親見，可知弊端的形成，由來已久。

次年，陽明四十四歲，又回到京師。從赦歸五年以來，官位雖然不斷升遷，但都是些閒散的職務，不足以發展他匡時濟世的抱負。加以自己體弱多病，而祖母年已九十有六，日夜盼望與孫兒一見，所以陽明這時乃悄然思歸，以養病事親為由，曾兩度上疏。雖然情辭懇切，但卻不為武宗所允許。

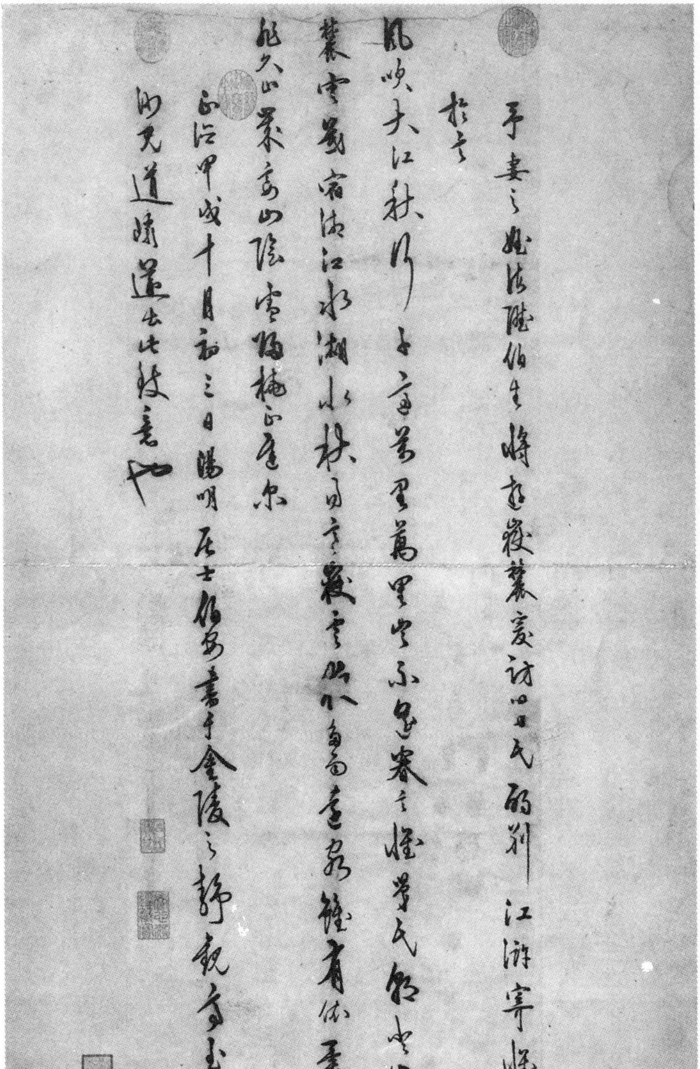

王陽明先生書法 〈送妻姪遊嶽麓〉詩一首

（國立故宮博物院藏）

大致說來，從孝宗弘治十二年（一四九九年），陽明二十八歲考中進士開始，到武宗正德十年（一五一五年），陽明四十四歲，於政治有倦勤之意，而興思歸之情，上疏不准為止，這十六年期間，是他一生中憂患歷鍊時期，尤其是貶謫龍場那三年，給他最深切的考驗。在政治事業的發展上，曾一度積極奮發的陽明，這時乃轉為消沉澹泊；但在思想學問的提煉上，卻由年輕時熱切的追求，轉變為歷鍊後冷靜的澈悟。這一段不平凡的經歷，為他日後在學問事業上奠定了成功的堅實基礎。

．晚歲生活——智慧圓熟時期

從武宗正德十一年（一五一六年），陽明四十五歲開始，直到他逝世為止，是他建立事功的時期，也是他思想圓融、智慧成熟的時期。這段時期，由於他允文允武，讀書而不忘救國，短短數年時間，便由一介書生，做到獨當一面的大軍統帥，充分表現了他頗有軍事的天才，也發揮了他匡時濟世的抱負，並逐步實現了他少年時做豪傑的願望。另一方面，不但講學益盛，他所創的學說，更能融通體用，完成體系，與輝煌的事功相得益彰；同時，在個人的身心修養上，更一步步進入聖賢的境域，達成了他少年時做天下第一等人的理想。

這十餘年間，他先後建立了三大事功：首先是他四十五歲時，巡撫南贛（江西省南部）、汀州（福建省長汀縣）、漳州（福建省龍溪縣）一帶，兩年之內，剿清了東南四省邊境數十年來擾民的頑寇。接著在他四十八歲時，平定了寧王宸濠的叛亂，使東南半壁江山免於塗炭。最後在他五十六七歲時，也是他生命的最後兩年中，又征服了思田（在廣西省）的土酋，爲國家安定了邊陲的局勢，也開拓了西南的疆域。

正德十一年，江西、湖南、福建、廣東四省邊境，盜賊蠭起，饑民載途；尤以江西橫水、大庾，廣東浰頭（和平縣境）、樂昌，福建大帽山（平和縣境）等地匪寇，殺人掠物，爲害地方最烈。朝廷雖曾派人進剿，但因山林既深且險，盜賊又頑強兇悍，竟使大小官吏，束手無策。這時兵部尚書王瓊，素知陽明學養深湛，才能卓越，足堪大用，遂向武宗極力推舉他負責剿撫寇亂，朝廷果然接納了王氏的建議，命陽明率兵巡撫南贛、汀、漳等地，以平寇亂。

但陽明因身體一向衰弱，而這一艱鉅的任務，又實在沒有成功的把握，加以武宗依然昏庸，奸臣仍舊專權，這樣的政治情勢，將不利於在外立功的大將，這是陽明的苦衷，也是歷史的明訓。所以陽明乃上疏請辭，但武宗不許，只好勉強接下這付重擔。

正德十二年正月，他抵達贛州以後，先了解南贛一帶盜賊羣起的原因，然後從健全地方組織與加強民間防禦入手，首先實施十家牌法，集合十戶人家編爲一牌，登記各戶人口的姓名、籍貫、年齡、面貌、職業等。每天輪流由一家擔任巡察，凡遇見陌生可疑的人，立即報請官府究辦；如有私藏人口，則十家共負連坐之責。並告諭地方父老子弟，各自安分守己，勤儉持家，遵從禮義，敦厚風俗，做到守望相助、共維地方治安的目的。其次，他又就地取才，編選民兵，施以軍事訓練。並通令四省兵備官，就部屬中選出驍勇的戰士，率同地方兵員，每日勤於操練演習，由出眾的爲將領，專負守城之責。

不久，漳州的寇盜首先侵擾，陽明一面令湖南、福建、廣東三省兵備，起兵會同清剿，一面自己親率江西民兵出征，途中大戰賊兵，追殲圍攻，終使賊寇潰逃老巢象湖山。陽明又率精鋭進擊，直搗賊巢，賊寇既失險要，乃據高崖峻壁，以滾木巨石相抗；陽明無懼木石，親自督兵，與賊寇鏖戰。這時三省民兵突然各由小路抄進，賊寇潰敗逃奔，官兵乘勝追剿，於是斬殺賊首數千人，漳州為患地方數十年的頑寇，至此全部剿平。

陽明初次用兵，只有三個月工夫，就創下了全勝的奇功，固然由於運籌布署的周詳，更由於臨陣不亂的定力，充分表現他軍事方面的天賦，和勇敢冒險的精神，不但少年時所研讀的兵法，得以實際運用於戰陣，且堅定了他今後用兵的信心，增強了他平亂立功的意志。

漳州匪寇的平定，只是陽明用兵戡亂的開端。事前編選的民兵，倉促應戰，實在不夠精強，因此，在率師返抵贛州後，他又親自擬定治兵的法則，建立兵將制度，以兵符為節制，並請求朝廷授以賞罰專權。於是，他正式展開剿匪新軍的訓練，勤於習戰操練，一時士氣大振。

福建境內漳州匪寇雖已平定，但大帽山及廣東樂昌、龍川、左溪、桶岡，江西橫水一帶，還常有匪寇擾攘為害。這時，陽明決定先進攻橫水、左溪、桶岡的匪寇，但又怕樂昌、龍川的匪寇傾巢而出，反受牽制，便先用懷柔方法，採剿撫並用的策略，以收各個擊破的戰功。於是，向樂昌、龍川的匪寇發布招降文，剴切曉諭他們改邪歸正，棄暗投明，字裏行間，充分流露出陽明哀憐無辜的惻隱之心，愛民如子的仁者懷抱。當時，賊酋們很多都率眾歸附，並願以死相報，實在是受他仁慈精神的感召。

陽明親自督率兵眾，先向橫水、左溪一帶進兵，這是賊寇的腹心之地，由於嫻熟兵法，明瞭形勢，果然一戰而平定了橫水、左溪，斬殺、俘虜各二千餘。接著又乘勝攻向桶岡，賊酋藍天風等力戰而屈。於是八十多個賊寇的巢窟，約四百餘里的賊寇地盤，不到兩個月工夫，都全被陽明戡平，並奏請新設崇義縣，以撫輯這歷年遭匪亂騷擾的地方。當陽明班師回贛州時，南康（江西省南康縣）一帶百姓，沿途扶老攜幼，簞食壺漿，焚香迎拜。各地更有爲陽明設立生祠、懸掛肖像以膜拜的，可見當地人民對陽明感恩之深！

剩下浰頭一帶的賊巢，尚未掃蕩，陽明先用計擒殺賊酋池仲容，並親率士卒，直搗賊寇巢穴，乘隙戡定，又奏請設和平縣，以綏靖地方，於是四省邊境，從此再沒有寇盜擾攘，百姓得以安寧。只在一年多的短時間裏，以一介文臣的陽明，竟能創下如許事功，畢竟是不平凡的。而陽明用兵殺賊，完全出於不得已，誠如當時的大學士費宏所說：「公平日豈習殺伐之事，而貪取摧陷之功哉？顧盜之於民，不容並肩，除盜以安民，仁者不得已之心也。」

南贛一帶，由於山高勢險，交通阻塞，風氣不開，加以習俗侈靡，自然民生日益窮困，而成爲寇亂之源。所以陽明在平定寇亂之後，便想到要地方治安良好，應先改革風俗，消除無益的靡費，且人人都能孝親敬長，守身奉法。於是興立社學，創設鄉約，以鞏固地方基層組織，共同維護地方安寧；並告誡父老，務期做到「德義相勸，過失相規，敦禮讓之風，成淳厚之俗。」進而普施教化，歌詩習禮，蔚成風氣；作〈訓蒙大意〉，以開示教育的原則和方法。就在陽明用儒家《詩》《書》《禮》《樂》的教化薰陶之下，原本民風悍戾的鄙陋的山區，竟一變而爲淳樸禮讓之鄉。

朝廷爲了表揚陽明平定寇亂的事功，一再獎勵升遷。但幾年來軍旅馳驅的生活，使他身心都感到疲乏，如今匪亂既已平息，又興起思家的情緒。他的〈懷歸〉詩說：

深慚經濟學封侯，都付浮雲自去留。
往事每因心有得，身閒方喜過無求。
狼煙幸息昆陽患，蠡測空懷杞國憂。
一笑海天空闊處，從知吾道在滄州。

詩中充分表露出他這時的心情，富貴利祿，一如浮雲，只求身心閒適，過過海闊天空的自在生活。因此，他又兩度上疏，懇切請求退休，希望能返歸田里，以安息多年疲困的身心，並成全頤養病軀與孝養祖母的微願；可是國難方殷，在地方多事之秋，朝廷還需要倚重他，去肩負撥亂反正的事業。

正德十四年（一五一九年）六月，陽明在奉命勘處福州叛逆途中，聽說寧王朱宸濠擁兵造反，便回吉安興起義兵，以討伐叛亂，護衛王室。宸濠是明太祖第十六子寧王朱權的玄孫，曾與奸宦劉瑾接納，早就包藏禍心，覬覦王室，圖謀不軌；並肆行劫掠，惑亂人心，氣燄囂張。在宸濠正式舉兵叛變以後，江西南康、九江等地，相繼被襲淪陷。於是陽明決計不辭萬死，以赴君父之難，乃一面暴發宸濠的罪狀，一面以問罪之師在後牽制。這時祖母岑氏過世，國難親喪，接踵而至，陽明心情的苦痛可知。他既要實現盡忠報國的血誠，又要一伸盡孝報親的恩情，就在戎馬倥傯之際，便道歸鄉送葬。

在緊急的情勢中，陽明號召四方義師，相與起兵勤王。這時他接出夫人及兒子正憲同來吉安，爲了表明隨時可爲國死難的決心，命守兵於萬一情勢不利時火焚公署，其見危授命的犧牲精神，真足以驚天地而泣鬼神。他又設法延緩宸濠叛兵的行動，以便自己有充分調度布署的機會，一面期待朝廷的大軍到來，因爲單憑四方臨時召集的義軍，與勢大人眾的叛敵相抗，力量自然薄弱，而勝負更難預料。不過陽明早已抱定不成功便成仁的決心，在這生死關頭，正是他人格接受考驗的好機會。他一面致書父親龍山公，表示訣別；一面上疏武宗，作沉痛而嚴厲的諫諍；可見他大有以身許國、不畏斧鉞的忠義精神。

陽明親率知府伍文定等從吉安出發，並與江西境內地方官如臨江知府戴德孺、袁州知府徐璉等所率各路兵馬，會合於樟樹鎮（在清江縣東北）誓師，先攻南昌，守兵聞風倒戈，南昌城破，俘獲千餘人，宮府眷屬縱火自焚。宸濠進攻安慶（屬安徽省）不下，遂引兵反救江西，因進取不利，巢穴又已傾覆，故士氣沮喪，陽明乃乘勝迎擊，宸濠水軍大潰敗於樵舍（在南昌北）。後又苦戰頑敵，宸濠再度敗陣。陽明更以火攻，叛眾大潰四散，宸濠與嬪妃揮淚告別，正想潛身逃逸，卻被知縣王冕縱身擒獲，奉獻陽明。於是宸濠世子、眷屬及叛黨數百人都束手就擒，斬殺士卒三千多人，有二萬多人落水而死，衣物與浮屍，橫江十餘里。戰況極爲慘烈。這時九江、南康也都相繼收復，聲勢浩大的宸濠叛變事件，遂告全部底定。

陽明以孱弱多病的體質，起事於顛沛危疑之際，且所率領的不過是一萬多烏合之兵，竟能在一個多月的短時間內，大破強寇十萬之眾，俘獲反叛的元凶宸濠，真不愧爲出奇制勝的靖難豪傑，挽狂瀾於既倒的中流砥柱。

在陽明和宸濠作戰期間，即使戎馬倥傯，軍情緊急，仍與士子不斷地研討學術。某日，忽接陣前失利的報告，陽明從容離座，發出令牌，命處斬先退卻的士兵，回座後依然神態自若，大家驚懼地探詢詳情，陽明淡淡地說：「這是兵家常有的事，不值得介意。」後來聽說已擒獲宸濠，滿座莫不喜形於色，而陽明顏色如故，其不動心的修養工夫，與鎮靜堅定的儒將風度，真可與東晉的謝安後先輝映！

當初朝廷風聞宸濠叛變，遂派遣許泰、江彬、張忠等領兵征討，途中聽說陽明已經得勝，三人竟意圖奪功，便秘密奏請武宗親征。武宗正想趁機到風光綺麗的江南遊玩一番，於是自稱「奉天征討威武大將軍鎮國公」，煞有介事的首途往江西親征。陽明上疏諫止，武宗不願接受，遂親幸南京，並派江彬、張忠先率軍到南昌，江彬等竟誣說陽明與宸濠共謀反叛，因見朝廷大軍忽然到臨，才擒住宸濠以圖脫卸罪名；他們甚至想縛執陽明以居功，而陽明絲毫不爲所動，並乘夜直趨杭州獻俘。後又奉旨巡撫江西，返抵南昌時，張忠等故意縱師觸犯陽明，無所不用其極。陽明委屈忍辱，反而以禮相待。後來江彬等又百般設計，構陷陽明，但正義終能戰勝邪惡，他們的奸謀都沒有得逞。

當時的江西，真是個多災多難的地方，兩次剿匪平亂的大戰，已是兵連禍結，接著又遭逢兩度天災。先是數月不雨，遍地乾旱，饑民流散四方，輾轉死於溝壑，陽明上疏請求免稅寬租，竟不得寬免，只得自嘆自譴說：「徒切痛楚之懷，曾無拯救之術，汗背赧顏，此皆吾之罪也！」繼而洪水滔滔，四境杌隉不安，人民痛苦益深，陽明基於忠君愛民的血誠，再度上疏以自劾，希望君主開悟，疏中有「悠悠蒼天，誰任其咎」的話，但武宗仍然聽信羣小的諂言，繼續羈留南都，對陽明的忠諫，始終不能悔悟，奈何？

正德十六年（一五二一年），陽明五十歲了。在平定宸濠叛亂，完成這番驚天動地的事業之後，又受盡權奸們的譏讒毀謗，而忍辱負垢，對他個人來說，處身於危疑震撼之中，正如暴風雨的襲擊，使他更深刻而真切地體認：良知真足以忘卻患難、超出生死。因此，他開始揭舉「致良知」的教言，來指點世人。可知「致良知」的學說，是陽明歷經危難，從百死千劫中證驗、鍛鍊出來的真學問！

這年武宗崩逝，驕橫不可一世的江彬伏法。世宗即位後，召陽明北上，以備重用。因陽明聲望日隆，朝中元老重臣不勝嫉妒，故又中途受阻。這時陽明恰好路經錢塘，遂上疏請求便道歸鄉省親，幸蒙世宗允准，得以返回餘姚，展拜祖墳，並與家人團聚。萬險歸來，益覺田園恬靜可愛，頗有怡然自得的快樂。

世宗頗能軫念忠賢，先後升陽明爲南京兵部尚書，進封新建伯，並以厚禮慰勞存問。陽明家居時期，由四方到浙江來問學的士人漸多，朝中讒臣向世宗上疏，指爲僞學，因此，從嘉靖元年（一五二二年）到嘉靖五年（一五二六年），陽明六年未被朝廷召用。這六年居家的生活，倒是驚濤駭浪後的一段平靜的日子，也是他晚年講學極盛而思想成熟的時期。

嘉靖元年二月，父親龍山公逝世，陽明因哀毀過度而致病。在憂病中，對遠方來問學的人，指示歸求孔、孟之訓，可見陽明之學，實尊崇孔孟，而純以儒學爲依歸。次年，陽明雖然隱居講學，但京師仍有不少嫉妒他的人，繼續對他橫加謗毀，而陽明卻一依良知而行。他早年爲擺脫卑陋的鄉愿習性，而尋求到良知的本體，由於不能與世俗同流合污，所以不斷的受人毀謗，遭人讒害。他本屬狂者一路的人，經過多年來環境的磨鍊，心性才漸近狷者。孔子說：「狂者進取，狷者有所不爲。」陽明就是有所爲有所不爲的人。晚年則更從狷者而趨向中道，這是他性行方面的進境。

嘉靖三年（一五二四年），陽明五十三歲時，仍然在家守孝，各地因慕名而問學的人，繼踵比肩而來。於是特別開闢一座稽山書院，八方俊彥，相聚一堂，環坐而聽陽明講學，人數常達三百餘眾，盛況可想而知。陽明向大家闡發《大學》萬物同體的旨意，使人各自尋求一己的本性，以致其良知，而達止於至善的境界。

這年八月中秋夜，月明如晝，與門人在天泉橋宴聚，設席於碧霞池畔，當酒意半酣，歌聲四起，諸門人或作投壺之戲，或擊鼓爲聲，或泛舟池上以取樂。陽明見諸生興致濃厚，因賦詩二首以寄興，很能道出他當時的思想和心情。他的詩說：

萬里中秋月正晴，四山雲靄忽然生。
須臾濁霧隨風散，依舊青天此月明。
背信良知原不昧，從他外物豈能攖？
老夫今夜狂歌發，化作鈞天滿太清。

處處中秋此月明，不知何處亦羣英？
須憐絕學經千載，莫負男兒過一生。
影響尚疑朱仲晦，支離羞作鄭康成。
鏗然舍瑟春風裏，點也雖狂得我情。

嘉靖四年正月，夫人諸氏去世，四月葬在徐山。次年十二月，繼室張氏生子正億。老年得子，使陽明喜出望外；尤其在人丁不旺的家庭裏，自然更是一件莫大的喜事。因此遠近世交親友，紛紛前來道賀，也有以詩相賀的，陽明深受感動，都次韻奉答，寫出了他欣喜的心情。如：

自分秋禾後吐芒，敢云琢玉晚珪璋。
漫憑先德餘家慶，豈是生申降嶽祥？
攜抱且堪娛老況，長成或可望書香。
不辭歲歲臨湯餅，還見吾家第幾郎。

嘉靖五年（一五二六年），廣西田州的土族岑猛作亂，由都御史姚鏌領兵征討，終能擒服岑猛父子；次年，岑猛手下的頭目又聚眾煽亂，並攻陷思恩，姚鏌乃結合西南四省的兵力征討，但長久仍不能攻克，朝廷便採用侍郎張璁、桂萼的推薦，特別起用陽明總督兩廣及江西、湖廣的軍務，並督同姚鏌，以剿撫邊陲囂悍的蠻夷。但陽明適值衰病垂老之年，實在心有餘而力不足，只好上疏請辭。

世宗對陽明十分倚重，一面責令姚鏌退休，以便事權專一，一面降旨陽明即刻赴任。陽明奉命後，因見事勢迫切，而世宗的旨意又這樣溫和，一片忠誠體國之心，以及天生以蒼生爲念的仁者胸懷，又鼓起了他的勇氣，扶病冒險赴任，再度肩負起艱鉅而沉重的擔子。

對廣西思恩、田州的苗夷之亂，陽明有他深一層的看法，當他於嘉靖六年十一月到達梧州時，便上疏世宗，主張先以道德感化他們，若道德不足以感化，然後才以兵威懾服。次年二月，陽明抵達南甯，首先下令完全撤退防守的兵眾，幾天之內，便有一萬多蠻夷自動來歸，頭目們也自縛請罪，餘眾莫不歡呼感泣，叩首悅服。就這樣兵不血刃，不損一箭、不費一卒地平定了思、田的蠻夷。於是陽明保存當地原有的土官，以夷治夷，並藉他們原有的兵力，以為中原的屏障；然後又在各地興建學校，普施禮義教化。

廣西境內，另有八寨、斷藤峽等地，因地勢險惡，常有蠻賊數萬，出沒無常，而且兇猛猖獗。陽明順便命部將分道進剿，全部兵力，不足八千，但在一個月之內，便悉數掃平了蠻賊的巢穴，為地方除去了數十年的大患，真是功在國家。但卻因而引起一般朝臣的嫉妒、物議與謗毀，不過公道自在人心，陽明為國除患的忠貞，博施濟民的仁惠，終能贏得大多數人的支持與稱揚。

陽明將兩廣的軍政事務，大體處置妥當之後，可算奠定了當地長治久安的基礎。這時，他的病況日趨嚴重，的確支持不下去了，遂不得不決定告病退休。嘉靖七年（一五二八年）十月，他上疏懇求世宗准許他回鄉就醫養病。於是他一方面啓程東行，一方面在途中聽候覆旨。當舟行到烏蠻灘（廣西省橫縣東鬱江中），灘前有馬伏波廟，陽明乃扶病登岸，拜謁於廟中，竟與十五歲時夢中所見相同，不禁喟然而嘆，有詩以誌感：

四十年前夢裏詩，此行天定豈人為？
徂征敢倚風雲陣，所過須同時雨師。

尚喜遠人知向望，卻慚無術救瘡痍。
從來勝算歸廊廟，恥說兵戈定四夷。

陽明自幼體質孱弱，青年時期，曾多次因疲神苦思、用心於學問而病倒；中年以後，又忙於案牘公文，因辛勞過度，以致患上了虛弱咳嗽的宿疾。後來竄身荒夷，用兵南贛，瘴癘蠱毒的霧氣，軍旅馳驅的生活，對他的身體更倍加侵蝕摧殘，所以終生憂病纏結，悲苦積鬱。這次以年近六十的高齡，遠赴蠻荒的邊陲，跋涉於山野叢林之間，多年肺痨咯血的病情，自然更重，加上咳嗽與瀉痢，遂致一病不起。

十一月二十八日，舟行至江西南安的青龍舖，因旅途勞頓，已元氣大傷。次日清晨，病況更加危急，家童問有何囑咐，陽明說：「其他倒沒有什麼可掛念的，只是平生學問方才見得幾分，未能與同志們相共成就，這是唯一令人遺憾的事！」繼而召門人周積入內，良久，方才張開眼睛說：「我走了！」周積流著淚問老師遺言，陽明微笑地說：「我這片心地是光明的，還有什麼可說的呢？」頃刻間，便瞑目長逝。南贛本是他開始建立事功的地方，而今不意又在這裏結束了他充滿憂患的一生。諸葛武侯所說的「鞠躬盡瘁，死而後已」的話，陽明實在也當之無愧！這時是明世宗嘉靖七年十一月二十九日（一五二九年一月九日），享壽五十七歲。

陽明溘然而逝的噩耗，遠近傳播，各地門人紛紛前來奔喪。當時正任贛州兵備的門人張思聰，在途中迎靈，並依禮入斂，設奠祭祀；然後靈櫬由舟運北返，沿途士民縞素匍匐迎喪，或祭奠於道旁，痛哭哀泣，如喪考妣。江西百姓感念他的恩澤，其感情之深摯，由此可見一斑！

次年正月，自南昌發喪，家中子弟輩都先後趕來迎靈奔喪。當靈柩運抵餘姚，四方來弔喪的門人有數百人。十一月十一日，安葬於距城三十里的洪溪，這是陽明生前自擇的墓地。發引那天，遠近來會葬的門人，多達一千餘人，或扶柩痛哭，或廬墓守望，充分表達了他們無盡的哀思與真誠的崇敬。

2 陽明的時代背景

歷史上任何一位人物，任何一家學說，都不免要受時代環境的影響。因為個人所生存的空間與時間，是他直接呼吸感受的所在，與他的生命息息相關。換句話說：時代風氣的雰圍，時代潮流的趨勢，對個人的思想、人格、學問、事業，必然會產生浸染的作用、衝擊的力量。陽明所處的時代背景，對陽明一生的影響，自然也不例外。茲分數點說明如次：

・政治的腐化

明代自太祖朱元璋削平羣雄，驅逐元帝退回蒙古，定都金陵（今南京）以後，由平民直起而為天子，從異族手中奪回政權，重開漢人統治的政治局面，奠定了開國的規模；由於徐達、常遇春等部將的能征慣戰，平定了四方，一時武功強盛，威鎮海內。但太祖生性猜疑暴虐，功臣宿將幾乎盡被殺戮，專制氣燄太盛；又廢除宰相，造成絕對獨裁的局面；並不惜用嚴刑酷罰來對待士大夫，其殘酷無理，爲有史以來所僅見；因而造成有明一代政治的腐化。

後來成祖篡惠帝之位，遷都北京，整飭內政，平定安南、交趾、韃靼、瓦剌諸蠻邦，武功極盛；並遣鄭和三度下南洋，宣揚國威，國勢一度強大起來。但成祖也是一位暴虐的君主，忠良耿介的士大夫常被殘害，逮捕犯人的馬隊常四出濫捕無辜的平民，臣子與百姓們在他極度的淫威之下，只有惶恐戰慄著任由宰割而已，結果人權盡被剝奪，民眾飽受壓制，忠臣直士幾被迫害殆盡，因而造成朝中權奸的專橫跋扈。

就整個明代的政治局勢來說，內有宦官朋黨的爭端，外有南方的倭寇、北方的強虜時相侵擾；自成祖以後。因內政的日益腐敗，外患的紛至沓來，加以連年用兵，靡費鉅大，以致國勢衰微，民生凋敝。繼而英宗出征韃靼，不幸被重重圍困，不但自己成了敵寇的俘虜，而且四十萬皇軍竟全數潰滅，在危疑震撼的局勢下，造成此後一連串的混亂不安。

陽明生當明代中葉，正是明室政治中衰、昏君當朝的時期。當憲宗成化八年（一四七二年），陽明出生的時候，朝廷在政治上依然顯不出一點清明的景象。到憲宗的兒子孝宗，總算比較賢明，但他在位十八年（一四八八—一五〇六年）期間，並沒有什麼重大的建樹或革新。後來武宗的荒淫無度，世宗的昏庸闇弱，神宗的荒怠朝政，這三個有名的昏君在位時，成爲明代中葉政風最衰敝的時期。陽明的一生，共經歷憲宗、孝宗、武宗、世宗四朝，其中尤以武宗和世宗與陽明的關係最大。

武宗在位時，宦官劉瑾和他的同黨馬永成、谷大用等八人，引誘君主日夜沉迷在聲色犬馬、遊獵狎褻之中，荒淫無度。雖然朝中忠直的大臣們不斷的規諫，但不僅勸阻不了武宗的放肆，且更助長了劉瑾等奸宦們專橫的氣勢，並促成他們向忠臣陰謀報復的行動：如誣賢良忠直的士大夫爲奸黨，或假造聖旨召集他們罰跪下獄。除東廠、西廠常大肆濫捕人犯外，又設置內廠，殘殺無辜，手段更加酷烈，正人君子被摧殘迫害的不計其數。劉瑾又好受賄賂，只要以金錢買通他，可以得官、升級或抵罪。奸宦的氣燄如此囂張跋扈，朝廷的政綱如此混亂腐化，愛國忠君的陽明，實在不忍坐視，所以在正德元年，因上疏營救戴銑等而被放逐蠻荒。

·內亂與外患

正德五年（一五一〇年），劉瑾因罪惡昭彰，終於事發被誅，雖然大奸已除，但朝政卻依然紊亂如故，因爲又有奸臣許泰、江彬、劉暉等博得新寵，他們和劉瑾一樣的專橫。於是國家綱紀更加敗壞，百姓生活日益困苦，加以災害相繼，邊患緊急，遂引起內亂與外患，頻頻發生。

內在的禍亂方面，如河北流寇劉六、劉七等，聚集數千饑饉流民，掠奪山東一帶；又有楊虎等人聚眾數千。在河南大肆侵擾，總計縱橫數千里內，大約一百多個州縣，被他們弄得殘破不堪。次如四川一帶，由於連年饑荒，以致盜寇蠭起。朝廷派去剿匪的部隊，比這些土寇還要擾民，所以官軍越是進剿，賊寇的聲勢越是浩大，幾乎發展到無法收拾的地步。而且他們又與湖廣大盜揚清、藍廷瑞等遙相呼應，往往擁有數萬人眾，橫行於川湘一帶，荼毒無數的生靈。又如江西橫水、大庾；廣東浰頭、樂昌；福建大帽山等地的匪亂，也十分猖獗。

除了匪寇的禍患以外，朝廷宗室藩鎮的反叛，也是明室極嚴重的變亂。除寧王朱宸濠的叛變，上文已有詳述之外；另有安化王寘鐇，一向狂誕異常，對皇室久存覬覦非分之想，正德五年，曾以聲討劉瑾爲藉口，竟公然進犯京師，一時全國騷動，民心不安。

以上這些地方匪寇的擾攘、宗室藩鎮的叛變，幸而先後都被平定，才算解除了朝廷的危局，延續了國家的命脈。如河北的寇亂，後來被彭澤、陸完等平息；四川、湖廣的盜匪，也被次第平撫；而江西、廣東、福建等巨賊，及宸濠聲震一時的反叛行動，都是被陽明先後平定的。至於寘鐇的變亂，則爲右都御史楊一清、太監張永、甯夏游擊將軍仇鉞等所敉平。

至於外來的憂患，明代四方的異族，本來有東北的女真、北方的韃靼、西面的藏番，及東南海外的日本，他們隨時都構成侵襲的威脅。到明代中葉以後，由於內亂頻頻，國力衰頹，東南沿海的倭寇便乘機大肆騷擾，北方的韃靼也時常蠢蠢欲動。因此，東南海疆與北方邊境，幾乎年年都有戰端，沒有安甯的歲月。

武宗朝的內亂外患如此，到了世宗當政，由於他專制的手段與偏執的個性，造成臣僚們逢迎諂媚的卑靡風氣，忠誠正直的士大夫，多被排擠誣陷，無法立足於朝廷。陽明也因被朝中權奸所譖毀，困居家園，從嘉靖元年（一五二二年）到五年（一五二六年），六年不蒙徵召。直到後來因廣西思恩、田州一帶苗夷的動亂，才再度起用陽明前往招撫。

・學風與士氣

明代的學術風氣與教育制度，本來就卑靡衰薄，到中葉以後，乃更趨敗壞腐化。從明代開國以來，因政府多次大興文字獄，讀書人動輒得咎，生命不保，學術思想的自由發展，當然深受阻遏，甚至全被扼殺。在教育制度方面，國學的監生，可用粟米財物換得，其程度之濫，流弊之深，可以想見。至於地方教育，也只是虛耗公帑而已，且生員習氣惡劣，甚至仗勢欺人，爲非作惡，令人嘆息！

自從朝廷的科舉考試，不再試驗經書中的義理，而以束縛思想、窒礙心性的八股文取代之後，學術思想因而益形荒蕪空虛。一般士大夫的頭腦中，毫無堅定的中心思想與人生信仰，他們所用心講求的，只是如何趨附時勢，博取功名利祿，以便裝點門面，炫耀一時；古聖先賢所講的身心之學，早已塵封固閉，乏人問津了。所以陽明曾感慨地說：「今夫天下之不治，由於世風之衰薄，由於學術之不明；學術之不明，由於無豪傑之士者爲之倡焉耳。」真是一針見血的論斷！

功利思想，在當時不但瀰漫社會，習染成風，而且毒害人心，以致飾僞行惡，駭人聽聞。因此，陽明更悲憤地說：「嗚呼！士生斯世，而尚何以求聖人之學乎？尚何以論聖人之學乎？士生斯世，而欲以爲學者，不以勞苦而繁難乎？不亦拘滯而艱險乎？嗚呼！可悲也已！」後來陽明極力倡導聖人之學，目的就在扭轉衰薄的世風，昌明沉晦的學術，他真不愧爲一世豪傑！

•時代的影響

總之，明代自太祖建國，以及成祖的開拓，由於他們暴虐的作爲，專制的淫威，已播下了腐化的種子；到憲宗在位時，太監開始得寵，朝政便從而敗壞。以後歷傳孝宗、武宗、世宗諸朝，由於君主的昏憒荒淫，權臣的奸邪跋扈，造成國家綱紀的廢弛，因之內亂頻起，外患叢生，而學術的空疏，經濟的蕭條，政治的腐敗，也就一天比一天嚴重，陽明所遭逢的，便是這樣一個衰敝的亂世。

由於陽明素懷大志，常以救世濟民爲己任，當他眼見國事如此衰敗，百姓如此痛苦，怎不令他興起悲憫蒼生的心懷？和奮起挽救國運的行動？所以他還只有二十六歲時，便開始專心從事兵法的探究，儼然有志在四方的男兒氣概；二十八歲那年，曾向憲宗上疏，陳述如何鞏固邊疆防務的策略，他坦誠地指出：朝廷內政的紊亂，是造成外患猖獗的基本原因；並詳切地剖析：若想有效地抗禦外來的侵犯，應當從儲備人才、精練軍隊、開墾田地、嚴行軍法、施布仁恩諸端入手。他熱烈地期盼政府，力圖振作，力謀革新，以達成撥亂反正的目的，而挽救國家危亡於旦夕，但憲宗並未採納他的建言，令他大爲失望。

武宗嗣位以後，由於他只圖個人的享樂，以及寵幸宦官佞臣，而不顧國計民生，所以朝政更加敗壞。這時，君主既如此荒淫，政事又如此壞亂，積弊之深，幾乎已不可救藥；於是陽明不得不改弦更張，從另一方面謀取挽救之道，那就是提倡致良知的學說，以振起陷溺在功利漩渦中的人心。他認爲：如果社會人心能趨於端正善良，則衰薄的世風自然能趨向淳厚，而天下國家也自然能平治。他這種喚醒人心、改善民風的主張與作爲，可說是一種社會心理建設，也是一種了不起的精神事業，的確是救國救世的根本要圖；但是曲高和寡，贊同他的意見，而願與他共同肩負這時代重擔的人，實在如鳳毛麟角。

陽明既處身於這道德沉淪、良知泯沒的時代，而國脈的微弱、民生的困苦，在在都需要一個豪傑之士來挽救、來擔當旋乾轉坤的使命。所以，他平生倡導學術，建立事功，莫不是爲了救國、救民與濟世。儘管陽明的心志如此光明磊落，而且爲國家安定了許多內亂，替民眾掃除了不少禍害，真是功在國家，澤被生民。但他從三十五歲被貶謫龍場，到五十七歲病逝軍中，這二十多年的歲月，竟無時不生活在憂讒畏譏之中。嫉妒、排擠、毀謗、中傷，常常在襲擊著他；朝廷的奸臣們，隨時都想設計陷害他；小人的橫行，時代的黑暗，對陽明構成殘酷的精神迫害。不過陽明正因爲生存在這變亂污濁的時代，身受種種苦痛，目擊種種罪惡，強烈地刺激他的精神，磨鍊他的意志，無形中推動著他成就偉大的事功，開創出真切的學術天地，而贏得立德、立功、立言的不朽生命。

二、王陽明的學術思想

1 陽明的心學

・心學的淵源

陽明全部學說的根本，在於直接從人的本心上用工夫，所以陽明學說當時稱爲心學。宋儒陸象山主張：聖賢之學就在直指本心，而擯棄訓詁詞章等支離小道；更大膽地說：「宇宙便是吾心，吾心便是宇宙。」他把整個宇宙的真理，納入了人心之中；以爲宇宙有永恆不易的真理，這真理就存在我們的本心，而這個不變的心，便是溝通宇宙和自己的一座橋梁；且四海之內、千百世以下，莫不心同理同。後來陽明也認爲心就是理，並主張「心外無理，心外無事。」與象山大致相同；所以一般探討陽明學說淵源的人，大多以爲陽明承繼象山的餘緒，而有所推衍發揚，所以並稱「陸王」。

在中國古代典籍中，最早論到心的文字，當推《尚書．大禹謨》的：「人心惟危，道心惟微，惟精惟一，允執厥中。」這著名的所謂十六字心傳，據說是堯、舜、禹相傳的心法。陽明爲象山文集作序，曾說：「聖人之學，心學也。堯、舜、禹之相授受曰：『人心惟危，道心惟微，惟精惟一，允執厥中。』此心學之原也。」但〈大禹謨〉是《古文尚書》，清代考據家已證明是後人的僞作，所以，我們不能以此爲中國論心的起始。

中國思想家中論心的學者，當推孟子爲第一。不過孟子之前，孔子在談到弟子們的仁德修養時，曾讚美顏回說：「其心三月不違仁。」這話便已微見端倪，只是到孟子更加具體而已。孟子曾說：「仁，人心也。」又說：「仁義禮智根於心。」「豈無仁義之心哉？」都是從義理論心，與孔子正同。尤其他性善的主張，更是他論心的重點，他以爲人心都具有善端，也就是人心自然傾向於善；人心對於一切善，具有良知良能，人應當從心上下工夫，以克制情欲，培養善端，然後才能增進德行，而日進於高明的聖賢境域。

如此說來，陽明學說真正的淵源，應該上溯到孔孟。據他自述，年輕時曾陷溺於邪僻二十年，後來鑽求孔孟的言論，才恍然見到一片聖學的真天地。又曾譬喻孔孟的遺訓，就像日月的光輝，如撇開孔孟而尋求其他異說，等於捨棄日月的燦爛，而希冀螢火的微光般荒謬可笑！所以陽明學說確是遠本孔孟的儒學，體悟到孔孟的真精神，把握住孔孟的真血脈，而發揮得更透徹，且有更具體的理論，更確切的實踐，足以啓示聖學的精奧。

陸象山在心學上所建立的基礎，是後來心學開展的先導，所以象山可說是陽明思想上的導師，他的心學與陽明學說一脈相承。陽明曾說：象山的心學，簡易直捷，是孟子以後第一人；且斷定陸氏上接孟子所傳，陸學也就是孟學。可見陽明學說的淵源，遠宗孔孟，近承象山，而陸王的心學，都可說是上接孔孟儒學的真傳。

陽明心學的精義，可分爲心即理、致良知、知行合一三大綱領，茲分別介述其要旨如後：

•心即理說

「心學」脫離宋元理學而儼然別樹一幟，正式成爲一套思想的體系，雖然是發端於宋儒陸象山與楊慈湖，然光大象山、慈湖的遺緒而集其大成的，則爲明代的王陽明。

從前朱子把《大學》所說的「格物致知」，解作要在事事物物上窮究其道理，陽明在三十七歲謫居龍場以前，對這種解說久已感到懷疑，因爲朱子顯著地將心與理截然分開，於是八條目中「格物致知」與「誠意正心」以下，便成兩套不同的工夫，彼此不能貫串。這問題使他困惑了二十多年，始終沒有悟透；然而在龍場的一番困心衡慮，恍然一悟，卻因而悟出了一個道理。他想：若依朱子的說法，去窮究一草一木，乃至天下萬物的道理，教人有茫然而不知何從下手之感。況且就算窮究到一草一木的道理，又跟個人的心性修養有什麼相干呢？因此，他才憬然悟覺：原來格物的工夫，是要在心上去做的。

格物既然是心上的工夫，則格物的「格」便不當如朱子解作「窮至」，而應與孟子「格君心之非」的「格」相同，是使一切不正的歸向於正的意思。他又把格物的「物」解釋作事，認爲從人心發出的便是意向，而意向所在的便是物，也就是事。因而舉例說：「如意向在於事親，則事親便是一物；意向在於事君，則事君便是一物。」這樣一來，物理也就成了事理，所謂格物，就是使不正的事理歸向於正。

陽明又認爲：天下萬物都不在我們的心以外；也就是說：天下沒有心外的物。那麼明明是外界的物，又怎麼來到心中的呢？當陽明有一次與朋友遊山時，那位朋友手指山間的花木問道：「你說天下沒有心外的物，請問這些花木在深山裏自開自落，與我們的心體究竟有什麼關係呢？」陽明胸有成竹地回答說：「當你還沒看見這些花木時，它跟你的心體同樣歸於寂靜；但當你一旦看到了這些花木，它的形體、顏色便在你心中一下子清晰地呈現出來，可見這些花木何嘗在你的心以外呢？」這真是耐人尋味的一番對話。

從以上這番對話裏，我們可以體會出陽明的意思是：一切外物粗看似乎不在人的心體中，但它顯而易見的形體、顏色等，卻完全由於人心的知覺與認識，方能發生認知的作用，而覺察出它的存在；換句話說：宇宙萬象都由人心主觀的認知，才能證明它們是實有的，不然便等於無。物的存在必有它存在的理，而物理也是因人心的認識與理解作用，方才成立，如果沒有心，物理也就不存在了；反過來說，心的存在，也正由它這種作用才表現了出來，如果撇開物理，心中也就一無所有了。所以心體與物理，乃是相互依存、相互容攝而存在的，因而心以外沒有物，而心的存在也就是理的存在。

在陽明看來，人的心是包羅萬象的，宇宙間萬事萬物都在我們的心中，所謂「萬化根源總在心」。他認爲心的本體原是寂然不動的，這本體就是性，而性也就是理，所謂理，也就是天理，所以他說心就是理。天下既沒有心以外的事物，也沒有心以外的道理；天下的道理雖然散附在萬事萬物中，而實際上都存在於人們的心中。萬事萬物的道理既不外於我們的心，若從心以外去求事物的道理，就沒有事物道理可求了。

因之，陽明又以爲：讀書必須在心體上用功，因爲四書五經所說的，不過只是這心體而已。四書五經的內容，在教人盡性做人，推其極致，則是聖賢學問，這是生命的真理，這真理的悟覺，繫於心體的一念。因此，一脫離心體，就沒有聖賢學問，沒有生命的真理，四書五經也沒有存在的價值。如《論語》講「仁」，《孟子》講「性善」，《大學》講「明明德」，《中庸》講「誠」；《詩經》教人「溫柔敦厚」，《書經》傳述「百王心法」，《易經》垂示「窮神知化」，三《禮》闡釋「親親尊尊」，《春秋》著明「禮義大宗」，其內容都不離心體。如果我們只將四書五經看作文字書本，只去作訓詁考據的工夫，而不能透過心體，以求融會貫通，悟解其中的真理，進而實踐力行於人生日用之間，則不能說是真通四書五經。陸象山曾說：「學苟知本，六經皆我註腳。」心體就是學問的根本，六經中千言萬語，不過爲這心體作多方面的闡發印證而已。陽明在〈稽山書院尊經閣記〉中也說：「六經非他，吾心之常道也。」正可與象山的話相發明。

總之，陽明所說的「心」，就是孟子的本心，也就是宋儒喜歡說的天心或道心，這是聖賢一脈相傳的心法；至於他所說的理，就是我們的心去應事接物的道理，也就是天理。這天理由天心而發，所以天理就在我們的心中。他認爲只要此心不被私欲所蒙蔽，就充滿了一片天理，不須由外面增添一分，也絕不外求於他事他物。因此，他所說的「心即理」，等於說：「良知就是天理」，這是陽明形上哲學的本體論，由此而衍生出他的「致良知」說，且二者息息相通，如《傳習錄》中〈答顧東橋書〉說：「致吾心良知之天理於事事物物，則事事物物皆得其理矣。致吾心之良知者，致知也；事事物物皆得其理者，格物也。是合心與理而為一者也。」這段話最足以說明他的學理的融貫性。

‧致良知說

「良知」二字，本出於《孟子．盡心》。孟子說：「人之所不學而能者，其良能也；所不慮而知者，其良知也。」又說：「是非之心，人皆有之。」「羞惡之心，人皆有之。」所以「良知」就是不待學習思慮而能辨知是非善惡之心。王陽明也曾直截了當地解釋說：「知善知惡是良知。」又說：「良知即是天理。」所謂「天理」，其實只是分別是非善惡之心，因為除去了這能分別是非善惡的人心，便無由見出天理，所以「良知」就是天理本源的人心。

先就善惡來說：善惡的標準固然難定，但推究它的本源，只存在於自然靈明覺知的人心中。譬如人心莫不自然有求生存、求愛的欲望，那麼生命與愛就是天理，因而一切助長生命與愛的行為便是善，一切摧殘生命與愛的行為便是惡。這一片求生存、求愛的心，就是在自然靈明覺知的狀態中朗現的良知；所以良知就是人心對善的自然明覺，而所明覺的善就是天理。

再就是非來說：陽明曾簡明切要地解釋：「良知只是個是非之心，是非只是個好惡。」所謂是非之心，也就是分別善惡之心，而善惡的普遍標準，就是從人心的好惡上得來。譬如人心莫不好生惡死，好愛惡恨，因此，一切助長生命與愛的行為固然是善，人們必然肯定它的價值而稱它為「是」；一切摧殘生命與愛的行為固然是惡，人們必然否定它的價值而判它爲「非」。其實，一切的善惡是非，只是人心的好惡而已。

人對善惡是非的本然好惡之心，就是天命之性的真誠良知，由此推廣繁衍，古聖人又立下許多德目，如以此真誠的良知事奉父母就是孝，對待兄長就是悌，以此真誠的良知事奉君主就是忠，對待朋友就是信。這孝悌忠信的德行，只是人心良知的自然顯露，因爲是人心所好，所以認定它們是善的，從正面肯定它們爲「是」，尊它們爲天理。孟子曾說：「孩提之童，無不知愛其親也；及其長也，無不知敬其兄也。」他從人心自然知道愛親敬長，來指點人心的良知，是再切近不過的了，所以陽明也曾闡揚這一點，他說：「知是心的本體，心自然會知。見父母自然知孝，見兄自然知弟（同悌），見孺子入井自然知惻隱，這就是良知。」

又陽明〈答聶文蔚書〉說：「良知之在人心，無間於聖愚，天下古今之所同也。」所以，他認爲良知是人人所固有、所同具的本性，自孩提之童莫不完具，也是愚夫愚婦與聖人所同的，甚至天下之大、古今之久遠，在這廣大無垠的空間、緜緜無窮的時間內，所有人類無不同具。它是人心中靈明自覺、寂然不動的本體，不必假藉耳目見聞，在聖人心中不增一分，在凡人心中不減一分，並且是永遠不會泯滅的，即使是一個殺人不眨眼的盜賊，也有良知發現的時候，在他內心深處，也會自覺不應當做盜賊，稱他爲盜賊，他也許會表現出忸怩不安的情緒，這豈不就是孟子所謂「羞惡之心，人皆有之」嗎？

《陽明文集》中載有一段動人的故事，足可證明這能辨知是非的基本良知，是不必假藉耳目見聞的。當時有一個又聾又啞的人叫楊茂，有一次求見陽明，陽明只得與他用紙筆寫字交談。

陽明首先問：「你的口中不能說出是非，耳朵不能聽到是非，你的心裏還能知道是非嗎？」楊茂回答說：「知道是非。」

陽明因而稱讚說：「這樣說來，你的口雖然不如他人，你的耳朵雖然不如他人，但你的心還是和他人一樣的。」楊茂點頭稱謝。

陽明進而開示他：「如今你對於父母，只須盡到你的孝心；對於兄長，只須盡到你的敬心；……只須實行你那自以爲『是』的心，不要實行你那自以爲『非』的心。」楊茂又點頭拜謝。

於是陽明便說：「我如今教你：只須終日實行你的心意，用不著口說；只須終日聽取你的心意，用不著耳聽。」楊茂更磕頭再三拜謝而後已。

由這個故事裏，一個失去聽覺的聾子，也失去語言能力的啞巴，依舊具有是非之心的事實看來，可知這人人皆具的良知，的確是本心所固有，何嘗假藉外界的見聞呢？

良知的本體，好比一面光潔明淨的鏡子。當人心一旦被私欲所蒙蔽，這面鏡子便不再潔淨，而失去其光明；良知便不再昭明靈覺，而失去其所以爲良知的作用；只有「致」良知的工夫，才能恢復它本體的光明，回歸到純粹的天理。那麼何謂致良知呢？如上面那段故事中，陽明要楊茂盡孝盡敬，這行爲便是致良知，因爲孝親敬兄之心，就是天理，也就是良知。所以良知是體，致良知是用，使這良知的本體，達於人生實用，便是「致良知」。

陽明所倡行的「致良知」說，不看重口耳問的知識傳授，而注重身心上的實證與體驗，所以特別強調「致」字，他曾說：「致良知是學問大頭腦，是聖人教人第一義。」孔子教人求取的學問，不是口耳間的學問，而是身心上的學問；《大學》要人格物致知，格物的「物」既然是心中的物，那麼致知的「知」當然是心中的知，也就是指此良知而言。陽明認爲：學者須先在良知上作去惡存善的體認，然後隨時隨地就事事物物上真誠地致此良知。

在陽明看來，用功於致良知的方法，一面要拂除心中的私念私欲，不使一念不善在胸中潛伏，以保存那本具的善端；一面要在事實上、環境上接受磨鍊，篤實履踐，不能只是口頭上說說而已，要致我的良知於事事物物，使事事物物都合於正理，合於天理。後者是格物的工夫，前者便是誠意的修養。可見陽明的「致良知」說，原是要人將格物與誠意在心胸中貫串成一套心性修養的工夫。這是聖賢論學用功之處，簡易明切，經陽明這樣闡發，不但掌握了孔孟思想的真血脈，更光大了聖人學問的真精神。

・知行合一說

陽明爲了針砭當時一般學者知而不行，或行得不夠篤實的通病，又特別提出「知行合一」的學說。據《陽明年譜》的記載，他在龍場悟道的次年，應貴州提督學政席元山的聘請，主講於貴陽書院時，開始提出「知行合一」的學說。

從前理學家們主張向外在事物窮理，他們往往強調：必須先知道事物的道理，然後才能依理去實行，陽明以爲這顯然是將知與行分作兩段，如此說來，當人一心去知的時候，那裏還有工夫去行呢？如果只是知而不能行，不但那知不是真知，而且知也就毫無意義可言。

從知與行的關係上看，陽明認爲：知是行的主意，行是知的工夫；知是行的開始，行是知的完成。知只是一個意念，而一個意念的發動就是行。譬如看見美好的顏色，聞到穢惡的臭氣，屬於知；而喜歡美好的顏色，討厭穢惡的臭氣，便屬於行了。當見到美色時，已心有愛好，聞到惡臭時，已心生厭惡了，並非見了美色、聞到惡臭之後，再另外立一個心意去愛好與厭惡。同樣，並非知了以後，又立一個心意去行。可見知與行之間有相互關係，它們是不可須臾分離的。所以陽明曾說：「只說一個知，已自有行在；只說一個行，已自有知在。」

就人對善惡的辨知與好惡來說，人心本然的良知，是能辨知善良與邪惡的，同時也會愛好善良、厭惡邪惡的。對善惡的辨知屬於知，對善惡的好惡則屬於行。當人心辨知善惡時，就已對善惡有所好惡了；相反的，當人對善惡產生好惡時，則辨知善惡的真知，已由內在的意念而表現爲外在的具體行爲了。內與外的合一，也就是知與行的合一。

再從知與行的工夫上看，知行也是不可分的，因爲知的工夫，到了真切篤實的地步便是行；行的工夫，到了明覺精察的時候便是知。所以，知與行原來只是一個工夫，它們在本體上是合而爲一的。古人所以既說一個知，又說一個行，只緣世間有一種人，懵懵懂懂的任意妄行，完全不曉得思維省察，所以用「知」去針砭他們，才能使他們行得正確；又有一種人，茫茫蕩蕩的空思冥想，完全不肯著實躬行，所以用「行」去針砭他們，才能使他們知得真實。

在陽明提出「知行合一」說的當時，由於一般學者沒有做過存養省察的工夫，對陽明所指點的知行本體，往往不得要領，所以議論紛紛，而不知從何入手。甚至數年之後，門人徐愛還不了解知行合一的宗旨，與同學再三辯論，仍不能解決心中的疑問，只得請示陽明說：「有些人明知事奉父母應當孝，對待兄長應當弟（同悌），但卻不能做到孝與弟，可見知與行分明是兩件事。」陽明告訴他說：「那是因爲被私欲隔斷，不再是知行的本體了。天下沒有只知而不行的人，如果有知而不行的，只是未曾真知。聖賢教人知行，正是要恢復那本體。」

所謂「知行本體」，就是良知本體，在自性上原是合一的，只因被私欲隔斷，所以分而爲二，必須由致良知的工夫，以恢復它合一的本體。有些人雖然知道事父母兄長，應當盡到孝弟之心，但卻往往做不到，那是他知行的本體被某種私欲所隔斷，使他能孝親敬長的良知受到蒙蔽，而不能「致」此良知於父母兄長，表現爲孝弟的行爲，那怎麼能算是真知孝弟呢？假如良知的本體明淨無塵，不被任何私欲所隔斷，則自然能「致」此良知於父母兄長，而行孝行弟，這就是「知行合一」。所以良知是知，致良知是行；良知是本體，致良知是工夫；陽明「知行合一」的學說，實際是從「致良知」而來。

陽明爲什麼要建立知行合一的學說？他曾告訴問他的人，說他立言的宗旨，是針對一般人把知行分作兩件的錯誤，他們往往心中有一個意念發動，即使是不善的意念，只要還沒有表現出不善的行爲，就不去禁止它。要知道意念無論善惡，當它在心中發動的時候，便是行爲的始端。如果發動時一有不善，就立刻徹根徹底把它克倒，不使任何一個不善的意念潛伏在心胸之中。這就是陽明倡言「知行合一」說的宗旨所在。

《大學》所說的誠意、正心，是一切善良行爲的起點，因爲人心的本體，雖然沒有不善的成分，但從心體發動的意念，卻有善惡的區別，當心中有一個意念發動，便是行爲上作善作惡的先機，也是聖人與凡夫、正人君子與邪惡小人的分野。陽明以爲：這意念發動時的善惡，清明的良知自然能辨識，也自然能隨時做到「去人欲，存天理」的工夫。可見知與行確是同時並起的，而陽明的「知行合一」說，就在勉勵學者「即知即行」。

陽明「知行合一」說的重點在於「行」，所以他總是勸人在意念發動時，就要切切實實地去惡存善，他常以力行策勵後進，曾對門人說：「你們聽我講致知格物，天天如此，即使講一二十年，也還是如此。你們聽了以後，必須切實用功，才會有所長進，否則只是空話一場，又有什麼用處呢？」陽明不但教人要這樣身體力行，他自己在一生中的每一階段，總是迸發整個生命的熱情，從力行實踐中去追求他人生的理想，後來他在政治上迭次建立的事功，便足以證明他已充分發揮了「知行合一」的精神。

總之，陽明的「心即理」說，認爲良知就是天理，因而衍成「致良知」的學說；於「致良知」以後，進而論修爲工夫，則主張「知行合一」；三者是前後一貫的。後來他的學生錢緒山，曾將陽明一生誨人的教言，歸納成四句偈語：「無善無惡是心之體，有善有惡是意之動，知善知惡是良知，爲善去惡是格物。」這就是「天泉證道」著名的四句教，又稱四句訣，《大學》「正心、誠意、致知、格物」的工夫，全在其中，而且確能概括陽明學說的精義。

以上三大綱領，是陽明全部學說中完整而一貫的思想體系。此外，就他平生的言論來看，還有仁説、性説、親民説、誠意説、謹獨説、克己説、立志説、存天理去人欲説、拔本塞源説等，都有他獨特的見解，但比較零星，而且大多和他的「致良知」或「知行合一」説相涵攝，甚至他在教育、政治方面的思想，也莫不從「致良知」出發，而貫以「知行合一」，可見這是他的中心思想。

陽明一生所施於人的言教與身教，純粹是憑一己內心體驗到的真理去指點人心，啓導他們實踐力行，簡易而平實。他從來不尚空談，也從來不只從書本或事物去灌輸微末的知識；他只從根本上講明人的心體如何與天理相應，人如何致良知於事事物物，如何使良知與行爲恢復它本來的合一：這樣的教化和學説，不但針砭了千年來儒者們空疏迂闊的弊病，也替儒家思想注入了新血液，開創了新生命；不但光大了宋儒程明道、陸象山以來心學的餘緒，而且遠承孔孟思想，發揚了內聖外王的儒學精神。所以，陽明學説不僅是道道地地的心學，並且心物兼賅，體用並盡；而陽明先生不僅在中國思想史上是一位集大成的心學大師，他一生的人格、學問與志業，更建立了知行合一、文武合一的儒者典型。

2 陽明的學術著作

陽明畢生的著述，都彙集在由門人徐愛等所輯錄的《王文成公全書》中。全書共三十八卷，首先三卷是語錄，爲先生在世時徐愛等所輯錄，就是著名的《傳習錄》。其餘詩文、奏疏等類共二十八卷，則爲先生逝世後，門人錢德洪續輯，凡文錄五卷，別錄十卷，外集七卷，續編六卷。最後七卷為年譜與世德記，為錢德洪與先生另一門人王畿所輯附。

最足以代表陽明學術思想的著作，當推《傳習錄》。另外，先生晚年書示門人的〈大學問〉，則可見出他晚年思想的一斑。茲分別敘述如後：

•《傳習錄》

《傳習錄》一書，為陽明平生講學的記錄，書名取自《論語》曾子所說「傳不習乎」一語。書中除少數信函及短文外，所記不外陽明與門弟子平日談論學問，或答覆他們質疑問難的話，由門人徐愛、錢德洪據平日所聽聞及同門所記錄的資料彙輯編錄而成，所以大體是一本語錄性質的書。全書分上、中、下三卷，上卷包括徐愛所錄的十四條，陸澄所錄的八十條，薛侃所錄的三十五條，共計一百二十九條。

中卷內容，包括陽明與友人討論學問的書信七封、短文兩篇，就是〈答顧東橋書〉、〈答周道通書〉、〈答陸原靜書〉、〈答歐陽崇一書〉、〈答羅整菴少宰書〉、〈答聶文蔚書〉、〈再答聶文蔚書〉及〈訓蒙大意〉、〈教約〉共九篇。據錢德洪的記載，紹興知府南大吉當年在浙江刻印《傳習錄》時，共分二冊，下冊摘錄陽明手書八篇，首為〈答徐成之〉二書，旨在調停朱陸異同，錢氏因朱陸之辨久已明於天下，故不再錄於《傳習錄》，另增錄〈答聶文蔚〉第二書。

下卷性質與上卷同，包括門人陳九川所錄的二十一條，黃直所錄的十五條，黃修易所錄的十一條，黃省曾所錄的十七條，錢德洪所錄的五十一條，共計一百一十五條，加上黃以芳補遺二十八條，則有一百四十三條。此外，附有〈朱子晚年定論〉及〈大學問〉等。

上、下二卷語錄部分，或記陽明平常談論學問、修養的話，或記弟子發問而陽明解答的話，與《論語》的情形相類似，大多沒有什麼一定的次序，大體由弟子隨手記錄而成。內容或討論《大學》明明德、親民、止於至善的義蘊，或反覆辯明格物、致知的旨趣，由此而談到致良知與知行合一的學說，或由心的本體談到如何存天理的工夫，陽明全部學說的綱領，可說全在師生間平日言談中透露無遺。

弟子們讀四書所發現的疑問，常提出來請示陽明，如孔門弟子談論各自的志趣，孔子何以單獨贊許曾點？「思無邪」這句話，怎麼能概括三百篇的意義？孟子的不動心與告子有什麼不同？告子說「生之謂性」，孟子爲什麼非議他？大人既然與萬物同體，爲什麼《大學》又說個厚薄？《大學》「在親民」一句，朱子以爲當作「新民」，陽明以爲宜從舊本作「親民」，是否有所依據？《中庸》說「修道之謂教」，何以道就是教？《中庸》說「博學之」，又說「篤行之」，分明知行是兩件事，如何能合一？對於這些疑問，陽明無不一一剖析分明，直到弟子胸中毫無疑滯而後已。

許多地方談到修養，如靜坐、主一、養心、誠意、持志、克己、爲學等，陽明莫不有精微剴切的指點與啓示，如上卷說到爲學的大病在於好名，因而指點門人薛侃說：「名與實相對，務實的心重一分，則務名的心輕一分。全是務實的心，就全無務名的心。如果務實的心情，像饑時求食、渴時求飲一般，那裏還有功夫好名？」又如下卷說：「人心本就是天理，精精明明，沒有絲毫染著，只是一個『無我』而已。胸中切不可有『我』，有『我』就不免傲慢。古代聖人有許多好處，也只是無我而已，無我自然能謙虛。謙虛是眾善的基礎，傲慢是眾惡的魁首。」

下卷黃省曾所記錢德洪與王汝中論學，汝中對德洪歸納陽明教言的四句訣提出異議，認爲若心體是無善無惡，那麼意也是無善無惡的意，知也是無善無惡的知，物也是無善無惡的物。他們相互辯難，各不相讓，並請老師在天泉橋上作公開的評判。陽明以爲他們所見各有殊勝，德洪的四句訣，是教根機比較遲鈍的人漸修的途徑；而汝中所說的「四無」，則是教根機比較敏銳的人悟入本源的法門：前者由工夫積漸而成就，後者直接由本體上悟解，可說各有利弊，可以兼收並用。這一次的學術論辯，在王門稱爲「天泉證道問答」。

中卷書信部分，如談論知行本體，以〈答顧東橋書〉與〈答周道通〉、〈答陸原靜〉、〈答歐陽崇一〉四書，最爲詳盡。其中〈答顧東橋書〉的末段，暢發拔本塞源之論，尤爲陽明學說一番重要的貢獻。陽明認爲：聖人的心，以天地萬物爲一體，天下人的心，最初與聖人無異，只因被私心欲望所蔽隔，因而阻塞不通，以致有違反倫常的行爲。聖人有所憂慮，所以推廣他天地萬物一體的仁心，以教化天下，使天下人都能克制私欲，除去蔽隔，以恢復心體的本來狀態。

唐虞三代之世，社會純樸，人們所教育的、所學習的，不外完成人的德行；三代以下，世衰道微，霸術繼起，詐僞繁興，人們競趨知識的末流，人心被功利思想所毒害，行爲跡近夷狄禽獸，這是世道人心的大危機。所幸天理永在人心，不致泯滅，良知的光明，萬古如一日，那麼人應該怎樣才能使天理良知顯現它光明的本體呢？那就是當私欲正萌發之際，極力去克制私欲，作根本的拔除；如在私欲尚未萌發之前，則極力防止私欲，作有效的堵塞。這就是所謂拔本塞源，不僅是恢復此心本體的工夫，也是學做聖人的一番修養。

大體說來，陽明的拔本塞源論，是從人類的心性出發，再從教育入手，不但求個人良知的覺悟，尤擴及全體人類天理的昭明；不但求內心的省察，更擴及人生一切道德、知識、才能與事業；不但著重人與人間相同的共性，也注意人與人間相異的特質；不但著重一部分倫理問題，舉凡政治、經濟、社會等各項問題，莫不兼籌並顧，一以貫之，由內聖而外王，真是有體有用。就依此逐步推進，不僅足以消極地挽救世道人心的陷溺，更足以積極地促進理想社會的實現。由此可見：陽明的良知學說，絕非空疏偏狹的學理而已，實在可為人類共同的理想開示具體實現的步驟。

〈答羅整菴書〉論格物，是大人之學實際下手的起點，從初學到聖人，只有這番工夫而已，所論詳盡明確，義旨剴切。〈答聶文蔚〉的第一封書，表述了他的一番苦心孤詣，那就是陽明平生甘願冒天下人的非議詆毀，雖然栖栖遑遑，始終不忘講學，惟恐學者不聞聖人之道，而趨於功利的邪徑，甚至日益陷溺於夷狄、禽獸的人性深淵而不自覺，他那一體同物的仁者心懷，可說是孔孟以來聖賢們共同的苦心。〈答聶文蔚〉的第二封書，則揭舉出致良知的工夫，陽明認為：這工夫簡易明切，使人言下就能立刻著手去做。

至於卷末所附〈訓蒙大意〉及〈教約〉二文，則可見出陽明的教育思想。陽明以為：民間風俗所以不善良，由於政府未能普施教化，因而當他巡撫南贛時，便告諭當地地方政府，廣泛興辦學校，延請師傅教育子弟，以變化他們的氣質。〈訓蒙大意〉一文，就是他當時寫來垂示教讀劉伯頌等，指點訓導蒙童的宗旨與方法，由這篇文章，可知陽明對兒童教育確有切實而卓越的見地。

陽明在〈訓蒙大意〉一文中，開宗明義便說：「今教童子，惟當以孝弟忠信、禮義廉恥爲專務。」這種重視倫理道德、生活行爲的教育，就是孔子所說：「弟子入則孝，出則弟，謹而信，泛愛眾，而親仁」，孟子所說：「謹庠序之教，申之以孝弟之義」的聖賢古訓，可說深得我國傳統教育思想的精神。陽明又提示培養兒童健全身心的方法，在於「誘之歌詩，導之習禮，諷之讀書。」這也就是孔子「興於詩，立於禮，成於樂」以及「行有餘力，則以學文」的教學旨趣，教育與生活完全融成了一片。

陽明所謂「歌詩」，類似如今幼稚園、小學的唱遊；而所謂「習禮」，則類似現在的體操；既能訓練生活紀律，又能陶冶身心健康，真是一種活生生的兒童教育。又所謂「讀書」，用意在使兒童反覆誦讀，藉此將書本上的知識道理永存心中，並宣導他們的志意，而並非盲目地死背強記。陽明曾在〈教約〉一文中說：「凡授書不在徒多，但貴精熟。量其資稟，能二百字者，止可授以一百字。常使精神力量有餘，則無厭苦之患，而有自得之美。」可見他非常了解教材教法應與兒童的心理與生理發展相配合。在十六世紀初期，已有這樣進步的教育理論，實在是中國教育思想史上難能可貴的一頁。

從《傳習錄》中，可以看出陽明教育弟子，很善於運用機會教育，例如某次與弟子同進飲食，陽明便陳述飲食只是爲了養身，吃了務必求其消化，如果徒然留存在肚子裏，一定會患消化不良的病症，身體便不能吸收飲食的養分而生長肌膚；後世一般學子，只求博聞多識，而滯留知識於胸中，這就像飲食有傷腸胃一樣；譬喻何等淺近而貼切！又如與弟子在池塘邊閒坐，旁邊恰有井水，陽明便對弟子說：與其爲數頃無源的塘水，不如爲數尺有源的井水，生意無窮。這樣運用活生生的譬喻，從事活生生的教育，眞是生動極了！活潑極了！

由《傳習錄》的記載，陽明也善於因材施教。有一天，弟子王汝止出遊歸來，陽明問他：「出遊見到些什麼？」汝止回答說：「見滿街人都是聖人。」陽明說：「你看滿街人是聖人，滿街人倒看你是聖人在。」又有一天，另一弟子董蘿石也出遊而歸，見陽明說：「今天見到一件奇異的事。」陽明問：「什麼奇異的事？」他回答說：「見滿街都是聖人。」陽明卻說：「這只不過是平常事而已，有什麼奇異的呢？」問題相同，而所答不同，都從他們言語的反面，期求增進他們的造詣，因爲汝止還露些鋒芒，而蘿石雖然尚未眞切地見出聖人之道，但似乎已恍惚有悟，所以陽明針對他們不同的材性進境，而給予不同的啓示。

•〈大學問〉

〈大學問〉是一篇長文，由陽明的門人錢德洪所紀錄。錢氏在跋文中說：〈大學問〉一篇，是王門教學的寶典，凡學子初到陽明門下，必然先將這番意思授予，使他由此入門，經過實地用功，便可成就聖學。門人曾請求錄印成書，陽明以爲：這番意思，必須由學子口口相傳，如果筆寫成書，使人只當做文字看，那就對身心沒有什麼益處了。世宗嘉靖六年（一五二七年），當陽明奉命往征思田，將出發時，門人再度請求，方才允許錄印成書。

本文附錄於《傳習錄》之後，也曾由陽明另一門人鄒謙之附刻於《大學》古本。全文採取問答的方式，將《大學》首章由明明德以至於本末先後之意，層層解說，層層辨析，平易切實，詳盡明晰。先儒以大人之學解釋「大學」二字，所以陽明一開始便說：「大人者，以天地萬物爲一體者也。其視天下猶一家，中國猶一人焉。」這天地萬物一體的仁心；是宋明理學的傳統精神所在。後而解析明明德與親民說：「明明德者，立其天地萬物一體之體也；親民者，達其天地萬物一體之用也；故明明德必在於親民，而親民乃所以明其明德也。」說得真是體用一貫，內外交融！又以明明德、親民的極則在止於至善，而良知實爲明德的本體，也是辨別是非善惡的準繩。他對《大學》三綱領的闡發，幾乎完全包括了自己平生講學的要旨，可見在當時，陽明也不過藉《大學》一書來發揮他自己的學術見解。

其中對格物、致知、誠意、正心等工夫的闡述，雖然陽明在最後頗自詡地說：「此格致誠正之說，所以闡堯舜之正傳而爲孔氏之心印也。」但在文義上總不免有牽強附會的缺憾，因此，這一部分，陽明似乎並未真正地直吐胸臆，譬如錢賓四先生的《陽明學述要》一書曾經指出：「《大學》明明說身心意知物，陽明卻偏說『其實只有一事。』《大學》明明說格致誠正修，陽明卻偏說『其實是一物。』《大學》明明有先後次序，陽明卻偏說：『雖有先後次序之可言，實無先後次序之可分。』究竟陽明是在說他自己的話，並非真的在說《大學》。」後世的學者，不免逕用《大學》爲準繩以衡量陽明學說，甚至真透過《大學》去研究陽明學說，所以難怪要在文義上生出許多糾葛紛歧了。

雖然如此，對陽明整個學術的體系來說，畢竟並無損害。我們千萬不能用經學家求章句訓詁的方法去了解或批評〈大學問〉，而應該仔細地從中辨認出陽明的真見解。在〈答顧東橋書〉裏有一段，陽明也曾闡述《大學》格物、致知、誠意的義蘊，由於沒有比附《大學》本文解說，所以他自己的意見發揮得比較明白而透徹，讀者可以比較參看，則陽明真正的旨意，便不難分曉了。

大體說來，陽明學說以致知、格物爲入手的工夫，也是得力的法門；再進一步，往內則由致良知以達於知行合一，往外則擴充一己的仁心，以與天地萬物爲一體。本篇因爲受《大學》文句的滯泥，對格物、誠意的解釋，雖然不免牽強支離；但對明德、親民、止於至善三綱領的闡發，層層解說，深切而著明，所以難怪弟子要奉爲教典了。

陽明在授錄〈大學問〉以後，第二年就因病逝世了，所以本文可算是陽明的晚年定論，而且等於是一部《傳習錄》的縮影。因此，如果我們要想了解陽明學說的概略，應該深切留意這篇〈大學問〉。

三、王陽明思想對當時及後世的影響

1 陽明思想對本國的影響

・對當時學界的影響

陽明學說，在當時已流傳得很廣，所傳授的弟子也極眾多，儼然成爲明代學術的主流；後人因陽明爲浙江餘姚人，而餘姚縣南邊有一川流，名爲姚江，故稱陽明一派學說爲姚江學派。黃梨洲著《明儒學案》，除陽明本人立〈姚江學案〉外，並依陽明弟子分布的地域，分列爲〈浙中王門〉、〈江右王門〉、〈南中王門〉、〈楚中王門〉、〈北方王門〉、〈粵閩王門〉各學案；而陽明的得意弟子王心齋名艮，因他的學說蔚爲大宗，又另立〈泰州學案〉。在全部《明儒學案》中，姚江學派占了大半的篇幅，可見陽明學說真是盛極一時，《明史》列傳說：「陽明弟子盈天下。」這話確實不虛！

餘姚是陽明誕生的地方，平生居停時間比較長久，所以這一帶及門弟子最多，而陽明學也因此在浙中大爲昌盛。浙中派著名弟子有徐愛、錢德洪、王畿等。

徐愛，字曰仁，餘姚人。他是陽明的妹壻，武宗正德二年（一五〇七年），當陽明出獄以後，就受學於陽明，是陽明最早及門的弟子。後來又與陽明同在南京做官，來往很密切。他深得陽明心學的真傳，所以陽明常把他當孔門的顏淵看待，正巧他的年壽也不幸與顏淵相同，只活了三十二歲。當陽明在江西接到徐愛死去的訃告，哭得極爲悲慟，也一如孔子之哭顏淵，並無限感傷地說：「徐愛這一死，我的學理將孤微了！」後來每當講學的時候，仍常常悼念不已，可見陽明對他的摯愛與寄望是何等深切！

錢德洪，字洪甫，號緒山，也是餘姚人。當陽明平定宸濠兵變歸來，德洪與同縣諸君數十人共以陽明爲師，後來親近陽明最久。他常盡力協助陽明普及師門的教育宗旨，這是他對王門很大的一番貢獻。至於個人的學問修養方面，他所致力的是陽明所謂「事上磨鍊」的工夫。他曾因案下獄，而仍舊講學不止，在獄中體現真性，所以他的學問是從生死艱危中磨鍊出來的，悟道的歷程，和他的老師陽明先生頗有相近之處。因此，他對陽明學說有特別深刻而親切的體悟，尤能針對其精微奧妙之處，作更進一層的闡發，而不離陽明立言的宗旨。

王畿，字汝中，號龍谿，浙江山陰人。二十歲就來王門受業，天賦聰穎，頗有辯才。他根據陽明的四句教，力持「四無」之說，認爲「心意知物，只是一事；若悟得心是無善無惡之心，意即是無善無惡之意，知即是無善無惡之知，物即是無善無惡之物。」這「四無」之教，雖然爲陽明當年所首肯，認爲可用來接引利根的人，但後來的學者紛紛懷疑，尤其龍谿的後學，確有許多流弊。然他親近陽明的時間很久，在學問修養方面，主張從心體上頓悟，對良知的議論，更有精到卓越的發揮，可說探得良知的真諦與陽明的薪傳，對於陽明之學，有很多的發明。

自武宗正德二年（一五〇七年），陽明由家鄉謫赴貴州龍場，路經江西、湖南起，到五年（一五一〇年）任盧陵縣知縣，及後來建立事功，揭示學問的旨歸，都是在江西，所以江西一帶隨他受學的弟子也相當眾多；而江右、楚中兩派的著名弟子，有羅洪先、鄒守益、聶豹與劉文敏。

羅洪先，字達夫，別號念庵，江西吉水人。他幼年時就嚮慕陽明之學，讀《傳習錄》至於廢寢忘食，但他在陽明生存時，始終未能及門受學，陽明逝世後，由錢緒山、王龍谿作證，始稱門人，所以他只能算是陽明的私淑弟子。據《明儒學案》的記載，他最初致力於踐履工夫，中年以主靜爲宗旨，晚歲則徹悟於仁的本體。對陽明之學，誠心苦苦追摹之後，頗能得其真旨，如以「至善」與「誠」字解釋良知，最爲簡要而明切；並特別強調致良知的重要，而深斥當時「悟得本體即是工夫」的高調，可說極有功於陽明之學。

鄒守益，字謙之，號東廓，江西安福人。他是親從陽明受學的江右派健將，講學主張戒懼，而得力於一個「敬」字，與羅念庵的主靜無異。曾以「敬」指本體，而以「戒懼」說工夫，實際上戒懼就是敬，工夫也就是本體，體用原是不二的。據梨洲的《明儒學案》所載，可知他受陽明的啓示而立意爲學，一開頭就從《中庸》「戒慎不睹，恐懼不聞」上著手，可說與宋儒朱子的觀念很相近。

聶豹，字文蔚，號雙江，江西吉安人。他雖然曾與陽明見過面，但卻是在陽明逝世之後，由錢緒山作證，設神位拜師而稱門生的。他講學以歸寂爲主旨，與羅念庵心心相契。他以靜坐的方法，使此心真體歸於寂靜，則必能光明瑩澈，與天下事理相感應。所以他所主張的歸寂，就是主靜，也就是注重涵養工夫，以爲平日涵養是爲學真正下手之處，可說是遵循宋儒楊龜山默坐澄心、在靜中體認天理的舊路。

劉文敏，字宜充，號兩峯，江西安福人。他也屬主靜歸寂的一派，主張默然靜坐，澄清心體，然後反身向內心觀照，使外在嗜欲日益減少，則智慧自然日益顯著。他認爲爲學當從「靜」字入手，這是就功夫說；又批評一般學者把「致」字看得太輕，所以功夫多不得力，其實聖賢千言萬語，都是從「致」字上發揮，並非能在良知本體上增益分毫；這是教人重視功夫，不要只享受現在良知。

武宗正德八年（一五一三年），陽明到安徽滁州，二三年後在南京，跟從他遊學的人也很多，故《明儒學案》又立〈南中〉、〈泰州〉兩學案。著名弟子有王艮、黃省吾、朱得之、唐順之、周道通等，其中以王艮成就最大。他字汝止，號心齋，泰州（江蘇泰縣）人，是泰州學派的祖師。平生以振興陽明學說爲己任，與浙中的王龍谿並稱王門二王。著有《心齋全集》，尤以〈淮南格物說〉最著名。他以《大學》爲講學的依據，以反求諸己爲格物的工夫，以止於至善爲安身的修養，而認定安身是天下的大根本。並以「絜矩」二字解釋格物的「格」，猶如格式的「格」，身是矩，天下國家是方，矩正則方正，這就是格物，所說頗具新意。

正德十二年（一五一七年），陽明平定南贛、汀州、漳州等地，足跡遍歷廣東、福建等邊區，這一帶知識分子，也多有相從問學的，故《明儒學案》又立〈粵閩王門學案〉，著名弟子有薛侃、周坦等。可惜陽明成學以後，足跡未曾履及北方，故陽明學說始終沒有在北方盛行起來，僅有穆孔暉、孟秋、尤時熙、孟化鯉、南大吉等少數弟子而已。

由以上所述，陽明學說流傳之普遍，分布地域之廣遠，傳授弟子之眾多，而著名弟子莫不卓然有所自立，成就斐然可觀，在當時已有這許多分支，儼然形成一個龐大的學派，匯成學術界的一股巨流，一股極大的影響力，上承宋儒的理學與心學，不但成為明代學術的重鎮，並且在中國學術思想的主流裏：成為宋明理學一系中極為豐富而壯觀的一段歷史，可見陽明思想對當時學術界的影響之深！

‧對晚明學風的影響

陽明學說本來自成完整的體系，而且體用兼顧，無有並重，本體與工夫俱攝，是既開展而又圓融的學理。所傳授的門下諸弟子，由於各人體會不同，取捨各異，因而自然衍生出許多派別來，正如《韓非子．顯學》所述：「儒墨之後，儒分為八，墨離為三」一樣，異說紛歧。任何學術思想，凡有所宗，必有派別的孳衍，大約是學術發展的必然現象吧！

關於陽明學的派別，日本學者岡田武彥在所著《王陽明與明末儒學》一書中，打破了《明儒學案》以地域分派的觀點，依據陽明弟子們的主張而分成三大派：一派主張良知現成說，稱左派或現成派，以王龍谿、王心齋為中心；一派主張良知歸寂說，稱右派或歸寂派，以羅念庵、聶雙江為中心；一派主張良知修證說，稱正統派或修正派，以鄒東廓、歐陽南野為中心。三派中以崇尚心學的良知現成派最富朝氣，這一派的思想曾經盛行一時。大體說來，三派固然各有不同的主張，也各有一些流弊，這些流弊，對晚明的學風影響很大，尤其是現成派二王的弟子及再傳弟子，竟完全喪失了陽明原有的精神，而趨於空疏的末流，因此引起極大的反對。茲先就三派的中心主張及主要流弊分述如下：

良知現成派主張：陽明所說的良知是當下現成的，只須率直而自然地流露，有直接趨於本體與性命的傾向。他們之間，流行著陽明說過的一句話：「人人心中有聖人。」故主張頓悟，而排除漸修，雖然也講工夫，以求與本體契合，但所用工夫，卻直接自本體著手，於是認定悟得本體就是工夫，這樣自然輕視實際的修爲，而任由自己的性情、知解或心意去發展，結果則陷於任性而偏向私意，或空虛而不切實際的弊端，終於形成蔑視倫理道德、不顧社會綱紀的壞習氣。傳衍至於末流，如心齋、龍谿的門徒，竟一味高談心性，廢書不讀，思想空洞，行爲放縱，晚明社會，道義的頹喪，綱紀的廢弛，學風的空疏，士氣的敗壞，未嘗不是這一派的流風所致，這實在是陽明學的大不幸！所以明、清之際的學者，如顧亭林便曾舉出心齋弟子顏山農、再傳弟子羅近溪、趙大洲、龍谿弟子何心隱、再傳弟子李卓吾、陶石簣等，認爲他們只知高談異論，對國家社會有重大的罪害。

至於良知歸寂派的主張，自然以心體歸於寂靜爲宗旨，因而欠缺陽明心學中活潑的生機，而比較接近宋儒以靜爲主的性學。本來陽明認爲：良知的本體固然是歸於寂靜的，但一方面也有受事物感發而致用的特質，我們致良知的工夫，要從根本上去培養生機，然後再傳達於枝葉。換句話說，致良知說的本旨，就是立體達用，從寂靜的良知本體，而達到活潑感發的實用效果。所以陽明在中年以後，也曾提出主靜一說，以爲致良知說的宗旨。不過歸寂派最初不免偏於寂靜，後來才逐漸體會：本體雖然虛寂，實則動靜一體，這才注意用真切的工夫。實在說來，江右王門這一派，無論是羅念庵的主靜，鄒東廓的戒懼，或聶雙江的歸寂，可說都在救浙中、泰州二王現成良知的弊端。

良知修證派則又針對現成派的空疏流蕩與歸寂派的偏於寂靜的弊端而加以矯正，所以特別強調天理與性的重要，認為陽明所主張的良知，是一種道德法則，也正如陽明自己常說的：「良知就是天理。」陽明也曾認為：「工夫就是本體。」修證派頗能理解及體認這一精神，因而明白地如此主張，而做到工夫與本體的合用，於是自然趨近於宋學的方向。很顯然的，歸寂派與修證派的流弊都比較少，但晚明學術思想發展的趨向，這兩派卻反而不如高蹈成習的現成派那麼獨佔上風，盛行一時，因而導致陽明學說步向空疏的末流，這該是當時陽明從百死千難中鍛鍊出學問的大條理時所始料不及的吧！

就整個明朝的社會情勢來說，由於政府以八股文取士，一般讀書人，除了明成祖永樂皇帝欽定的《性理大全》以外，其餘聖經賢傳，早已束諸高閣，幾乎一書不讀，所以學術界原來就十分貧乏衰弱，陽明以豪傑之士的氣概，起而倡導致良知與知行合一的學說，將孔、孟聖學賦予新的生命而得以復興，不但扭轉了明代衰微的學風，也開啓了明代學術發展的新機，給學術界以莫大的振奮，使五百年來的道學，尤其象山以來的心學一系，發出很大的光芒。

由於陽明的學說信從的人日益眾多，使他在學術界的聲望日益隆盛，隱然造成一股很大的潛在力量，而陽明天生不屈權勢、仗義敢言的君子性格與人格，加以軍事上平寇有功，政治上績效斐然，既獲朝廷的倚重，又得民心的愛戴，所以不免樹大招風，尤其到了晚年，讒臣小人們的嫉妬排擠，竟從四面八方接踵包圍而來，而陽明就在這訩訩的讒毀聲中，賫志病歿，如此世道人心，怎不令人浩嘆？

陽明逝世後，他的弟子如錢緒山、王龍谿、王心齋、鄒東廓、歐陽南野等，都能秉承老師當年的氣魄，而將師門的學術宗旨，發揚光大，一時聲勢浩浩，遍及全國。然而一經再傳，陽明原有的精神竟完全走了樣，由於弊端叢生，各方反對的聲浪乃日益增高，據梁任公在所著《中國近三百年學術史》中的分析，當時反對的人大約有三派：一爲事功派，可以張居正爲代表，他覺得他們都是些迂闊的書生，思想主張多不切時務；二爲文學派，可以王世貞爲代表，他認爲這批人學問空疏，而且講學的內容枯燥乏味；三爲勢利派，這一派可說毫無主張，只曉得依附權勢，如魏忠賢一班太監，唯利是趨，並且專與正人君子作對，王門講學的先生們，自然是他們嫉之如仇的對象。這三派中，除勢利派以外，事功、文學兩派，對道學家本來各有相激相盪的好處，但他們與道學派之間，由相互輕視而變成彼此攻訐。道學派有的墮落到無視一切道德藩籬，最高的也軟弱得一如顏習齋所謂：「無事袖手談心性，臨危一死報君王。」可憐正在他們筆端口頭相攻相爭，鬧得學術界一片烏煙瘴氣的時候，大明的江山已被流寇所斷送，不幸終於鑄成又一幕空談誤國的歷史悲劇！

明、清的正派學者，除前舉顧亭林以外，他如李恕谷、朱舜水、王船山、費燕峯等，都曾羣情憤慨地批評，義正詞嚴地指摘，當時空談心性、貽禍國家的學風；船山甚至以爲姚江王氏之學是陽儒陰釋誣聖的邪說，這當然是極端激烈的言論。平心來說，罪過絕不在陽明，而在陽明後學的過分放縱，一旦趨於偏鋒邪徑，遂不知自振自拔，就此使原爲拯救世道人心的一派學說，竟完全變了質，而演成如此不可收拾的局面，王門後學的不肖，怎不教人痛心惋惜呢？

•對清初學術的影響

陽明思想或由陽明思想衍發而成的整個姚江學派，對於清初學術所產生的影響，可分三方面來論述，也可說是自然形成的三個階段的演變。第一個階段，是陽明學本身的餘波，及後學對它的修正，這時的學風，有漸由空疏轉向健實的趨勢。第二個階段，是由陽明學末流的弊端，引發出朱子學的興起，於是陸王與程朱二派相互辯爭，而自然轉向作風比較平實的程朱一派，學風由明而返於宋。第三個階段，是由相近而趨向相反的方面演變，那就是經學、小學、考證學的興盛，學風完全趨向於客觀與實踐。

就第一個階段來說，姚江學派在晚明，固然已趨向末流，弊端也相緣而生，學者們習於「束書不觀，游談無根」，因而形成空疏無用的學風，甚至政治、社會上種種流禍，也有人一齊歸罪於他們。但陽明學繼起的後輩中，也有人深知弊害所在，而在思想內容上改弦更張，作重大的修正。因當時的陽明學，染有極濃厚的禪宗色彩，不免陷於虛玄冥想，所以補偏救弊的主張，相繼出現。如東林黨的領袖人物顧憲成與高攀龍都提倡格物，主要在彌補空談的流弊；後來劉宗周又提倡慎獨，用意在挽救放縱的偏鋒。

到了清朝初年，姚江學派依舊餘波盪漾，如河北有孫夏峯，陝西有李二曲，浙東有黃梨洲，他們三人都各自聚徒講學，宗奉陽明爲先師，但卻各有適度的修正。其中黃梨洲尤爲中堅，他不但開創了浙東學派，而且對後來影響頗大。比較晚出的，還有江西的李穆堂，可說是姚江學派的殿軍。

孫夏峯，名奇逢，字啓泰，號鍾元，河北容城縣人。因晚年躬耕終老於河南輝縣的百泉山，這山一名夏峯，所以學者稱夏峯先生。他祖父曾隨陽明弟子鄒東廓受業，好友鹿善繼又一心服膺陽明之學，在環境的影響和親友的薰陶之下，他的思想自然深受陽明的濬發。但他對程朱陸王，沒有任何門戶之見，認爲他們各有深造自得的學問，也各有短長，我們只應該平心靜氣地去探討，學習他們的長處，而無須作無謂的爭辯。他不像明末學人，只曉得空談心性，而是一個肯下工夫在行爲上篤實踐履的人。著有《理學宗傳》一書，很扼要地敘述宋明理學的流派，精審而明當。

李二曲，名顒，字中孚，陝西盩厔縣人。他是一位毫無師承、全靠自己磨練成功的學者。主張反躬踐實，悔過自新，著有《四書反身錄》，是一部陳義切實而有益修養的書，他認爲修養身心的方法，應先讀陸象山、楊慈湖、王陽明、陳白沙的書，以洞悉心學的本原大道。平生講學的精神，富有平民作風，不尚性理玄談，務求切身有益，與孫夏峯同爲陽明學派堅實的後勁。

黃梨洲，名宗羲，字太沖，浙江餘姚縣人。少年時，曾隨劉宗周受學，畢生奉爲依歸，所以他可說是清初陽明學的嫡傳人物，也是唯一的一位大師。陽明思想是他學問的根基，他認爲陽明「致良知」的「致」就是「行」，目的在補救徒然窮理的錯誤：學者絕不可能單憑想像測度就可以見到本體。他平生學問，無不是從讀書、行事而來，因此，他從不提倡靜坐、參悟之類的工夫，這是他對陽明學的修正。他一手著成的《明儒學案》，是我國最早、最完善的學術史，這書以代表陽明思想的姚江學派爲主幹，但對陽明以外的其他學派，也都賦予適當的地位與評價。

王陽明、劉宗周與黃宗羲，都是浙東人，所以清朝初年，陽明學在其他各地，雖然已逐漸衰歇，只有浙東一帶，還依舊繼續傳衍。陽明的及門弟子中，如徐愛、錢德洪都是餘姚人，明清間，餘姚籍的陽明學者，除梨洲外，還有一個沈求如，名國模，曾受業於錢德洪。他與梨洲的學風截然不同，幾乎和禪宗沒有什麼差異，曾創設姚江書院，弟子中如韓遺韓、邵魯公都先後爲這書院的主講，而梨洲則另倡證人學會，當時浙東陽明學的餘勁，梨洲以外，求如一派也有相當的勢力。邵魯公的孫子念魯，是韓遺韓的弟子，又受學於梨洲，主持姚江學院很久，至此兩派在精神上才會合於一。當時康熙帝提倡程朱之學，孫承澤，熊錫履等專以攻擊陽明爲能事，念魯常和他們相抗，辭色侃侃然。著有《陽明王子傳》、《王門弟子傳》、《姚江書院志略》等書，可說是陽明同鄉後輩中能發揚陽明學說的最後一員健將。

陽明一生在江西生活的時間相當長久，所以當時門弟子以江右派最多，後來中斷了將近一百年。到康熙末年，有臨川人李穆堂，名紱，雖然未曾以講學自居，卻頗有陽明的氣象。當時陽明學已成天下人衆矢之的，而穆堂卻毅然以陽明學術自任，這種不同流俗的風標，是值得我們崇敬的。他著有《陸子學譜》、《陽明學譜》等書，可惜都沒有流傳下來。浙中王門一派，邵念魯是最後一人，而李穆堂則是江右王門的結束者，從此以後，姚江學派便成了學術史上的一個歷史名詞。

再就第二個階段來說，由於數百年來，學者們好談性理，已積習而成風氣，短時間當然不容易轉變過來，晚明陽明學末流放縱、空疏等弊端，既已被人們所厭棄，而宋儒程朱一派，學風比較保守，又重視書本知識的廣泛研習，因此，清初學風的第二度演變，很自然的趨向於程朱方面發展。

前文所述的清初學者，如孫夏峯、李二曲、黃梨洲諸人，雖然仍在傳衍陽明學的餘緒，但都有相當程度的修正，甚至對朱、王二派頗有調和折衷的傾向。後來專以程朱學的宗旨相標榜，而人格也卓然可敬，足成一派的學者，先後有張楊園、陸桴亭與陸稼書、王白田。

張楊園，名履祥，字考夫，浙江桐鄉縣人。他是劉蕺山（宗周）的弟子，雖然系出陽明，但他並不固守師說，甚至一反師門宗風。曾將他老師修正陽明學風的話輯成《劉子粹言》一書，並批評陽明的《傳習錄》說：「讀這本書，令人增長傲氣，文飾過失，輕率自大，而終至一無所得。」又說：「一部《傳習錄》，吝、驕二字足以涵蓋。」這當然是成見很深的評論。在清初學者中，對陽明學施以攻擊的，他是首先發難的人，所以後來朱學一派尊他為道學的正統。

陸桴亭，名世儀，字道威，江蘇太倉縣人。他雖然不喜歡陽明學說，但評論公允，絕不作偏頗的攻擊。他認為陽明的學問，原是從窮理讀書而來，致良知不能廢棄窮理讀書，陽明的用意，在於採取簡易直捷的途徑，以挽救支離破碎的過失。他為學不立宗旨，毫無成心，既不宗尚陸王，也與程朱之學不盡相合，著有《思辨錄》。

陸稼書，名隴其，浙江平湖縣人。他講學以居敬窮理為主，宗仰程朱，而力闢陽明，且門戶之見最深，認爲只有程朱之學才是學問的正宗，此外便沒有正途可循，或許因當時陽明學末流實在太猖狂，所以他才如此尊重程朱，以極力矯正時弊，後來講理學的人，也共尊他爲正統。著有《四書大全》、《困勉錄》等書。

王白田，名懋竑，字予中，江蘇寶應縣人。他治學嚴謹，品行方正，曾校定《朱子年譜》一書，這是他畢生精力所萃的著作。這時陽明學已盛極而衰，程朱學派代之而興，但白田的作風，一如陸王派的後勁李穆堂，對於兩派學說的是非優劣，既不作意氣相爭的攻訐，也不作模稜兩可的調停，只是平心靜氣、忠誠實在地表明本派學說真正的內涵，這部《朱子年譜》，就是白田在這方面最好的成績。

清初許多學者，當陸王派心學衰敝之後，自然趨向程朱一路，在經學、考證學尚未興盛以前，程朱學是其間一度頗具勢力的一股潮流，也可說是明末清初以來學風演變過程中一段過渡的橋梁。

發展到第三個階段，便是經學與考證學全盛的時期，經學與考證學的興盛，足以代表清代學術的精神。首先開創風氣的是顧亭林，他認爲經學就是理學，除了經學之外無所謂理學；他只主張鈔書與著書，極不贊成玄談和講學。他這些態度，對晚明的學風來說，是一種顯著的革命，影響清代思想界達二百年之久，所以亭林可說是清代學術的開山大師。

亭林少年時就開始留意經世致用之學，後來成爲他畢生一貫的事業。他的學術思想最大的特點，就是反對內向的、主觀冥想的學問，而提倡外向的、客觀考察的學問。陽明學便是由內在心靈作純主觀的冥想，他批評這樣得來的實不足成爲學問，因而揭示出許多做學問客觀而實在的方法與途徑，從此學術風氣乃逐漸有了重大的轉變。

亭林極重視讀書人的品格，他認爲做人與做學問的工夫必須並進，在與朋友談論學問的的書信中，他曾提示做人的方法在於「行己有恥」，做學問的方法則不外乎「博學於文」，這就是古人所謂聖人之道。因鑑於宋明以來的學者，每每教人明心見性，到了末流，已變成一種浮濫的高調，他們往往言行不相顧，甚至肆無忌憚，因而造成明末政治的黑暗，終至江山淪於異族之手，亭林深感痛惜，所以才揭舉簡要的一個「恥」字，來針砭當時學者不學無行的末俗，並樹立士人人格的堤防。

亭林又爲了極力矯正宋明以來學者廢書不讀、空談心性的流弊，所以更提出「博學於文」的主張，以直接反求於古聖人的經典。他自己從小到老，沒有一天不讀書，即使在外旅行，也常用兩匹騾子馱帶書籍，隨時應用。他不但好讀古書，也極留心當時的文獻；不但從書本裏找材料，尤其重視實際調查的結果。因此，他平生足跡所到，對當地山川風俗、民生疾苦，都詳加考察，所著《天下郡國利病書》，便是一部實錄。

清代學術，大多由亭林發端，他不但開啓了切實的學風，使學術界不再沉溺在理氣性命的玄談中，轉而以客觀立場去研究考察事物的條理；而且指點出研究學問的方法，應勤於蒐集資料，並參驗耳目見聞，以求實證；更開闢了不少學術的門類，如參證史蹟的經學、講求精密的音韻學、實際考察的地理學、精心研考的金石學等，都是具體而實在的學問。可見他對清代學術，的確具有創發性與建設性的貢獻。

王船山與顧亭林一樣，可說是由陽明學術的反動所產生的代表性人物，他們一面破壞了宋明的學術傳統，一面也建設了清代學術的規模，大體說來，亭林是循「科學的」方向建設，船山則是循「哲學的」方向建設。亭林平生最不喜歡談論「性與天道」之類的哲理問題，船山雖然也反對主觀的玄談與冥想，而竭力倡行實踐，但他常喜歡研究宇宙人生的最高原理，與亭林略有不同。

影響日本文化極深的朱舜水，也是一位力主人生實踐而排斥空言談玄的學者，這顯然又是爲矯正陽明學的弊端而產生的學風，他曾讚許陽明是豪傑之士，但卻說他講學是多餘的。他不滿宋明以來道學家研究學問的態度與方法，也不滿清代考證學家爲學問而學問的態度，而提倡實用的學問，一方面要對自己的身心有益，一方面要對整個的社會有益，這樣的學問才有實用的價值。

史學家金謝山，也是浙江餘姚人，生在陽明、蕺山、梨洲之後，當然會深受他們學問精神的感召。尤其在人格上，可說純粹得力於陽明的啓沃，所以胸懷如光風霽月，嶔崎磊落；至於學術上的造詣，當然是植根於陽明學說，且與他的朋友李穆堂同是陽明學派的後勁。最可貴的，是他的著述思理純粹，沒有絲毫門戶之見，除陽明學術以外，在史學上尤有獨特的成就。

不事空談、力求實踐的工夫，做得最爲徹底的學者，要算顏習齋。習齋名元，字渾然，直隸（河北省）博野人。他年輕時也曾愛好陸王之學，後來又篤信程朱之學，中年以後，漸覺宋明理學家研究學問的途徑都很有問題，認爲學問不能脫離世間事物與人生日用，否則便不算是學問，但要在事物或日用方面求取學問，需要下工夫實地練習，所以他極重視並盡力提倡這個「習」字，稱他所居的地方爲「習齋」，一般學者因而尊稱他爲習齋先生。他又極重視學問的效率，有熱切的用世之心，認爲一切學問都應對人生社會有所裨益。而且主要的要可施用於政治，所以他對學問的態度，不但主張實踐，也主張實用。

習齋的門弟子李恕谷，頗能恢宏習齋講求實踐與實用的學風，後世並稱顏李學派。恕谷名塨，字剛主，直隸蠡縣人。他們二人對學問的看法，完全突破了傳統的藩籬，所有前人研究學問的方式，幾乎一概被否認，包括讀書、講學、注解古書、撰寫論文、研究哲理、談論心性等，甚至連著書都表示反對。從前陸王學派也曾反對讀書，禪宗尤其如此，禪師們撇棄一切經典，主張「直指人心，即性成佛」，所謂「不立文字」，就是禪宗極大的特色。顏、李二人固然不主張讀書，在讀書以外所下的工夫，當然與陸王學派和禪宗又截然不同，他們的學風，只是教人多做事，少説話；多求實際，少談道理；從實際工作中自然能體悟人生的真學問。

顏李學派對個人修養的種種方法，諸如主靜、主敬、窮理、格物等等，大多不贊成，或有不同的意見，譬如習齋曾針對宋儒的主靜而提倡「主動」；至於程、朱的主敬，則認爲他們的方法不對，因爲脫離事物而談主敬，只是完全不落實的空談而已。總之，顏李學派重行而不重知，但並非完全捨棄知識；而是認爲真知識是從實行中經驗得來的，所以顏李學派對知識的基本態度，可説是一種「唯習主義」的知識論。

習齋因深感「習」的力量之偉大，所以採取《論語》「學而時習之」的「習」字爲書齋命名，並終身提倡，那麼所「習」的是什麼呢？他認爲禮、樂、射、御、書、數之類都需實習。他這種「唯習主義」的主張，不但符合孔子的思想，也與近代經驗學派的出發點相同，很富於科學精神。他要從事物上發現真理，由行動中體驗真知，認爲這才是真正的知行合一，比陽明所倡的「知行合一」說更切實。

此外，顏李學派也主張功利，不過是以義爲利，曾將董仲舒的話改爲：「正其誼以謀其利，明其道而計其功」，所以他們常以天下爲己任，而主張一切學問都應當以《尚書》所謂「正德、利用、厚生」爲鵠的。習齋好動惡靜，所以無論談論學問或政治，總以求日益改良進步爲目標；恕谷更認爲：要想求得有用的學問，先要做個有用的人。他們這樣篤實踐履的治學精神，完全與人生日用密切結合，可說是由玄妙放縱的陽明學末流所激盪、演變而成的相反的學風。

從顧亭林到顏李學派所形成的客觀、實踐的學風，對清初學術最顯著的影響，是經學、小學與考證學的興盛。如乾嘉學派的學者們，一反明人空疏的習氣，客觀地考察知識，鑽研學問，以求「實事求是」，所以經學一時蓬勃發展起來，以致兩百年間，有關經學的著述汗牛充棟，單以阮元的《皇清經解》、王先謙的《續皇清經解》而論，已有作者一百六十家，著述三百八十九種，二千八百三十八卷，可見盛況之一斑。小學方面的成績是空前的，文字、音韻、訓詁學家輩出，如段玉裁、桂馥、王筠、朱駿聲、錢大昕、江永、孔廣森、王念孫、王引之父子等，都各有卓越的成就。考證學方面，更成爲一時的風氣，如閻若璩、惠棟、姚際恆等對《尚書》真僞的考證，及辨僞學的建立，並由此而造成在古籍校注、古書輯佚、史學、方志學、曆算學等各方面廣泛的成就，使清代學術有極豐富的收穫。

•對近代思想的影響

滿清末年，由於朝政的腐敗，國勢的積弱，加以列強的船堅砲利和侵略野心，使這老大的東亞帝國，倍受欺淩侵侮，割地賠款，喪權辱國，幾乎面臨被瓜分而滅亡的危機，尤其自鴉片戰爭以後，危機更日甚一日。這時，民間逐漸孕育成一股革命思潮，一天天發展壯大，終於匯成近代中國思想史上的一股巨流，影響中國近代的政治、社會至深且鉅，因此完成了轟轟烈烈、驚天動地的革命大業——推翻了腐敗衰弱的滿清政府，結束了幾千年的專制政體，創建了民主共和的中華民國。

這次革命運動的成功，主要原因是由於革命思想鼓舞人心，如怒濤澎湃，有不可遏抑的趨勢，而激盪起這股思想潮流的革命領袖　孫中山先生，他一面承襲中國固有文化的道統，一面融合近代歐美的政治思想，再加上他個人獨有的心得，創造出三民主義的革命建國理想，使他成爲近百年來中國思想界的巨擘；尤其「知難行易」的學說，對革命建國的心理建設有積極性的大貢獻。後來，又有　蔣介石先生繼承他的革命志業，掃蕩北洋軍閥，完成全國統一，贏得八年全面抗戰的勝利，不但在事功上有輝煌的成就，而且在思想上尤能將　中山先生的革命思想發揚光大。

陽明思想對中國近代這兩位偉大的革命思想家，都曾發生過程度不同的影響。就其對國父中山先生的影響來說，雖然不是正面的、直接的影響，而且　國父對陽明「知行合一」的理論，在《孫文學說》第五章裏，還曾痛加抨擊過，認爲與現在的科學精神不合，與日本維新的成功無關，這當然是有待商榷、有待辨明的問題，但事實上陽明的「知行合一」說與國父的「知難行易」說，在精神上有相互貫通的地方；且陽明「致良知」的學說，與 國父思想是相合的。玆詳加論述如後：

國父在所著《孫文學說》第一章裏談到：當革命破壞告成、建設開始的時候，正想把平生的抱負和多年研究所得，定爲建國計畫，付諸實行，使中國一躍而登於富強隆盛的境地，這時，有人向他質疑說：「先生的志向高遠，策謀宏深，但『知之非艱，行之維艱』，如何能成功呢？」 國父初聽到這些話，心中感到惶然若有所失。因想打破這一難關，以達成建設中國的目的，於是以陽明的「知行合一」說勉勵同人，但久而久之，總覺得大家奮勉的志氣，勝不過畏難的心理，甚至全國人心的趨勢莫不如此，遂潛心研求這問題的究竟。

國父費了不少年月的研究思索，才恍然覺悟：古人相傳而爲當時人所深信的道理，其實是似是而非的，中國國事之所以不能振興，實由於「知易行難」的謬說所誤，倘能證明知不易而行並不難，使人無所畏懼而樂於實行，則國事必然大有可爲。於是， 國父便構思出十件人生常事，如飲食、用錢、作文等，證明實行並不難，要知道事理才真難，以破除世人的迷惑。

在《孫文學說》第五章裏， 國父作「總論」說：有了這十個「知難行易」的鐵證，則「知之非艱，行之惟艱」的古語，和陽明「知行合一」的格言，都可從根本上推翻了。又以爲陽明的「知行合一」說，在於勉人爲善，可說用心良苦，但推想陽明的觀念，仍不外「知之非艱，行之惟艱」，這便與真理背馳了；且陽明倡「知行合一」說的目的，在勉人實行，等於是勉人以爲其難，這實在與人性相反，還令人頓生畏難之心，而不敢去行。所以，陽明之學雖被傳誦一時，畢竟無補於世道人心。

有人以爲：日本明治維新的成功，完全得力於陽明學說之助，所以日本人極推尊陽明。國父卻以爲日本的維新，成於孟子所謂「行之而不知其道者」，與陽明「知行合一」之說，實在風馬牛不相及。假如「知行合一」之說，果真有助於日本的維新，則也必能救中國的積弱，何以中國學者同樣尊重陽明，而效果卻完全不同呢？這是由於中國人暮氣太深，畏難而不敢行，深受「知易行難」說所誤；而日本的維新，多依靠冒險精神，由不求知而行，所以反而得到成功。

最後，國父論到陽明「知行合一」之說，如果在科學未發明的時代，指某一時代、某一事業來說，則很適當；但陽明合知、行於一人之身，則在科學時代是講不通的。因爲科學愈昌明，則個人的知、行相去愈遠，不但知者不必自行，行者不必自知，即使同爲一知一行，而依經濟學分工專職的原理實施，也有分知分行的必要，所以陽明「知行合一」之說，不合於實踐的科學。

國父這些批評的意見，顯然可歸納成三個重點：一是國父認爲陽明提倡「知行合一」，在勉人爲善的意義上，固然用心良苦，但因未能打破「知易行難」之說，故仍不能鼓勵實行，且無補於世道人心。也就是說如要鼓勵國人實踐力行，首先必須打破「知易行難」的謬說，否則即使提倡「知行合一」，也不可能收到任何實效。二是國父認爲日本的明治維新，乃得力於西洋科學，及西方人的冒險精神，不求知而行，並非陽明哲學促使成功的；

因為陽明「知行合一」之說，既不能有助於中國的變法，又怎能助成日本的維新，三是　國父認為「知行合一」不合科學時代專職分工的原理，本來知行學說可分道德、知識兩方面，單就知識方面來說，　國父認為現代社會只重視科學分工，而不重視知、行合於一人。

從這三個批評的重點來看，可知　國父表面上似乎反對陽明的「知行合一」說，但實際上卻是贊成這一哲學的，因為　國父提倡「知難行易」學說的目的，在於鼓勵國人實行，而陽明的「知行合一」學說，其主旨也在於提倡實行，兩者並無重大的差異，那麼　國父對王氏學說為什麼作如此嚴厲的批駁呢？原因之一是　國父當初提倡「知難行易」之說，主要目的在破除「知易行難」的心理障礙，希望大家都樂於奉行他的革命主張；凡建立一種新的學說，對不合自己宗旨的舊學說而言，很自然的具有一種「排他性」，這本是辯論性文章的常情，因此，縱筆所至，把傳統的「知易行難」連帶陽明的「知行合一」之說，作了這樣嚴厲的抨擊。原因之二是陽明「知行合一」的「知」，是指「良知」的「知」，因而「知行合一」的「行」，是指個人透過良知的覺醒而表現為道德實踐的「行」，如此當然知、行要合於一人。而　國父是站在科學的立場來批評陽明的「知行合一」，把「知」看作是科學上知識的「知」，「行」看作是一般實行的「行」，且根據現代經濟學「分工專職」的原則來衡量，則「知行合一」說自然是講不通的。

其實　國父在《孫文學說》第五章裏曾說：「以行而求知，因知以進行。」足見他也承認個人的知行合一。陽明以為：「行之明覺精察處，便是知；知之真切篤實處，便是行；所以知和行原來只是一個工夫。」　國父所謂「以行而求知」，是說由行中去求知，並求與知合一，這就是陽明「行之明覺精察處便是知」的境界；而「因知以進行」一句，是說由知進而求與行合一，又與陽明「知之真切篤實處便是行」一語有相同之處，且包含陽明「知是行之始，行是知之成」的精義，可見　國父也認爲知行工夫是合一的，尤其他常說「能知必能行」，其中便包括了知行合一的道理。

況且，個人的知行合一，即使在科學時代，也有某方面的正確性，　國父自己便是很好的實例，他一生的革命事業，是在不斷求知、不斷實行中成功的；換句話說，他一方面不斷地研究革命理論，一方面又不斷地從事革命實踐，就在他致力國民革命的四十年內，他讀書求知而得的結晶——三民主義，也由孕育、發展而達到完成，這豈不充分證明了知行合一於他一人之身嗎？

由此可見，　國父對陽明的知行合一說，雖然曾大肆批評，但仍不免有暗合之處，尤其對致良知的學說，更是始終重視，且時常有所闡揚的，他曾在〈社會主義之派別及其批評〉一文中說：「強權固爲天演之進化，而公理實難泯於天賦之良知。」他常主張：革命志士要憑藉天賦的良知，爲社會除不平，這正如陽明所謂：「良知就是天理」，致良知可以明天理。關於致良知說對　國父的影響，先總統　蔣公曾有精闢的剖釋，容於後文再加闡述。

陽明思想與先總統　蔣公的淵源極深，對　蔣公的影響也極大。　蔣公十八歲就開始閱讀陽明的《傳習錄》，後來留學日本的時候。親眼看到許多日本人，凡是出外旅行，無論在火車上、電車上或輪渡上，都是用心研讀王陽明《傳習錄》，特別是陸海軍軍官，對於陽明哲學，更是手不釋卷，拳拳服膺。書坊裏到處都有關於陽明哲學一類的書籍，當時的　蔣公遂盡所有的財力一一購買，不斷地閱讀研究，後來對陽明的哲學，乃逐漸產生了一種手舞足蹈、心領神馳的仰慕之情，因知日本以小小的島國，竟能強大起來，實在是陽明「致良知」與「即知即行」哲學所造成的結果。從那時候起， 蔣公就特別重視陽明學說，並認爲國人要革命救國，必須奉行陽明學說，即知即行，篤實踐履，埋頭苦幹，才能使國家強盛，民族復興。

蔣公從日本歸國以後，還不斷地研究陽明學說。當民國八年， 國父所著的《孫文學說》在上海出版時， 蔣公正在福建軍中，看到其中對陽明「知行合一」說所作的批評，感到非常驚異，但因戎馬倥傯，沒有機會與 國父討論學說。後來 國父不幸逝世，這問題一直使蔣公耿耿於懷。

民國二十年發生了九一八事變，日本竟大肆侵略中國，這時 蔣公乃深深的體認到，如果要抵抗日本帝國主義，就先要抵抗日本的武士道精神，而所謂武士道精神，便是以我國王陽明「知行合一」的哲學爲基礎的。於是 蔣公乃再度研究 國父學說與陽明哲學的異同，發覺 國父注重實行的精神與陽明哲學的本質在行的意義上並無出入。因此，民國二十一年五月十六日， 蔣公在南京中央軍校所講的〈自述研究革命哲學經過的階段〉一篇講詞中，將他的心得作了公開的闡述。

蔣公認爲： 國父發明「知難行易」的原理，完全是要國人注重一個「行」字。因爲國父生當滿清末年，與王陽明生當明季一樣，都是看到國人受了數千年來「知易行難」說的影響，一般士大夫，不是學漢儒訓詁經義，就是學宋儒講說性理，結果不是支離破碎，就是空疏迂闊，無補於民生實用，所以王陽明乃提出「知行合一」的學說，來矯治當時中國民族性的偏弊；而　國父更進而倡導「知難行易」的學說，以激發中國的民族精神，並用來實行他的革命主義。

蔣公後來又在中央軍校講〈革命哲學的重要〉，把　國父的「知難行易」與陽明的「知行合一」兩種學說合併起來，稱爲「行的哲學」。由此形成他「行的宇宙觀」與「力行的人生觀」，認爲宇宙間只有一個「行」字才能創造一切，宇宙本身就是由於不斷的運行而創造出來的，否則就根本沒有宇宙的存在。他又以「行」和「仁」兩個字來說明宇宙的本性，認爲行的目的就是行仁，「仁」是宇宙的生命，因此，行的宇宙觀也就是行仁的宇宙觀。

由行的宇宙觀，而自然衍成他力行的人生觀，也就是革命的人生觀，因爲「革命的本務是行仁」，就是利他而不利己，愛人而不害人。他認爲行的本能是與生俱來的，無論是上智的「安而行之」，或中人的「利而行之」，或資性稍次的「勉強而行之」，只要我們肯去力行，便能增進我們利他、愛人的本能。這「力行哲學」，便是　蔣公受陽明「知行合一」說與　國父「知難行易」說的影響而創造出來的一種人生哲學。

民國二十三年九月十一日，　蔣公在廬山軍官團講〈大學之道〉，後來經過數度修訂，與另一篇講詞〈政治的道理〉合成單行本，改稱《科學的學庸》，將《大學》、《中庸》逐章逐句詳加解釋，並認爲《中庸》是本體論，《大學》是方法論，對我國道統文化的精義，頗有高明的闡發。其中尤其對五百餘年來學術界未成定案的一大爭論：朱熹與陸、王之間分歧的觀點，作了一番會通與調和，可說是我國學術史上的一項重大的貢獻。原來朱熹認爲「天下事物莫不有理」，主張理在心之外；而陸象山與王陽明則認爲「心即理」，主張理在心之內，心外別無理。　蔣公乃就二派言論詳加探究，終於悟出他們見解互異的癥結所在，遂從「天命之性」的觀點著眼，證實「理」是貫通內外，且無分於內外的，從此才使聖學復歸於統一。

二十八年三月十五日，　蔣公又在重慶中央訓練團講演，題爲〈行的道理〉，在這篇講辭中，不但對知與行的道理作成完整的體系，而且還有前所未有的創見，就是「不行不能知」五個字，這是　蔣公經歷多年艱險與失敗後所獲的心得，也是受陽明與　國父的影響與啓發所獲的心得，且與陽明哲學及　國父學說有相得益彰之處。

民國三十九年，　蔣公在臺灣復行視事以後，於七月十三日在陽明山莊講述：〈總理「知難行易」學說與陽明「知行合一」哲學之綜合研究〉，對陽明哲學與　國父學說的異同，提出三項結論；後來又講述〈革命哲學的基礎〉，也有新的看法。綜合這兩篇講詞中的言論，　蔣公對兩種學說異同的比較，可歸納如下：

首先就「異」的方面來說，至少有兩點不同。一是兩人對「知」的看法不同，也就是二者的本體完全不同，　蔣公認爲：陽明所講的「知」，偏重於人性的良知，即不待學而後能、不待教而後知，是與生俱來的天賦之知，所以陽明「致良知」與「知行合一」的「知」是屬於「生而知之」的一面；至於　國父所講的知，乃是著重於科學上的知識之知，要由博學、審問、愼思、明辨的工夫才能得來，其經歷的過程非常繁複艱苦，所求得的知識非常珍貴，所以　國父「知難行易」的「知」，是屬於「學而知之」或「困而知之」的一面。

二是彼此的時代背景不同，　蔣公認爲：王陽明的時代，是科學尚未萌芽的時代，這時漢儒的考據學與宋儒的性理學，加上佛學的空寂玄妙之說，汩沒了讀書人的理性，一般士大夫之流，幾乎都跳不出語錄、詞章、功利、訓詁的圈子，不但學術研究趨於玄妙空疏而不切實際，且功利思想瀰漫，甚至人欲橫流，天理泯滅。所以陽明不得不提倡「致良知」的學說，以去除人們外誘的私欲，而充實其本然的良知之善；又不得不提倡「知行合一」的學說，以求其「反身而誠，強恕而行」；可說都在求補救時弊。至於 國父所處的時代，則正當革命肇始，又適逢科學昌明的時候，而黨人多惑於「孫氏理想，黃氏實行」的謬說，致使革命建國的方策，成為紙上空談。 國父為證明「知非易而行非難」，乃發表「知難行易」的學說，以為「能知必能行，不知亦能行」，用意在鼓勵大家努力去實行。

其次再就「同」的方面來說， 蔣公除一再強調他們同樣重視「行」的精神之外，還分析出兩點相同的地方。一是陽明並不否認「知難」， 蔣公曾舉陽明格亭前竹子而病倒的事為例，證明他體認了「知是難的」。後來在貴州龍場三年，才知道格物的工夫只須在心上做，且聖人是人人可以做得到的。不過陽明從此不再在「困而知之」的「知」上用功，乃轉而自尋他那「不慮而知」的良知而已。

二是 國父並不忽略「致良知」，譬如 國父曾說：「建國之基，當發端於心理。」又說：「吾心信其可行，則移山填海之難，終有成功之日；吾心信其不可行，則反掌折枝之易，亦無收效之期也。」 蔣公認為：這種「心理」與「信心」，實在就是良知，而「行其心之所信」，就是致良知。又 國父在〈軍人精神教育〉講詞中，講別是非、辨生死，一直歸結到仁，無一不是良知的流露。又 國父在〈民族主義〉中推崇大學的八目，由一個人內部做起，推到平天下止，是一種最有系統的政治哲學。並說：「正心誠意是內治的工夫。」且在《孫文學說》中說：「先奠國基於方寸之地，爲去舊更新之始，以成良心上之建設。」 蔣公認爲： 國父所謂「由一個人內部做起」、「內治工夫」和「良心上的建設」，很明顯的都是致良知的工夫。（以上所述二異二同，大體採用周世輔先生〈陽明哲學與國父學說〉一文的意見）

由 蔣公對陽明哲學與 國父學說的比較看來，足見他對這兩種學說體認之真切，且融會貫通，深得其精髓。尤其從陽明與 蔣公畢生的學術與事功來看，二公有極其耐人尋味的相似之處，陽明一方面在哲學上具有卓識與創見，一方面在軍事上又有輝煌的事功，當然 蔣公在事功上的成就比陽明更輝煌，而他的「力行哲學」一如陽明的「致良知」與「知行合一」說，完全是從內心修養上出發，並在個人生活經驗中得到印證，所以 蔣公對陽明哲學有真切的默契與體悟，可見陽明的思想與言行對 蔣公影響之深。

2 陽明思想對世界的影響

・對日本的影響

陽明思想對本國的影響，在明末曾形成空疏的學風，甚至演成狂禪一流，弊害非淺，直到近百年來，由 蔣公的研究與闡揚，陽明哲學才恢復它的真面目與真精神，並開啓了「力行哲學」的宏規。若就陽明思想對海外的影響來說，尤其是東鄰日本，情形便大不相同，它不但奠定了日本明治維新的基業，而且對近代日本的成長也助益良多，無論政治、社會、學術、文化，都深受陽明學的影響。這一事實，是值得國人深思與反省的，爲什麼這樣好的哲學，在自己國內竟如此被糟蹋，卻被他國吸取其精華而獲得莫大的實益，可見關鍵不在於陽明學本身有何弊端，完全在接受者運用的當與不當而已。

早在明武宗正德六年（日本永正八年，一五一一年），日本派遣一個八十七歲的高僧了庵和尚出使明朝，於這年九月到達浙江寧波，兩年後歸國。當時朝廷士大夫多以詩文相贈，藉申惜別的情意。這時陽明四十二歲，正在家鄉餘姚休養，聽說了庵和尚將還日本，由於餘姚距寧波不遠，便往寧波安遠驛的嘉賓堂訪晤了庵。今日本還保存著陽明〈送日本正使了庵和尚歸國序〉一文，這篇贈序的真跡，據齋藤拙堂的《拙堂文話》記載，藏於山田祠官正位隼人家，日人師蠻的《本朝高僧傳》曾揭載全文，而爲《陽明全集》所失載。

日人鈴木田次郎所撰〈王陽明與了庵和尚〉一文，也錄有〈陽明送了庵序〉全文，從這篇序文的內容看來，當了庵居留寧波時，可能與陽明時有過從，且彼此欽敬對方的道德學問，當時陽明雖然還沒有揭舉「致良知」的教言，但已提出「知行合一」的學說，所以了庵和尚無疑是最早接受陽明學的日本人。至於了庵歸國時，是否曾將陽明的著作攜回日本，而陽明學是否就此傳入了日本？從中日文化交流的歷史文獻上，到目前爲止，似乎還找不到可靠的記載。

陽明學正式傳入日本的時代，一般公認的說法，大約是在十七世紀初，繼朱子學先後傳入的。當日本慶長八年（一六〇三年），德川家康將軍在江戶（今東京）建立幕府，實行所謂武家政治，這時陽明的著作已在日本的書肆出現，並逐漸為學者們所熱衷。於是陽明學對德川幕府三百年的學術文化乃產生了極重大的影響，特別是後來的明治維新，顯然是受陽明學的鼓舞，而構成當時維新人物們在思想行為上的一股原動力。

據日人岡田貞美子所撰〈陽明學對於日本的影響〉一文所記，日本明治三十八年（清光緒三十一年，一九〇五年）八月十三日，國父曾在日本首都東京，由當時留日學生所舉辦的歡迎會上，以〈中國應建設共和國〉為題，發表演講。在這次演講中，國父曾明白地宣示：由於日本志士認識了王陽明「知行合一」的學說，並以此為獨立尚武的精神所在，而終於完成了偉大的明治維新。由國父的這番話，可見他真正瞭解陽明學說，雖然與後來在《孫文學說》中所持的見解相左，但那顯然是由於前後革命環境的不同，所以發言的立場自然也有所改變。

回溯江戶時代，由於德川幕府安定了日本的政治局面，所以學術也隨之昌盛起來，當時學者藤原惺嵩首先倡導朱子學，又得林羅山的相繼鼓吹，使朱子學一時風靡天下。但由於朱學的獨盛，使日本儒學陷於偏固，缺乏生趣，因而很自然的引起一股相反的潮流，那就是陽明學的興起。

首先大力倡導陽明學的是起自民間的學者中江藤樹，與代表官方學術、標榜教育主義的朱子學派形成對峙的局面，因為陽明學派純粹是由一批民間學者的贊助，目的在倡導平民教育，因而自然形成一股民間的潛在勢力，並成為後來推動明治維新的原動力。

當時的日本學者，所以竭力提倡陽明學說的原因，據張君勱先生在所著《比較中日陽明學》中的分析，一是由於陽明學簡易直截，合於日本人快刀利刃的性格。二是陽明學側重即知即行，合於日本人勇往直前的習慣。三是日本人注重事功，而陽明學正可以應用於人間社會，發生大效果。

日本陽明學的創始者中江藤樹，最初也崇信朱子學，三十三歲時讀《龍谿語錄》，開始接觸姚江學派，三十七歲時再讀《陽明全書》，至於廢寢忘食，使他蘊積於心中多年的疑惑，頓時渙然冰釋，如大夢清醒，從此便捨棄了朱子學而歸心於陽明，可惜只有四年便溘然逝世。他生前解釋良知，認爲良知就是天理，就是明德，《中庸》所謂喜怒哀樂未發的「中」，也就是良知的異名。所說簡明易解，可見他體悟之深。尤其他生平論爲學方法的言論，無不切合陽明學的旨趣，又可見他受陽明思想影響之深。後來繼起的門人，有淵岡山屬內省派，熊澤蕃山屬事功派。

此後陽明學並未立即盛行，直到百餘年後的三輪執齋，才又開創一番中興的氣象，使陽明學蓬勃發展起來。他十九歲時從佐藤直方研習朱子學，三十三歲時在朋友家獲讀陽明《傳習錄》，便毅然捨棄朱子而歸於陽明。著有《日用心法》一書，專講修身養性的方法，其中舉出十項要目，第八項就是「致良知」三字，可見他篤信陽明的真誠。尤其對王龍谿與錢緒山在天泉論辯時提出的四言教深有領會，他認爲那是人人可以受用的規矩，其根本精神就是《大學》修身的工夫。當時政府曾下令禁止傳習陽明學，但志節堅貞的三輪氏，並未因此而懈怠或停止陽明學的研究，所以日本陽明學的遺緒，因三輪氏維護之功而得以不墜，他真不愧爲日本儒學史中陽明學的中興祖師。

門下濟濟多士的佐藤一齋，雖然未曾公然標榜陽明學，但他卻一心嚮往著陽明學術的境界。其實他很早就接觸陽明學，當他十九歲認識林述齋時。中井竹山以陽明「仆而復興」的話語相贈，便感發興起而從事陽明學的研究。他的言論常與陽明相合，曾解釋孔子「予欲無言」的用意是崇尚心教，這一創見正可與「無善無惡心之體」相通。門下弟子如佐久間象山、池田草菴等十一人，再傳弟子如吉田松陰等六人，都是著名的陽明學者，且再傳弟子中如西鄉隆盛、吉田松陰、中江兆民、岩崎彌大郎等，都是明治維新的中心人物，由此可見佐藤氏治學與教育的宗旨所在。

以著作聞名的大鹽中齋，是最重實踐的陽明學者，維新人物中的吉田松陰與西鄉隆盛，便是因信仰大鹽氏的遺範而勇於殉國的。曾讀古本《大學》而私淑陽明，他精心結撰的《古本大學刮目》一書，會集歷代有關《大學》的注釋，對王門各派的見解採取尤多，頗能闡發陽明恢復古本《大學》的主意。又曾以「致良知」爲他學說的重要綱領，其他如變化氣質、一死生、去虛僞諸項，莫不與「致良知」密切相關，足見他服膺陽明學之誠篤。

陽明學影響日本政治最顯著的，是對日本開國與明治維新的貢獻，如對開國著有大功的佐久間象山與吉田松陰，對外交政策著有大功的西鄉隆盛與伊藤博文等，莫不深受陽明思想的薰陶。佐久間象山二十三歲時，從佐藤一齋研習儒學，三十歲以後，轉而兼研科學。他雖然愛好窮理，較偏於程朱一路，但畢竟受業於陽明學者佐藤一齋，自然受陽明思想的啓發。他的弟子吉田松陰，尤能爲理想而奮鬥，以至犧牲生命，且平生言之必行，行之不息。成爲日本血性男兒的楷模。

維新人物中以西鄉隆盛與伊藤博文最重要，西鄉氏曾參與幕政改革與勤王運動，建樹過顯赫的事功，他早年便閱讀《傳習錄》，並潛心研究陽明學，對修養身心的工夫做得十分徹底，且深得陽明不計成敗生死的精神。至於伊藤博文，不但是一位志節忠義的豪傑，而且功業卓著，如樹立日本政黨政治的規模，在尊王大義的原則下，竭力扶植民權，所以他也是一位事功派的人物。後來被韓國志士安重根刺殺，爲國壯烈犧牲，實踐了吉田松陰所謂「死而後已」的遺訓。

明治維新以後的日本社會，還一直受陽明學的薰陶。由於陽明學重視實行的工夫，對個人人格的涵養、孝道精神的發揚，尤有裨益，所以自然影響日本的倫理與宗教。如岡野正道於昭和十一年（民國二十五年，一九三六年）創立的「孝道教團」，是以倡導「理事圓融」的宗教精神爲宗旨，使佛教的理論與人生的實踐相融合，將人所本具的佛性，經由「六度」的實踐，而鍛鍊成佛的菩薩行。所謂六度，也稱六波羅密，就是布施、持戒、忍辱、精進、禪定、般若。般若也譯作智慧，這六度就是六種可以渡過生死海而到達涅槃彼岸的行法。可見陽明「知行合一」的精神，完全被日本佛教所吸收，而化成日本現代佛教的新生命。

由上文所述，可見陽明思想對日本各方面的影響，的確至深且鉅。由於日本沒有本土文化積習的牽累，猶如一張素白的紙，最易接受色彩的濡染，加上純樸、誠摯而富於朝氣的民族性，所以對一切外來的學說，往往極富敏銳的鑑識力，一旦肯定其價值，便立即接受，絕無成見，並拳拳服膺，黽勉以赴，不僅見之於個人身心的修養，抑且運用於國家政事的經綸，生死禍福，在所不計。而且他們對陽明學的吸收，不取它抽象精微的理論，而專取它平易淺近的實踐精神，這是日本學術真能「取人之長」的優點，由此也可見日本學者深得陽明「即知即行」與「知行合一」的真髓。

・對歐美的影響

陽明思想對歐美所發生的影響，和對日本的影響完全不同，影響歐美的純粹在學術研究方面，而不在身心實踐及事功表現方面，且發生的時間很晚，直到二十世紀初，才有歐美學者注意研究陽明哲學，第一篇有關陽明哲學的論著，是曾在中國做傳教士的亨克（F. G. Henke）於一九一三年所寫的〈王陽明的生平與哲學〉，這是應上海王室亞洲會社華北分會的邀請，在該會宣讀的一篇哲學論文。一九一六年，他又摘取《王陽明全書》中的《陽明年譜》、《傳習錄》、〈大學問〉，與五十篇書札、十二篇雜文，分別譯爲英文，題爲《王陽明哲學》，這可說是陽明著作最早的英譯本。

歐美學術界研究陽明哲學的風氣，是近四十年來才逐漸普遍起來的，譬如大學中的研究論文，首先出現的是一九三六年出版，王昌祉所撰：〈王陽明的道德哲學〉一文，這是法國漢學權威伯希和（Paul Pelliot）指導完成的。繼而是一九五〇年哥倫比亞大學的碩士論文：村山彌爾頓（M. A. Murayama）的〈王陽明與禪之比較〉一文，與一九六八年哈佛大學杜維明的博士論文：〈王陽明自我實現之尋求〉，近年還有澳洲國立大學秦家懿的哲學論文：〈新儒學與王陽明思想〉。

此外，歐美出版的各種百科全書，也日漸注意及認識陽明哲學的價值，首先是一九六〇年版的《大英百科全書》，加入由陳榮捷先生執筆的〈王陽明〉一文。一九六七年美國哲學界編印的《哲學百科全書》，其中「中國哲學」部門曾大力介紹陽明哲學，並另設〈王陽明〉一編，也都由陳先生主稿。還有一九六九年版的《美國百科全書》，也加入陳先生所寫的〈王陽明〉一項。由此可見：陽明的哲學思想在歐美確已漸受重視。

近年來，歐美學術界由中國學者撰寫的有關陽明哲學的專著，陸續出版了不少，在啓導陽明學研究風氣上卓著貢獻的，當推張君勱先生與陳榮捷先生，張先生專心研究陽明學數十年，所著論文有〈王陽明的哲學〉（見一九五五年出版的《東西哲學》卷五及一九五九年出版的《亞洲文化》卷一）、《十六世紀中國唯心論哲學家王陽明》（一九六二年紐約聖約翰大學出版）等，又著有《新儒學的進展》（一九六二年紐約出版家協會出版），其中有數章都介紹到陽明哲學。陳先生的論著更多，除上述各種百科全書中的「王陽明」部分之外，還有〈王陽明之禪也何似〉（見一九六二年出版的《東西哲學》卷十二）、〈王陽明對佛教的批評〉（見一九六八年出版的《哲學的世界遠景》中「宗教與文化」一章）等。

有關陽明著作的翻譯，前文曾提到是由亨克將《陽明全書》局部譯爲英文開始的，但亨克畢竟對陽明哲學理解不深，翻譯陽明著作時又很少參考其他有關的中日文注釋，以致其中錯誤很多，所以出版以後，對歐美學術界並未發生什麼重大的影響，直到半個世紀以後，才有更多的譯著出現。如陳榮捷先生翻譯的《傳習錄與其他王陽明理學著述》（一九六三年哥倫比亞大學出版部出版），內容包括概論、《傳習錄》、〈大學問〉，及有關政治社會的一些文書與論文。陳先生的譯著，參考中日名家有關《傳習錄》的著述及注釋達二十餘種，窮源竟委，解說極爲詳盡，可說是集大成之作，因此出版以後，深獲佳評。

一九六五年，哥倫比亞大學教授狄別瑞（W. T. de Bary），繼編譯亞洲名著計畫之後，又在哥大專設明代思想研究組，聘請中日陽明學者如當時在美國德謀斯大學任教的陳榮捷教授、澳洲國立大學的柳存仁教授、日本九州大學的岡田武彥教授等，和該校十多位研究生輪流研討明代思想。這年夏天，狄別瑞教授又主持一項明代思想會議，由美國學會聯會中國思想委員會主辦，在七天的會期中，集十多位各國學者於一堂，專門探究明代思想，在提出的論文中，有四篇是有關陽明學的，就是香港新亞書院唐君毅教授的〈道德心觀念由王陽明至王畿之發展〉、岡田武彥教授的〈王畿與存在主義之興起〉、狄別瑞教授的〈晚明個人主義與人道主義〉，及普林斯頓大學助教授杜維明的〈陽明內聖外王的儒家理想〉。這次學術會議，可說是歐美學術界集中研究明代思想的開端，對未來的陽明學研究具有很大的影響作用。

至於歐美學人研究陽明哲學的重點，據陳榮捷先生在〈歐美之陽明學〉一文中的分析，認爲在一九五〇年以前，專重良知的研究，而忽略了「致良知」與「知行合一」的教化。如前述亨克氏所譯的《傳習錄》序文中，雖曾談到良知、知行、仁者與天地爲一體三項要旨，但沒有作進一步的發揮。其他像哈克曼（H. Hackman）與福克（A. Forke）等，也都是專從良知立論。屬於心學的良知問題，與西方哲學中的唯心論相近，所以自然被西方人所看重，但陽明哲學真正的精神，畢竟還在「致良知」與「知行合一」。一九五三年尼文生（D. Nivison）雖著有《王陽明前後中國思想中的知行問題》，但並非專門研究「知行合一」，所以一九五〇年以後，歐美學術界還沒有進窺陽明哲學的全貌，直到近二十餘年，由於馮友蘭、張君勱與陳榮捷等有關陽明哲學的著述和譯作，及歐美學術界集中研究明代思想以後，才使他們見到陽明思想的整個輪廓。

陳先生又曾分析：歐美學者研究陽明哲學，往往誤以為陽明思想接近禪，如福克便特別著重陽明的主靜默思，而忽略他的致知與事上磨練等實際工夫。他如賴世和（E. O. Reischauer）與費正清（J. K. Fairbank）所著的《東亞史》，甚至以為陽明的中心教育就是靜坐，且深受禪宗的影響，其實陽明只是早年才教人靜坐，且《傳習錄》中明說靜坐須在事上磨練、做工夫才有益處。英國學者李約瑟（J. Needham）在《中國的科學與文明》（一九五六年倫敦劍橋大學出版）一書第二冊《中國思想史》中，也有同樣的誤會。陳先生乃針對西方人這一誤會，寫成〈王陽明與禪〉一文，辨明陽明與禪並無特別淵源，非但與禪無多接觸，且對佛家心說有所批評。

歐美學者研究陽明學還有一個特點，就是常喜歡與西方哲學家比較，如李約瑟曾說：王陽明的良知說早於西方唯心論者巴克萊（G. Berkley）二百年。凱第（L. V. Cady）於一九三六年出版專講良知的小冊子：《王陽明的良知》中，曾以陽明與笛卡兒（R. Descartes）、斯賓諾莎（B. de Spinoza）、萊布尼茲（G. W. Leibnitz）相比。因而影響中國學者張君勱也以陽明與叔本華（A. Schopenhauer）、巴克萊、康德（I. Kant）及黑格爾（G. W. F. Hegel）相比。鄭和烈則以陽明哲學與西方現象學及存在主義相比。

一九七二年是陽明誕生五百周年紀念，這年三月二十八日，美國亞洲學會年會在紐約舉行了一項學術座談會，由陳榮捷先生主持，參加座談的學者，有哥倫比亞大學的狄別瑞教授、史丹福大學的尼文生教授等。同年夏季，夏威夷大學舉辦了一項以陽明哲學爲主題的「東西哲人會議」，我國知名的哲學家如方東美、唐君毅、牟宗三諸先生，都曾應邀參加，會中所提的論文，都在《東西哲學》學報上發表。這是歐美學術界研究陽明學最近的動態。

由以上所述，可知陽明思想對歐美所產生的影響，是在促使歐美學者研究陽明學的風氣漸開，雖然到現在爲止，似乎還缺真正有大成就的陽明學專家，且所有著作仍以東方人占多數，又大多限於英文，但明代思想與陽明哲學，畢竟已在歐美學術界引起相當的注意和研究的興趣，今後必將有更長足的進展。

由於文化背景與民族性的關係，歐美人未能如日本人一般，探索到陽明思想的精髓，而運用到人生與功業上來，只純粹作學理上的研究。但陽明完全是透過在現實人生中實踐力行、千錘百鍊之後，才提出他的致良知教和知行合一說，這是他學術思想的精神所在。因此，要真正了解他的學術精神，深入他的哲學堂奧，只有從人生經驗中去體悟、篤行與歷鍊，才可能有會心契合之處，純客觀的學術探討，無論如何精密，只怕終隔一層。然而這種理性的、思辨的治學工夫，卻能清楚地分析出陽明哲學思想的內涵，無形中也會對人性產生潛移默化的文化效能，因而這種方式的努力，仍然是值得提倡和發揚的。

參考書目

《王文成公全書》　徐愛輯，商務印書館。
《明儒學案》　黃宗羲，河洛圖書出版社。
《明史．王守仁傳》　張廷玉等，藝文印書館。
《王陽明知行合一之教》　梁啓超，中華書局。
《王陽明致良知教》　牟宗三，中央文物供應社。
《陽明學述要》　錢穆，正中書局。
《比較中日陽明學》　張君勱，商務印書館。
《王陽明傳習錄注釋》　于清遠，黃埔出版社。
《陸王學辨微》　胡哲敷，水牛出版社。
《陽明學説體系》　黃敦涵，泰山書局。
《陽明學論文集》　張其昀等，中華學術院。
《陽明學》　賈豐臻，商務印書館。
《王陽明與中國之儒家》　李羣英，中華書局。

《王陽明哲學》 蔡仁厚，三民書局。
《陽明學說在今日》 張鐵君，學園月刊社。
《王陽明聖學探討》 鄧元忠，正中書局。
《中國近三百年學術史》 梁啓超，中華書局。
《中國近三百年學術史》 錢穆，商務印書館。
《儒家哲學》 梁啓超，中華書局。
《宋明理學概述》 錢穆，中華文化出版事業委員會。
《宋明理學》 吳康，華國出版社。
《中國理學史》 賈豐臻，商務印書館。
《宋明心學評述》 甲凱，商務印書館。
《中國近世儒學史》 宇野哲人著，馬福辰譯，中華文化出版事業委員會。

李贄

陳清輝 著

目次

一、李贄的時代、家世與生平……197
1 時代……197
2 家世……204
3 生平……206
二、李贄的思想……233
1 李贄反孔嗎？……233
2 李贄爲何「反假道學」？……237
3 民本思想……244
4 平等思想……251
三、李贄的文學思想……258
1 提倡「童心說」……258
2 主張「自然爲文」……266
3 重視小說戲曲……272

4 首開小說評點風氣……275
四、李贄的史學思想……282
1 創發「六經皆史」說……282
2 揭櫫「時變」的歷史觀……287
3 樹立史學「求真」精神的典範……291
五、李贄對當代及後世的影響……296
1 思想方面……296
2 文學方面……302
3 史學方面……315
4 美學方面……318
主要參考資料……322

李　贄

一、李贄的時代、家世與生平

1 時代

李贄生於明世宗嘉靖六年（西元一五二七年），死於神宗萬曆三十年（一六〇二年）。正當明代衰微時期，傳統的社會發生重大的經濟變革和社會危機。隨著封建勢力日蹙，對百姓的剝削也愈來愈激烈，諸如：礦稅的增加，土地的兼併等，尤其嚴重。更由於財富過度集中而使貧者愈貧，富者也因愈富而奢華無度。社會階層紛爭日益尖銳複雜，各地民變蜂起。同時在東南地區紡織業的興起也帶動工商的繁榮，和資本主義的萌芽。復因民族衝突的激烈化，倭寇的侵擾，使大明的前途有如雪上加霜，每下愈況。這一切都在動搖明朝統治的根本。李贄生長在這變動不居的時代裏，除了紹述傳統儒、道、法思想，更繼承左派王學的精神，吸收禪學的思想。孕育出不苟且、不因襲、反傳統、反封建，大膽懷疑，求新求變的進步思想。這種進步思想正是因應時代而興，最能反映出時代的脈動。以下從社會風氣，時代思潮和文學流變三大端來略論李贄的時代背景。

•社會風氣

趙翼在《廿二史劄記》卷三十五中談到明代貪污問題時說：「明代宦官擅權，其富亦駭人聽聞。」但納賄也不只是宦官，「凡勢之所在，利即隨之。」例如：嚴嵩父子的納賄，「實自古權奸所未有。」由於嚴氏父子狼狽爲奸，貪墨滔天，所以京城士民皆以「錢癆」①譏之。爲了收藏這些金銀珍寶，嚴世蕃挖了一個深一丈、方五尺的地窖，四周及窖底則舖砌以紋石，相傳經過三天三夜才把它裝滿，外存者尚不算。

在嚴氏父子貪酷成性，奢靡無度的肆虐下，民生日蔽，風氣大壞，使貪污納賄成爲貴族官紳的普遍行爲。如果當官清廉，垂囊而返，反而會受人姍笑，以爲無能。張四維在〈文貞存齋徐公神道碑〉中曾感嘆地指出：嘉靖末載，世風之混濁甚矣，「民不見德，惟賂是聞，四夷交侵，萬民失業。」②天下情勢已因貪腐而岌岌危殆。這種貪婪風氣的上行下效，使浮華奢靡之風吹起。當時人們競相鬥富，唯恐後人。《衡州府風俗考》記載：「比年以來，黜素崇華，習爲豪舉。」「家無擔儲，宴集競尚侈靡」，往往僭越逾分，無所忌憚③。這種貪鄙的社會風氣，並沒有隨著嚴嵩父子的遭受天譴而消逝，其深入民間，腐蝕人心，已因長久的薰染浸漬而融入民族的心理結構中，成爲假道學家思想意識中的常模。故雖至神宗之世，也不改此貪財好利之習性，致有搜刮民脂民膏的商稅、礦稅之創立。雖馬經綸懇切上疏，直言「陛下好貨成癖」，希望停徵，但神宗也只有在病危時才下詔取消，但病稍好轉輒又後悔，派人追回聖旨，照收不誤。皇帝如此，臣民好利也就不足爲怪了。因此貪污納賄，競相鬥富的社會歪風，在明代不但深入民心，也深植帝王心中，而成爲一種習性。

這種邪枉的迷思反映在政治下，則自然出現一批批「陽爲道學，陰學富貴，被服儒雅，行若狗彘」④之官僚典型，完全喪失父母官應負的重責大任，淪爲封建帝王壓榨百姓的政治工具，這也就是李贄痛恨假道學家的最大原因。

・時代思潮

宋代採取重文輕武的策略，收攬武將之權，明洪武十三年更藉私通蒙古及倭寇之罪名，誅殺胡惟庸，並順勢廢中書，罷丞相，建立一個絕對專制的政權。其後明太祖又制定嚴密的大明律，對於涉及謀反、大逆者，不分首從，不論疏親，一網打盡。因犯罪者多，明律不敷使用，乃進而親制《大誥》、《大誥續篇》、《三編》以及《武臣大誥》等嚴刑峻法。法網之密與死刑之多，歷史上罕見。甚至有一人犯罪，全宗皆滅的慘劇。株連之甚，前所未有。爲鞏固政權，明代皇室又採特務統治，明太祖時設錦衣衛，檢校監視、偵察、鎮壓各地官吏臣民，並隨意羅織人罪，大興文字獄，使朝野呈現一片恐怖氣氛。清代史學家趙翼曾引舊史說：「京官每旦入朝，必與妻子訣，及暮無事，則相慶以爲又活一日。」⑤。而後，明成祖又創「瓜蔓抄」——誅十族之慘酷刑法。在在顯示出大明的江山是靠「酷刑」疊起。其中掌執惡法，殘害百姓者，大都假宦官之手，如劉瑾、魏忠賢，及明英宗時的王振，皆是宦官專權恣肆，作威作福的例證，人民生活在這漫漫的長夜中，命如湯雞，危如累卵，也只能徒呼奈何！其思想受桎梏，內心之苦悶也就可想而知了。

明代對思想文化的箝制則是其酷虐政治的延伸，明代的律令中，禁止人民「奸黨」，規定交結朋黨，以紊亂朝政者皆斬，其妻子爲奴，財產入官。並禁止收藏禁書，凡收藏者杖一百。而造妖書妖言惑眾者，不論首從皆斬。取締異己，律令嚴酷，希望異道不興，民無惑志，一心歸依封建帝王。明太祖爲積極籠絡士人，誅除異道，乃高唱三教合一，大尊孔子爲「萬世帝王之師」，作爲他統治天下的障眼手法。爲了進一步監控思想，太祖不但嚴格控制國子監及各級學校，規定學生不能談論政治，科舉考試也要以程朱思想爲本，不可妄自發揮，不然輕則名落孫山，重則人頭落地。這種獨尊程朱的科舉取士，在廖燕看來不啻爲暴秦的焚書坑儒。[6] 由於科舉制度的弊害，使士人思想不敢有創見，只有抱殘守缺，謹守繩墨，一心只在場屋得失，以求僥倖錄取，毫不顧及敦品勵學，遑論講明君子小人，下學上達之辨。幸而錄取，也就只知求官資之崇卑，薪俸之厚薄。平日所讀的聖賢書之真精神，與讀書人的風骨，已在名利場之中喪失無餘，久而久之，思想遂僵化固閉而淪落爲「俗儒」、「鄙儒」、「腐儒」、「陋儒」……而不自知，而爲有志之士所不齒。

隨著封建勢力的衰微，程朱思想的僵化，已到了無以復加的地步，這就間接促使新的思想蓄勢待發。而新的思想之興起「則自陳獻章、王守仁始。」[7] 陳獻章之學是從靜中養出端倪，藉靜坐來體認道理，他自述靜坐後之體悟爲：「然後見吾此心之體，隱然呈露，常若有物。」⑧蓋靜坐是他的致虛之道，也是他自得的功夫。這種拋棄依傍，追求獨立思考的思想，正是明代心學的大轉捩點；也是陸九淵與王陽明之間的「心橋」。黃宗羲在《明儒學案·白沙學案》說：「有明之學，至白沙始入精微，其喫緊功夫，全在涵養，……至陽明而後大，而先生之學，最爲相近。」王陽明之學始於泛覽詞章，繼而遍讀朱子之學，不能有得，乃出入佛老，居夷處困，動心忍性，最後悟得格物致知的道理。認爲「聖人之道，吾性自足，不假外求。」⑨一切理乃具備心中，不必向外索求，若捨去吾心，則「心外無物，心外無事，心外無理，心外無義，心外無善。」⑩君子之論學，也是要求得乎心。他認爲眾人皆以爲是，如果己心不能悟會，也不敢認爲是對的；眾人都認爲非，如果不能契合己心，也不敢以爲是錯的。王陽明以「心」爲主體的思想，注重「致良知」，以精察本體——心之理。此與一般學者徒從文義上穿求，路數自是不同。

尤其他把「知」、「行」視爲一個功夫，特別強調「知行工夫，本不可離」，只有能行才是真知，真知即所以爲行，更是透徹的心學理論。這種思想在打破程朱的僵化思想，反對舊權威、舊教條上，發生積極振奮的作用。使明代學術由傳統的「主敬存誠」、「格物致知」等思想，轉向注重心體修明，追求良知靈明的心學工夫。雖然由於「心」學的抽象玄遠，除非根器深遠，否則不容易捉摸，故難免使一些致力心學功夫者走上空疏無本之路，而流於輕浮、猖狂之弊。但其重視主體精神的發揚，打破因襲守舊的封建刻板思想，爲明代思想、文學的解放運動立下丕基，則功不可沒。

陽明後學分爲浙中、江右、泰州三派。李贄思想乃承襲泰州學派王艮、顏鈞、何心隱、羅汝芳等人思想。王艮提出「聖人之道，無異於百姓日用。」又說：「百姓日用之條理處，即是聖人之條理處。」⑪把幽微難明的聖人之道，化爲具體平實的百姓日用之道，爲中下階層人物，放下一把邁向聖境的天梯，引渡眾生回歸道途。使安身立命之學，能充分地落實到平民百姓身上。王艮提出對百姓日用的重視，其弟子顏山農及三傳弟子何心隱，繼承師說，發揚光大，先後提出對「欲」望的肯定。何心隱更直接指出「且欲唯寡則心存，而心不能以無欲也。」⑫把「欲」視爲人類進步的動力。其勇於衝破禮教的精神，頗爲李贄激賞，故雖然李贄與何心隱未曾謀面，但何被害時李贄也寫〈何心隱論〉爲他辨雪冤情，痛斥求媚張居正而陷害何心隱的人。可見李贄對何心隱等泰州學派人物思想的推崇與發揚。顧炎武在《日知錄》說：「龍溪之學，一傳爲何心隱，再傳而爲李卓吾、陶石簣。」誠爲知言。

李贄孕育於政治酷虐、律令嚴苛、思想禁錮、程朱之學獨霸儒學正統的時代。由於時君之昏聵，士大夫的虛僞，使政治腐敗，思想僵化，民生凋蔽，國事頹唐。李贄因不忍坐視生靈塗炭，乃以其倔強不屈的性格，承繼泰州學派重視百姓日用的思想，肯定人民欲望的需求，及追求人人平等的精神，毅然興起而反封建，反陋儒，企圖衝決網羅，尋求自由平等的生活。他這種進步思想，不但風靡當代，對後代學者，也有振聾發聵的啓迪作用。

・文學流變

明代的正統文學衰微，擬古風氣盛行，詩文作品的內容與形式，一仿前人，少有創意。以致明代作品雖多，據朱彝尊《明詩綜》所輯高達三千四百家。以數量而言，實不減唐宋，但論其文學史上地位，又遠遜於唐宋。究其原因，實歸咎於八股取士的制度，及擬古主義的風行。黃宗羲在〈明文案序〉中即提出「明文之衰，根著於明代文人才士，專注於場屋之業」，而耗盡其精神。而明代作品的另一個致命傷即在模擬因襲，早期有以李夢陽、何景明爲首的前七子，他們高唱「文必秦漢，詩必盛唐」，當時士子多翕然風從，文壇風氣爲之一新，人人以模擬秦漢、盛唐爲能事。

前七子句擬字摹，亦步亦趨的擬古，使作品內容空洞貧乏，毫無生氣可言。因此，一些豪俊之士，不安於固陋，乃羣起反對，首開反擬古的風氣，並揭示古文之弊。如王慎中、唐荊川之流即是。唐荊川並在〈答茅鹿門知縣〉中提出他理想中的文章是「但直攄胸臆，信手寫出，如寫家書」，雖然這種文章有些粗疏，但因沒有「煙火酸餡」的習氣，便是宇宙間第一等的文章。也唯有這種文章才能呈現出「真精神與千古不可磨滅之見」，爲千古之至文。這就是唐宋派反擬古，追求文章「本色」的精采文論。可惜唐宋派雖反對前七子的擬古，但自己卻又難免陷入古人的窠臼中，只是把模擬的時代由秦漢移至唐宋，並把模擬的重點由古人的字句轉向內容，其仿古精神卻是一致的。又因唐宋派的大將偏重於文而不長於詩，致使反擬古的運動並未能克竟全功。

在嘉靖年間後七子興起後，復與前七子聲氣相通，如出一轍，又帶動了擬古的風潮，把唐宋派又壓了下去。後七子以李攀龍，王世貞爲代表。這些人都是年少氣盛，才高氣銳，互相標榜，視當世爲無人。《明史．王世貞傳》說王世貞在李攀龍死後，主盟文壇，獨操柄二十年，聲勢之隆，影響之大，「一時士大夫及山人詞客衲子羽流，莫不奔走門下。」惜以結社訂盟，自吹自擂，漸染習氣，以致所作詩文日益窘衰；間有一些投機分子，隨聲附和，趨炎附勢，藉以提高身價，博取令名，圖謀富貴，於是爲文又蹈模擬剽竊之病，內容貧乏，遑論性情之真。李贄生在這個模擬剽竊成風的時代，洞悉當時文壇的弊病，厭惡社會習氣泛濫虛僞。遂堅決反擬古，鄙視因襲，求真務實，大力提倡「童心說」。此種以「真」爲最高審美標準之文論，正是因時因地而生，也是順乎天、應乎人，適乎時代之需要而發的，有其「救世之弊」的使命感在。也正因李贄反擬古、求真心的文論之提倡，開啓了人們性靈之城府，才使公安、竟陵的「性靈」思想，汩汩流出，創造出明代散文的巔峯——小品文；打破傳統對小說、戲曲等俗文學的輕視，帶動小說、戲曲的隆興，改寫明代文學在文學史上的地位。

2 家世

・先祖考源

李贄雖然博通古今，著作滿家，但他對於祖先的敘述並不多。僅在〈與焦弱侯書〉中提到他的祖先是光州固始人。由唐末的李輔遷閩，後代遂世居此地。至元末明初，林閭⑬繼承祖業，光大門楣。《榮山李氏族譜》說他：「承借前人蓄積之資，常以客航泛海外諸國。」平居鄉里，熱心助人，急公好義。在鄉梓之中，素有名望。因此雖在元末天下大亂，夷人據泉，干戈擾攘，獄訟繁興，而又逢饑荒的時代，以夷人的粗暴也都「敬公德性，不敢有犯。」⑭

林閭生二子，長子曰駑，次子名端，林駑爲老長房二世祖。林端爲老二房。繼承父業，航海爲生，常往來於波斯灣，卒娶色目婢女，信奉回教，把異教色彩帶入林家。林駑有五子，以次子林仙寶繼長房位置，爲長房三世祖，夙有經營四方之志，常至廣州一帶經商。四祖林恭惠，初爲里老，因通譯語，故被薦爲通事官，引日本諸國入貢京師。成化三年，率長男琛，引琉球入貢，事成後以年邁表辭，蒙親賜冠帶榮身。五世祖林琛，則隨父往來琉球、日本之間有功，因襲父職，受賜官帶。六世祖竹軒公，生平不詳，七世祖林白齋，則以教書爲業。

‧家族特性

上溯李贄七世的祖先，可以看出其祖先大都以航海爲業，經商各地。綜觀李贄家世，可以得知他的家族具有三大特性：

㈠思想前進，異族聯姻：李贄家族婚姻的複雜，據陳泗東的考證：其先祖有不少與回教徒通婚者，甚至與西域人結婚。其宗譜中尚載有李氏、蒲氏、丁氏、迭氏等通婚的事。據考證這些姓都是漢代西域人。李氏家族，除了與異族合婚外，也不忌諱與同姓結婚。⑮這種不忌諱同姓結婚的觀念，不但衝破禮教，也觸犯《左傳》所載「男女同姓，其生不蕃」的優生學禁忌，但在李贄的祖先中卻屢見不鮮。

㈡信仰複雜，五教具有：李贄的先人林閭，篤信回教，而林閭妻卻皈依佛門，曾贊修寺宇，助建佛殿，爲虔誠的佛教徒。二世祖林駑則從父信仰回教。二世叔祖林端，卻是一個

「敦詩習禮，綽有儒風。」⑯的典型儒者。三世祖林通衢妻的墳墓也在回教徒墓地。但老二房三世祖林廣齋卻爲道教徒。又於《林李宗譜》萬曆乙亥年條中記載：「是年天主教傳入中國。」把天主教傳入中國載入宗譜中。正與李贄三會利瑪竇之事，同樣說明了李贄家族與天主教有密切的關係。利瑪竇在其傳記中也透露他想吸收李贄的企圖心。可見李贄的先世正與儒、道、佛、天主教等都有不同程度的關係。其家族宗教信仰的自由化，正顯示出這個家族思想開通，不拘傳統，這與其航海經商的家族事業的特性，是頗能相契合的。

㈢世代經商，航海致富：李贄家族中從第一代至三代純爲商人，四、五代也是業商，只不過充當琉球貢使的翻譯，蒙御賜冠帶，地位只比一般商人稍高。李贄出生外商雲集的泉州，其先人航海經商，足跡遍及海內外，見多識廣，卒養成冒險犯難的精神。李贄遺傳這種血統，又受到族人商業思想的薰陶。⑰故獨能通權達變，跳脫傳統思想的羈絆，求真務實，直探先秦儒家之本心。了解李贄的家世及其家族特性，我們就可以知道李贄在思想史、文學史上能大放「異」采，正與他的家「族風」有密切的關係。

3　生平

‧青少年時期——少年靈雋，輕易中舉

明嘉靖六年（一五二七年）十月廿六日戌時，福建泉州南門外一個私塾先生的家裏，孕

育了一位堅毅果敢、思想特異的進步思想家——李贄。

李贄（一五二七——一六〇二年），號卓吾，又號篤吾，福建泉州人。一生共有字號四十七個。⑱因生於泉州，泉州爲溫陵禪師修道的地方，故自號「溫陵居士」。後在共城（河南輝縣）當官，共城西北有蘇門山，山上有百泉。李贄以出生泉州，又在百泉做官，與「泉」特別有夙緣，又自號「百泉居士」。聽到別人批評他心胸狹小，乃取號「宏甫居士」以自勉。五十歲左右，因思念父親白齋公，又自號「思齋居士」；晚年因長居龍湖，又自號「龍湖叟」。剃髮後，又自號「禿翁」以自我解嘲。袁中道在〈柞林紀譚〉中又稱他爲「柞林叟」。李贄的名號，有自取的，有別人取的，或俗或雅，散見於文中，爲其作品，添加了幾許的奇趣，我們很可以從他的名號中想見他的爲人。

李贄的童年因「生而母太宜人徐氏沒」⑲，所以幼年過著孤獨無依的生活，也養成自立、倔強的性格。他說：「予自幼倔強難化。」《陽明道學鈔》又說：「某性褊急」⑳，這是他對自己個性的剖析。難怪袁中道爲他作傳時說他：「中燠外冷，丰骨稜稜，性甚卞急，好面折人之過。」可知他是一個外貌冷漠，內心熱誠，風骨剛健，個性急躁，又好當面責難別人過錯的人。好在他雖愛罵人，但友人都知道他是一個口惡心善的人，所以也就不恨他。自言：「余性亦好罵人，人亦未嘗恨我。何也？以我口惡而心善，言惡而意善也。」㉑可是這種不近人情的個性，也很難以俗交。因爲他認爲「若爲追歡悅世人，空勞皮骨損精神。」㉒是知李贄長大後，走上異端之路，除了天生性情倔強外，應與早年失母，缺乏慈暉照拂有關。李贄六、七歲時喪母，啓蒙教育只好由父親白齋公來教他，七歲時父親開始教他「讀書歌詩，習禮文。」㉓奠定良好的儒學基礎。一直到十二歲，才嶄露頭角，試作了一篇〈老農老圃論〉，注重會通。取《論語·子路》中樊遲請學農事，孔子卻說：「小人哉，樊須也。」與〈憲問〉篇荷蕢的隱士諷刺孔子不能適應時宜，偏偏要「知其不可而爲之」；以及〈微子〉篇扛著竹製的除草器，諷刺孔子爲「四體不勤，五穀不分」的隱士等篇章內涵，融貫成文。文中李贄讚美務實學稼的樊遲，也譏諷孔子不懂農事。十二歲的孩子就能通融經典，出此巧思，獨出己見，殊爲可貴，真是英雄出少年。故寫好後立即獲得同學的讚美，鄰里相慶，並祝賀白齋公有個好兒子。日後可以藉此攫取富貴，光宗耀祖。李贄與父親聽了，對這種俗不可耐的稱賀，極爲不屑。因爲他的父親並不是一個貪財好利的人，而是一位「身長七尺，目不苟視」熱心幫助別人的長者，雖然家貧如洗，卻常常變賣他太太的頭簪耳飾「以急朋友之婚」㉔，而太太也不反對。所以若以世俗爭功求利之心，來預賀急公好義的白齋公，必定會受到鄙視。日後，李贄輕視科舉考試，正與父親的薰陶有關。李贄不喜歡科舉制度，因當時科舉取士，以四書五經爲範圍，以朱子《集注》爲標的，學者皓首窮經，死守章句，拘限朱《注》，甚至作文仿古，體用排比對偶，這種別名「制義」的八股文不但箝制文人才思，泯滅學子的創造發明能力，最後且淪爲專制帝王統治的工具，故爲李贄所惡。

李贄十四歲時，已遍讀《易》、《禮》、《詩》等書，雖不喜科舉，但爲了生活，仍不能免俗，而有求祿之心。他自幼學《易經》，後來改學《禮》，十四歲時，又改治《尚書》，「竟以《尚書》竊祿。」㉕後來爲了奉養父母，照顧弟妹，不得不到處奔走，他在〈與焦弱侯〉信中說：「弟自弱冠餬口四方，靡不逐時事奔走。」根據林海權《李贄年譜考略》考證：李贄二十歲開始出外謀生，大概在晉江青陽一帶教書，並在此認識李贄後來的女婿莊純夫的父親莊君顯。二十一歲時與賢慧的黃宜人結婚，當時黃宜人年十五。由於李贄樂善好施，輕財好友，「戶外履常滿，宜人蚤夜治具無倦容。」㉖但也因此而經濟更加拮据，雖然黃宜人也做些女紅，貼補家用，但生活的重擔逼得他喘不過氣來，只好到處找事做。他在〈子由解老序〉自述曾經在「天寒，大雨三日，絕糧七日」受凍挨餓，飢寒交迫，幸好主人公可憐他，煮了黃米飯（黍）給他吃，吃飯後他還問主人說：「這是最好的稻米啊！怎麼會有這麼美好的味道呢？」主人回答說：「這是黍稷啊！與稻粱差不多。而且現在的黍稷也和以前的一樣啊！只是你太餓了，所以覺得特別好吃！」由此可見李贄青少年時期生活的確非常困窮。正因面臨強大的生活壓力，使他不得不努力奮發，走向科舉的道路，但在這條路上確實常讓他深感痛苦而想半途而廢。他說：「稍長，復憒憒，讀傳註不省。不能契朱夫子深心，因自怪，欲棄置不事。」㉗為了讀朱子《傳注》，腦筋糊塗不能領悟，又不能切合朱子的心意而氣餒。但因日子過得太閒，無法消磨歲月，便抱著玩玩的心去應試，於是就取「時文尖新可愛者，日誦數篇」，到考前共讀五百篇，鄉試時題目一下來，就找一篇類似的抄下去，「但作繕寫謄錄生」㉘，結果高中舉人。科舉求仕，自古為士子夢寐以求的，並視它為神聖大事，歷來應考的人無不小心謹慎，唯恐疏忽而錯失良機。但李贄卻漫不經心，視為兒戲，不但態度輕慢，並藐視考官，把一般考生視為恩師的主考官譏為「不懂孔聖精蘊」，其狂者精神與異端的性格，由此可見一斑。李贄在二十六歲中舉後，自認是僥倖，並認為這種僥倖只有一次，且因父老，弟妹婚嫁各自及時，於是就想早點踏入仕途，並從此絕意科舉。

•中年時期——仕官行義，兩袖清風

李贄從嘉靖三十四年（一五五五年）踏入仕途，擔任河南輝縣教諭，至萬曆八年（一五八〇年）辭去姚安知府，凡經二十五年之官宦生活，曾任輝縣教諭、國子監博士、禮部司務、南京刑部員外郎、雲南姚安知府等官職。李贄在〈卓吾論略〉中敘述他最初本想就近在江南找個官做，但沒想到被派至萬里外的輝縣，反而使父母擔心。但想到輝縣（古稱共城）是北宋李之才、邵雍等人「苦志參學」而有所得的地方；又因長子死去，內心悲痛難耐，因此也就抱著求道的心，毅然前往就任。在輝縣三年後，高升南京國子監博士，到任數月，即遭父喪，為守父制，只好返回家鄉。三十四歲那年春天抵家，不顧帶孝在身，立即率領族人，登上女牆守城抗倭。當時城內斷糧，城下箭石橫飛，戰事慘烈，艱險萬分，「居士家口零三十，幾無以自活。」由於倭寇連年侵擾，泉州一帶，「數年田畝變為草莽，瘟疫流行，死者枕藉。」㉙為了逃避饑疫的威脅，李贄決定全家遷到北京去。嘉靖四十一年（一五六二年）李贄到北京，圖謀一官半職，以養家活口，但事與願違，久候不獲。此間盤纏用盡，囊篋蕭然，幾乎活不下去，不得不借館舍，開班授徒，賺取束脩，「館復十餘月，乃得缺，稱國子先生，如舊官。」㉚等了一年多，才等到與南京國子監博士相等級的北京國子博士，然居官不久，又因個性不合，時與長官衝突。他在《焚書．豫約》中說：「為縣博士，即與縣令、提學觸；為太學博士，即與祭酒、司業觸。」除了官場的不如意，生活的不幸也接踵而來。先是祖父竹軒公仙逝，而後次男又病死。真是命與仇謀，屋漏偏逢連夜雨。經過一連串的打擊，素稱倔強的李贄也不禁吁然長嘆：「人生豈不苦，誰謂仕宦樂。仕宦若居士，不乃更苦耶！」㉛接到祖父的訃聞後，李贄決意第二次奔喪，從北京千里迢迢地趕回泉州。因家貧而暫厝的曾祖父母遺骸，這次回鄉也計畫將他們一一安葬，以便了卻一樁為人子孫的心願。此去三年，其妻黃宜人念母心切，很想同行，但限於經費，無法如願。

李贄取道河南，將妻女留在他曾任官四年的輝縣，並將同仁贈送的賻金，撥出一半，買了幾畝地，以供妻女耕食，另一半則攜回故鄉作為喪葬費用。無奈禍不單行，這年正逢輝縣大旱，貪官污吏乃假借漕河轉運公糧之名，切斷農田用水，企圖乘機勒索。李贄雖然盡力為民紓困，請求管理河漕的官員放水灌溉，但均遭拒絕。李贄心想若只為自己數畝請求，一定會獲准。但他感嘆地說：「嗟哉！天乎！吾安忍坐視全邑萬頃，而令余數畝灌溉豐收哉！縱予必不受，肯求之？」㉜李贄對官吏假借名義，橫徵暴斂，深表不滿，但他又不忍獨享特權，只圖自己獲灌溉豐收，而不顧他人死活，於是怏然離開輝縣。這年輝縣大鬧饑荒，李贄的田裏只收幾十斗稗，「長女隨艱難日久，食稗如食粟，二女、三女遂不下咽，因病相繼夭死。」㉝後來靠李贄舊友輝縣推官鄧石陽，及同事的解囊相助始能度過危機。李贄在〈卓吾論略〉中自述初見妻女的情景：一進入家門，本來欣喜異常，但談到二女、三女相繼病死，黃宜人已經淚水漣漣。李贄回憶說：「是夕也，吾與室人秉燭相對，真如夢寐。乃知婦人勢逼情真，到此方覺屐齒之折也！」這與杜甫歷經困阨從奉先探望妻子，而「入門聞號咷，幼子飢已卒。吾寧捨一哀，里巷亦嗚咽。所愧為人父，無食致夭折。」正是今古同悲，天人共泣。李贄這一年也因不堪旅途勞頓，與喪女之痛，終於病倒了，痊癒後，暫居輝縣調養一年，又攜眷返回北京。

嘉靖四十五年秋末冬初李贄到了北京，補禮部司務。有人勸告他禮部司務是個掌管收發公文等事的卑職，收入很少，不要去白受窮苦。李贄在歷經人生無比的蒼涼創痛後，對於人間的是非已不再執著，求道之心更加堅定。他說：「吾所謂窮，非世窮也。窮莫窮於不聞道，樂莫樂於安汝止。」㉞堅持個人獨特的價值觀，不顧眾人的冷嘲熱諷與工作的卑微，毅然就任。李贄在禮部時，張居正時任禮部右侍郎，成爲他的頂頭上司。李贄在作品中屢次讚美張居正的改革措施並推崇他爲「宰相之傑」、「吾師也」㉟。李贄這麼崇拜張居正，除了二人革新務實的思想相契合外，應與這段因緣有關。

李贄一心慕道，求道的機緣也在此地逐漸成熟，他在同仁李逢陽、徐用檢等王學信徒的領導下，首次接觸王學，成爲他一生思想變化的轉捩點，他在〈王陽明先生年譜後語〉追憶說：我自幼倔強難化，不信俗儒之學，也不信道教、不信仙佛。看到道人、僧人就討厭；看到道學先生更加痛恨，「惟不得不假升斗之祿以爲養」，所以不得不與世俗往來。但「不幸年甫四十，爲友人徐用檢所誘，告我龍溪王先生語，示我陽明王先生書。」於是了解得道真人不死，正和真佛、真仙一樣，到此，雖然個性倔強也不得不相信了。李贄在李、徐二人的誘導下，正式踏入王學，邁向大道，並痛下功夫，苦心鑽研，日後李贄以「心」爲明斷是非的標準，正是受陽明「心即理」的影響。李贄受王學灌頂後，吸納王學對主體能動力量的高度肯定，並與自己的思想相激相盪，遂對現實生活有更深的體會。終於迸發出追求平等、重視個體、尊重個性的自然發展等一系列求新求變的進步思想。此舉不但強化了反傳統、反俗儒的攻擊力量，甚至超脫王學，跳脫封建束縛。如脫韁野馬，奔走飄逸，成爲最能表現左派王學精神者。誠如嵇文甫所說：「（李贄）雖然不能正式列入王學左派，但與王學左派關係密切，其思想行動最能把左派王學的精神充分表現出來。」㊱即是道破他能入能出的思想特質。

李贄在禮部司務五年，最大的收穫是對王學有深入的研究，他說：「五載春官，潛心道妙。」㊲可見他專注的精神。只是五年學道並沒有改變他倔強的個性，而只有增強他那狂者胸懷與追求平等的精神。因此他還是時常與上司衝突，他在〈豫約．感慨平生〉中說：「司禮曹務，即與高尚書、殷尚書、王侍郎、萬侍郎盡觸也。」李贄與這些長官抵觸，原因不詳。大概與他不受束縛的倔強個性有關，或對事情的看法有異。可以確定的是李贄不會以個人的好惡而貶抑他人。如高尚書（高儀）這個人《明史》記載說他：「性簡靜，寡嗜欲，室無妾媵……及歿，幾無以殮。」是一個廉潔官吏，而李贄也稱他爲「人傑」，可見李贄實事求是、客觀公正的精神。

李贄在隆慶五年（一五七一年）離開北京，任職南京刑部員外郎。這段期間還結識當時著名學者王畿與羅汝芳等人，並受他們重大的影響。李贄在〈羅近溪先生告文〉說：「我於南都得見王先生者再、羅先生者一，……自後無歲不讀二先生之書，無口不談二先生之腹。」佩服二先生可以說五體投地。王畿爲王陽明門徒，發揚良知說並主張良知即佛性，倡導三教合一思想，影響李贄三教思想頗大。而羅汝芳認爲「以赤子良心不學不慮爲的，以天地萬物同體，徹形骸，忘物我爲大……即以不屑湊泊爲功夫。」㊳爲陽明弟子中最接近禪宗的一派。李贄受羅汝芳影響很大，尤其羅反對封建及同情基層民眾，重視百姓生活的思想，更堅定了李贄關心民生的決心。後來泰州學派創始人王艮的次子王襞到南京講學，李贄便拜他爲師，他說：「心齋之子東崖公，贄之師……東崖幼時，親見陽明。」㊴表示自己是陽明的嫡傳弟子。李贄受泰州學派的影響主要有二：一、聖人之道，無異百姓日用。二、聖凡平等。李贄對泰州學派的人物非常讚賞，他在〈爲黃安二上人〉三首、〈大孝〉一首中，把王艮當作「真英靈漢子」，並將心齋之後的徐波石、顏山農、趙大洲、鄧豁渠、羅近谿、何心隱等泰州學派的代表人物，視爲「雲龍風虎，各從其類」，一代高似一代的英雄人物。李贄雖受泰州學派影響很大，但卻不囿於泰州思想，而獨能吸收泰州重視百姓日用之道及平等的思想，擺脫泰州派人物如王艮等人受儒家思想之束縛，創造出反對傳統，追求獨立自主的進步思想。

李贄身處人文薈萃，羣賢聚集的南京，除了聽人講學，吸收新知外，自己也聚徒講學，他的講學強調證驗，反對空談，重視學而必思，思而後行，他認爲在實踐中去體會才是真知。其摯友焦竑在《焦氏筆乘》卷四〈讀書不識字〉曾記此事。李贄任職南京最後一年在友人勸誨下，翻閱佛書，究心生死之門而有了大突破，這也是其人生重大的轉折。此後佛學對他的影響越來越深，有關佛學的文章也日益增加。他在〈聖教小引〉中說明初讀佛書的經過「並慶幸于生死之原窺見斑點」，乃重新研究《大學》、《中庸》的道理。總之，李贄在南京六年，曾晉見王龍溪、羅汝芳等大師，又師法王艮，銳意王學，鑽研佛學，進德修業，精進不已，卒使其思想逐漸融通，他的三教合一思想大抵也在此時完成。李贄在南京的另一大收穫是獲得兩位重要知己：一爲焦竑，一爲耿定理。焦竑是耿定向的門生，也是明代的大學者，經、史、子、集無不貫通。性情剛直，與李贄相近，只是焦竑較爲保守，沒有李贄那種激烈反傳統的抗爭精神。二人相識後，遂爲至交，李贄許多作品如：《焚書》、《藏書》等。都有焦竑的序，二人相交，直至「以死相許」，甚至李贄臨終立下遺言，指定墓碑也要由焦竑題字。而耿定理則是明代著名的理學家，也是道學家耿定向的弟弟，個性較溫和，與李贄思想相近，氣味相投，二人成了莫逆之交。並爲李贄與耿定向衝突的調理人，對李贄一生幫助很大。即使在耿定理死後，李贄仍對他懷念不已。他在《耿楚倥先生傳》說：「然使楚倥（耿定理的字號）先生還在，則片言可以折獄，一言可以回天。」又何必等到與耿定向鬧到僵化難解才察覺呢？……對耿定理的追念歷久彌深。

神宗萬曆五年（一五七七年）李贄出守姚安知府，知府爲四品官，這是他一生做過最大的官，也最能表現政績，展現自己的施政理念。李贄前往姚安途中，路過黃安，往會耿定理，並認識他的哥哥耿定向。知心好友，久別重逢，相談甚歡，倍感溫馨，李贄遂有棄官留住的想法。但耿定向（天台）看到李贄囊篋蕭然，就勸他去就任。限於旅費，本想把家留在黃安，但因妻子堅持同行，就把女婿、女兒託付耿定理，並約定三年後回來共同參禪論道，同登彼岸。耿定理乃牢記共同的約定，「教戒純夫學道甚緊」，並視莊純夫如己婿。李贄到了姚安，正值姚安兵後，滿目瘡痍，悲天憫人之心油然而生。他在姚安府楹柱上題上兩聯：「從故鄉而來，兩地瘡痍同滿目。當兵事之後，萬家疾苦總關心。」「聽政有餘閑，不妨甓運陶齋，花栽潘縣。做官無別物，只此一庭明月，兩袖清風。」由聯語可知李贄時時關心百姓的疾苦，也間接對統治者感到不滿，因爲剛在兵事過後，人民亟待重建家園，休養生息。故李贄在姚安爲官，就採取黃老治術，一切操持以自然爲原則。對待百姓，廉潔寬和，務以德化人。並於公餘時間講學不輟。袁中道《李溫陵傳》說他在姚安當太守，政令清簡，不言而治，常到佛寺去批閱公文，看完公事就在廟堂上和名僧談虛論玄，別人都感到怪異，他卻不以爲意，默默地在推展他「因乎人」、「因情以牖民」、「恆順於民」、「不易其俗」㊵順民之情性欲望而治的政治觀點。誠如連廣橋的修築即是一例。《姚安縣志》記載：「連廣橋……明萬曆間知府李贄建。」連廣橋因橋下連水，夏秋淫雨，洪流暴漲，舟楫難行，往來者常有慘遭滅頂之虞。李贄深知民困，乃聚石爲橋，造福人羣。李贄在姚安雖採無爲而治，但政績卓著，人民無爲而自化，李元陽說他：「惟務以德化民而民以自化」㊶。而李贄的友人顧養謙也說：「先生爲姚安，一切持簡易，任自然，務以德化人……自僚屬、胥隸、夷首無不化先生，而先生無有也。」正說明李贄無爲而善治，使姚安民風淳樸，人民安樂，成爲人間淨土。李贄在姚安，雖然清廉從公，罄俸修廟學，治績斐然，他因個性剛直，故仍與上司有抵觸。〈豫約．感慨平生〉記載：「最後爲郡守，與巡撫王觸，與守道駱觸」，其中「王本下流不必道矣。」而駱與李贄最相知，同樣是有爲有守，樂學知道，能身體力行的人，而終不免和他衝突，正因爲他過於「刻厲」，「只知有己不知有人」，是一個苛刻嚴厲而堅守禮樂刑政信條的道學官員，與李贄順勢化民之政治理念相抵觸，雖相衝突，「然使余得以薦人，必以駱爲薦首也。」李贄客觀公正的心由此可見。萬曆八年，太守三年期滿，因政績卓著，本可榮昇，但李贄堅決請辭，以行動履行初來時與耿定理的約定。於是謝簿書、封府庫，準備交接，攜家帶眷向巡按劉維乞辭，劉維說：「姚安守賢者也，賢者而去之吾不忍！」㊷強欲慰留，但李贄堅辭，乃入雞足山，閱覽藏經，恣情山水，遍覽滇中勝景。李贄一生自奉清廉，撫愛百姓，《姚州志》載：「三載竟自歸，士民攀臥道旁，車不能發，囊中僅圖書數卷。」㊸「士民遮道相送，車馬不能前進。」㊹在循吏史上寫下輝煌的一頁，也為自己的官宦生涯戛然劃下完美的句點。李贄離開姚安，假道四川，出三峽，直奔湖北黃安，隨著大江東去浪濤盡，這位走在時代尖端的風流人物也結束了他二十五年的仕宦生涯。

・晚年時期——流寓著述，力戰偽學

李贄於萬曆九年（一五八一年）初夏抵黃安，住進耿定理天窩書院，每日除了與少數友人往來外，大部分時間都沉浸在子、史書中。他在〈答駱副使〉中曾提到黃安地實僻陋，但為居食方便，免受逼迫之憂，所以也只好留下。他感嘆地說：「非惟出世之學莫可與商證者，求一超然在世丈夫」也不容易得到。所以「不得不閉戶獨坐，日與古人為伴侶矣。」尤其在山中寂寞無侶時，時時取史册披閱，與古人會晤，亦樂在其中。他發現千古留芳的大聖人和遺臭萬年的大壞蛋，「其精神巧思亦能令人心羡。」㊺更何況歷史也有局限，自古以來多少歷史的寃屈，又有誰能為他們辨明洗刷呢？又有多少的投機分子，蒙混其中，「以浮名傳頌，而其實索然」㊻，這層歷史的雲霧煙塵有誰能為之撥雲去霧，掃盡塵染，而呈現歷史的真精神呢？

李贄心想，這是當仁不讓，責無旁貸的事。於是著手讀史，重新編寫歷史，務使歷史的投機客，原形畢露；受盡細摘的聖賢，重獲尊重。這本是天地間至大至剛浩然正氣的發揚，但因意見與傳統不同，又不願苟合世俗之見，因此也只有頂著「反傳統」的「異端」之名往前衝，這時期的作品就是《焚書》、《藏書》的初稿。李贄在黃安除了著史外，對於《老子》也有深入的研究，他於〈與焦弱侯書〉云：「入九以後……雪深數尺，偶一閱子由《老子解》，乃知此君非深《老子》者，此《老》蓋真未易知也。呵凍作《解老》一卷」。李贄在鑽研《老子》中深獲《老子》「治大國若烹小鮮」等政治哲學，及以簡御繁，樸實為貴的政治哲理，故為政力求清簡，為人則重適性，充分尊重個體，發揮政治哲學主體精神，不受外在的束縛。他為了擺脫傳統的束縛，故反對儒家所提倡的「君子之治」，因為「君子之治」被落實為封建倫理道德以後，已失去它原有「仁者安人」之崇高理想，而變成封建帝王箝制天下，壓榨百姓的工具。因此李贄極端反對，奮力欲衝破封建牢籠，跳脫禮教禁錮。這種思想卻被素以「孔孟」正脈自居的耿定向所不容，遂爆發耿、李之爭，最初由理念之紛爭，終至交惡，且引發其他道學家加入混戰之中。

綜觀耿、李之爭，肇因於耿天台死後，耿定向對於李贄的「超脫」感到擔心。袁中道《李溫陵傳》說：「子庸死，子庸之兄天台公，惜其超脫，恐子姪效之，有遺棄之病，數箴於公。」而耿定向〈又與周柳塘〉更明白的批評他：「卓吾之學只圖自了，原不管人，任真縱橫可也。」顯然是怕其子姪受李贄「超脫」的影響而「不以嗣續為重」㊼，及對科舉的漠視。李贄在痛失良友，正感今後實難渡日之時，又受耿定向的責難，遂負氣遷走麻城，住周思久女婿曾中野家。不久，遷居新建的維摩庵，並寫一達七千餘字的信給耿定向，逐條駁斥耿對他的指責，並揭發耿定向之虛僞面具。對於耿定向的爲人行事，剖析入微，描寫真切。其中對耿心求名利，口說仁義，口是心非的虛假行徑，深感痛惡。他反而欣賞市井小民，做什麼事，便說什麼話，毫不掩飾，真實無妄。此可知「真」與「僞」之爭是耿、李論戰的焦點所在，也是李贄判斷是非善惡的審美標準。

萬曆十六年（一五八八年）李贄年六十二，從維摩庵又搬往龍潭芝佛院，此地一住，幾近十年，潛心著述，著作等身。然而這段期間，煩擾事端也層出不窮，如與耿定向關係的惡化，復於著書談道之餘，招收女弟，甚至爲忘卻喪妻與喪子之哀，解除脾病之痛，恣意所適，到處從眾攜手聽歌，因而「出入于花街柳市之間」㊽。這些作爲皆爲當時保守的社會所不容，故受謗之聲也隨之響起。但李贄也不甘示弱，針鋒相對提出一些無情的批評，並肆意地嘲諷傳統道學的保守迂闊，虛僞矯情。李贄一生至此，飽經憂患，先是仕途坎坷，常與上司抵觸，而後二女、三女餓死共城，三年前獨子又溺斃龍潭，去年逝妻，一連串的不幸，縱有鐵石心腸，豈不摧折？因而在今年，李贄去掉三千煩惱絲，落髮出家，他在〈與曾繼泉〉中說出他落髮出家的理由，正是對家族中一些閒雜人逼他回去的反彈，也是對那些無見識的人「共以異端目我」㊾，發出倔強的怒吼，「以成彼豎子之名」㊿，以免那些人以虛名加我。兼此數種痛擊，又感人生之空寂，故毅然落髮，了斷塵緣。

李贄雖然落髮，但其胸中塊壘未除，反道學的決心絲毫未減，只是他將這種反抗傳統的意志投入寫作中。他落髮不久，即完成第一部著作——《初潭集》。李贄在書序說明《初潭集》之命名，乃初落髮龍潭即纂此。全書以儒學爲正統思想，除了猛烈的批評假道學家，並反映出他追求「出世」，企求悟得「本地風光」，以抵「彼岸」，「早證無生之樂」㉛。《初潭集》完成後，李贄仍終日讀書，孜孜不倦，繼續編著《藏書》、《焚書》、《説書》等。李贄於〈答焦漪園〉中提及：年來有書三種，惟《藏書》是「繫千百年是非」，書中人物約八百人，算是長編鉅著。還有一種「專與朋輩往來談佛者」，名曰《李氏焚書》，因爲多「因緣語」、「忿激語」，怕看到的人驚怪，所以取名「焚書」，取其當焚而棄之之意。另外《藏書》也是該藏諸名山，以待後之來者，不合公諸於世的。而《説書》雖是讀書雜記，亦甚可觀，「其立論多出前人所未有」㉜。這些書都足以令人一新耳目，甚至爲驚世駭俗之作，頗具有強烈的震撼力。因此萬曆十八年（一五九〇年），《焚書》首次在麻城印行，雖然李贄於序文中説明本書是答知己書問，所言皆能切中時弊，中其痼疾，但也觸犯道學家的隱痛，因書中所輯有與耿定向論辯事，彼此交鋒，咄咄相逼。於是激怒耿定向，並使「胥天下之僞學者，莫不膽張心動，惡其害己，于是咸以爲妖爲幻，噪而逐之。」㉝耿定向受激後，乃作〈求儆書〉，發動學生羣起而攻之。故次年就有蔡弘甫《焚書辨》，極力攻擊李贄。這股勢力與僞道學家合流，對李贄極端誣陷與反撲，而以耿爲首的僞道學者更採取強制驅離手段來對付他。在捕曹吏急緝下，風聲日緊，李贄只有暫遁衡州，入武昌，客居城外洪山寺，又受耿定向的門徒以「左道惑眾」㉞而圍逐他。

李贄在武昌受逐被圍事，傳到湖廣布政使劉東星耳裏，劉親詣洪山寺造訪，並邀李贄至官署，嚴加保護。劉東星對李贄只是久聞其名未見其人，只知他棄官家，隱居龍湖，也聽到有人批評他。但他半信半疑，本來想去拜會，因路途太遠而不可得，這次利用袁宏道陪李贄住洪山寺的機會，特地前往會面。一見面後，劉東星對李贄頗爲敬佩，他在〈書明燈道古錄後〉說：「然後知其果有道者，雖棄髮，蓋有爲也，嗟呼！此身若棄，又何有于家，何有于官乎？乃區區以形跡議之，以皮毛相之者，失之遠矣。」劉東星看李贄不以外在的形跡批評他，也不從膚淺的表層去看他，而能透視其內心與學養，發現他心地的善良與人格的崇高美。因此，他在李贄身處危難之際，毫不忌諱，挺身相救，並延聘回家，朝夕請益，而有相見恨晚的遺憾。李贄也能知恩圖報，在劉東星赴保定任巡撫時，賦詩贈之，以申謝忱。詩云：「季心何意氣，夜半猶開門。幸免窮途哭，能忘一飯恩。」[55] 對於劉東星能仗義竭誠相救，使他免於窮途末路，表示感激不盡，畢生難忘。

萬曆二十四年（一五九六年），李贄七十四歲，本擬應劉東星邀請前往山西上黨，臨行之前，湖廣按察使司簽事史旌賢，揚言以「大壞風化」之名要將他趕出麻城，李贄聽說後，決定面對現實，暫不離開。他在〈與城老〉的信中說：「聞分巡之道欲以法治我，此治命，決不可違也。……寧受枉而死以奉治命，決不敢僥倖苟且以逆治命，是的也。」[56] 信中透露出李贄雖受寃枉，但仍謹守法令，無異給那些不合法的迫害行動一個無言的抗議。因爲史旌賢是耿定向的門生，曾蒙師恩拔擢，是知這次行動又是假道學家對李贄的迫害。李贄非但不遠走高飛，避難山西，反而留下來，以示堅決抗爭到底的決心，其倔強性格，真是死生不渝。誠如他在信中所說：「大抵七十之人，平生所經風浪多矣。平生所貴者無事，而所不避者多事，故寧義而餓，不肯苟飽，寧屈而死，不肯倖生。」其孤高絕俗的人格與堅強不屈的精神，說明了他是一個不畏強權，不怕壓迫的大丈夫。

此時耿定理之子耿汝念，也函請李贄到黃安，贄也擬往，但他再三考慮，現在去未免有瓜田李下之嫌，怕人家誤以爲他是「專往黃安求解免也。」㊼所以也就暫時不去，他並於信中宣示「丈夫在世，當自盡理」，因爲他自六、七歲喪母後，至今七十，都是單身度日，獨立過時，雖然受到人佑或人助，但都是不求自來。他說：「若要我求庇於人，雖死不爲也。」自古以來大丈夫、好漢都是如此。

同時對於生死問題，他也提出個人的領悟。他說：「蓋人生總只有一個死，無兩個死，但世人自迷耳。」以示自己不怕死，不畏勢，不求人助的決心。李贄與封建舊勢力搏鬥，時時表現出堅忍果敢，至死不屈的大無畏精神。這種精神動力的泉源來自何處呢？蓋他乃以正氣自居，以打破封建枷鎖爲快，故特別厭惡貪鄙虛假的假道學。因此，他能發人所未發，能言人所不敢言而不得不言者，雖然因此而冒犯權貴，惹上是非，甚至赴湯蹈火，也在所不辭，其間所依恃就是一份天地間長存的正氣之發揚。他曾自豪地說：「蓋自量心上無邪，身上無非，形上無垢，影上無塵，古稱『不愧』、『不怍』，我實當之。以取滅亡之禍歟？」㊽這篇文字可以說是李贄以「正義」、「正兵」自居的戰鬥宣言。也正因爲反躬自省，自認「無邪」、「無非」、「無垢」、「無塵」，可謂俯仰無愧之好漢；也是「富貴不能淫、貧賤不能移、威武不能屈」的大丈夫。因此他更充滿自信地高舉著正義之旗，堅信「正兵在我」，無懈可擊，誰敢攻擊他，必會自取滅亡。因此他對抗以耿定向爲首的道學家之迫害時，始終能堅守信念，寧死不屈。他在《續焚書》卷一〈與耿克念〉的信中特別說明：「如果要以法治來辦我可以，如果要以此來嚇我那是辦不到的。蓋有罪的人，壞法亂治，依照法律而誅殺他可也，我若求饒，也就不是李卓吾了。如果只是要嚇跑我，這是把破壞法律的人移到他處去毒害別的地方。這是很不仁道的行爲啊！」這段話正是李贄對自己無罪而被迫害的辯駁。蓋他認爲如果自己違法，雖被誅殺也沒有遺憾，但若無罪而被侮辱，則是寧死不屈的。誠如他說：「故我可殺不可去，我頭可斷而身不可辱。」是非的論，已很明白，這正是李贄堅守正義、法治的自我表白，也是給那些企圖脅迫他，威嚇他的不法之徒當頭一棒。

萬曆二十四年（一五九六年）秋，劉東星遭父喪，派遣其子劉用相至麻城迎接李贄到江西坪上村。村中人口不到數十戶，頗爲岑寂。李贄幽居山村，由秋至春，將近一年，終日閉戶讀書，手則不停鈔寫，劉東星〈書明燈道古錄後〉讚美他「雖新學小生，不能當其勤苦也。」而這時劉東星與子用相，姪子劉用健等人，也與李贄夜夜相對，請教《學》、《庸》等問題，最後整理成《明燈道古錄》。

萬曆二十五年（一五九七年）春，李贄接受大同巡撫梅國楨的邀請，從坪上村轉往大同作客。路過太原，面對晉陽古城，興起思古之幽情，寫下〈晉陽懷古〉詩：「水決汾河趙已分，孟談潛出問三軍。如何智伯破亡後，高赦無功獨首論。」當年智伯帥韓、魏軍攻趙，引汾水灌其城，趙國人心大亂。在內憂外患夾攻下，趙襄子乃夜使相國張孟談私和於韓、魏，共同聯合攻智伯，救了趙國。但是襄子行賞，獨厚高赦，因爲他在趙國危急，君臣皆懈怠時，「惟共（赦）不敢失臣禮。」[59] 李贄爲張孟談抱屈，並對高赦無功而受祿，感到不齒。其關心國事，重視事功的心，由此可見，其中微言諷刺朝廷不能用人才，使賢者在位，能者在職。蓋明代的邊患至此時更加嚴重，東南有倭寇，北有韃靼、瓦剌頻頻入侵，若不重用賢能的人，以安内攘外，建功立業，則邊患何時可休？

李贄由太原繼續北行，途中過雁門，寫下兩首詩：「盡道當關用一夫，昔人曾此扞匈奴。如今冒頓來稽顙，李牧如前不足都。」又云：「千金一劍未曾磨，陡上關來感慨多。關下人稱真意氣，關頭人說白頭何？」前首借李牧戍守雁門，一夫當關，萬夫莫敵，使匈奴不敢來犯，來歌頌戚繼光鎮守西北邊疆，屢挫俺答，使俺答被迫談和，解除邊患。後首則羡慕古人功業之不朽，而嘆自己年華老去，遺憾不能爲國立功。李贄跋山涉水，風塵僕僕的趕到大同，與梅國楨談禪論道，飽覽北國風光，生活極爲愜意，此中並著兵學大作《孫子參同》一書。

萬曆二十五年（一五九七年）秋，李贄回到北京，寓居西山極樂寺。袁宏道聞訊趕來探視，李贄欣喜異常，賦詩說：「世道由來未可孤，百年端的是吾徒。」並鼓勵宏道力爭功名，開創仕途。李贄在極樂寺雖只短短四、五個月，但又寫了《淨土訣》三卷，對於念佛的方法頗有開發。

萬曆二十六年，李贄在焦竑的奉迎下，抵達南京，這時方伯雨攜家前來就學，李贄因與方伯雨日夜讀《易》毫不間斷，而馬伯時也每天都去請教，常常討論到夜半時分，由汪本鈳記錄，寫成《易因》一書。取名「因」乃是「取其端而猶未盡也。」⑥⓪而著此書的用意，是要引導人「窺自性之易，若只書上面研窮，非究意也。」（同上）。後來李贄雖生病，仍然不忘刊此書，成爲《九正易因》。

李贄在南京期間，除了作《易因》、《永慶問答》二書外，尚編有《老人行》、《睽車志選錄》、《王龍溪先生文錄》等書。且於南京最後一年，又刊其史學鉅著——《藏書》。此書不論自史料的剪裁，人物的分類、批評、夾註、論贊皆有異乎傳統的獨特見解。誠如：「不以孔子的是非爲是非」、以秦始皇爲「千古一帝」，說項羽是「千古英雄」，盛讚卓文君爲婚姻自主等，皆能震聾發聵，一鳴驚人，在沉寂的封建暗夜掀起巨浪，影響至鉅。是以李贄非常重視本書，把它當作「此吾精神心術所繫，法家傳爰之書。」

李贄重返南京，另有一件值得記載的事，是三次會見利瑪竇，他對利瑪竇的印象是「中極玲瓏，外極樸實」[61]，在數十人羣聚喧雜的場面中能酬對自得，真是一位不亢不卑，文質彬彬的人才。李贄與利瑪竇相見後，當面送給他兩把扇子，並題詩於上。對利瑪竇的思想也大致肯定，命人將利瑪竇的〈交友論〉抄寫數份，寄給門生參閱。而《利瑪竇傳》對李贄也有評語：「他的許多同時代人，認爲他是一位行爲古怪，固執己見，粗暴無禮的人，可是，在耶穌會士們爲獲准在北京享居住權的各項談判中，他卻顯得極爲『深謀遠慮』，並富有經驗。」[62]利瑪竇對於一般人對李贄的看法——古怪、固執、粗暴無禮的異端形象，並不以爲然，反而讚美他是一位有遠見、閱歷豐富的人。

萬曆二十八年（一六〇〇年），李贄隨劉東星至山西濟寧漕署，在此致力於《陽明道學鈔》的編錄。李贄在序中說：「今歲庚子元日余約方時化……暫綴《易》過吳明貢家，而明貢書屋有王先生全書，既已開卷，如何釋手。」李贄在不惑之年爲友人李逢陽、徐用檢引導，初識王龍溪、陽明先生書。乃知得真人不死，與仙佛一樣。於是崇信王學，景仰王陽明，現在吳明貢家看到《王陽明全書》，如獲至寶，愛不釋手。讀完全書，發現王陽明足以繼孔子之後，其學實由讀《易》而來，實爲有本之學也。因此，李贄在寫完《易因》後，即令弟子汪本鈳校抄《王陽明全集》，自己則專心抄寫《王陽明先生年譜》，一直抄到來濟寧才繼續抄完。當二書出版時，李贄高興的說：「此書之妙，千古不容言。」[63]。李贄居濟寧，不但完成上述二書，也繼續改正《易因》，窮究聖心，甚至把夜夜讀《易》，視爲千古快事。汪本鈳在〈卓吾先師告文〉中說他跟隨李贄九年「見師無一年不讀《易》，無一月不讀《易》，無一日無一刻不讀《易》。」爲了讀《易》至於廢寢忘食，必見三聖人之心才停止。李贄對《易經》專心研究，窮年不休，終於在萬曆三十年完成《九正易因》，這也是他一生最後一部作品。

李贄寓居濟寧數月，於夏秋之間重返麻城，著述談道，門人日多，名亦隨之，無奈假道學者從中作梗，並與當地反梅國楨者共同勾結地方官吏，捏造「僧尼宣淫」的謗言，以便假「維持風化」之名，行「逐游僧、毀經寺」之實。此舉不但摧毀龍湖，拆散芝佛院，更擬將李贄繩之以法。楊定見事前設法收留他，而後避居河南商城縣黃蘗山中。友人馬經綸曾入山會見李贄，讀《易》四十日，自覺受益無窮，並說：「弟不至此，直虛過一生矣。」[64]難怪他一聽李贄被逐，立即趕至黃蘗山中，隨身護持。

萬曆三十年（一六〇二年），李贄寓居通州馬經綸別墅，在病中一面修正《易因》，二月五日修正完成，命名《九正易因》。但此時病情也加重了，乃遺言付僧徒，希望死後以回教禮葬之。真是其生也反傳統，死也異乎傳統。閏二月廿二日，禮科都給事中張問答秉承首輔沈一貫的旨意，疏劾李贄，他說：「李贄壯歲爲官，晚年削髮，近又刻《藏書》、《焚書》、《卓吾大德》等書，流行海內，惑亂人心。尤可恨者，寄居麻城，肆行不簡，與無良輩游于庵院，挾妓女，白晝同浴。勾引士人妻女，入庵講法……。」對李贄極盡汚蔑、抹黑之能事。真是欲加之罪，何患無辭？馬經綸乃義正辭嚴的寫了〈與當道書〉，極力爲李贄辯護。他認爲：「夫使誠惑世而宣淫也，天道不容，國法不貸，即殺此七十五歲老翁以正一方之風化，此正豪傑非常作用，弟且爲聖門護法慶矣，又何疑於驅逐乎？」信中馬經綸層層辨析，言辭剴切，一針見血地揭穿假道學家叵測的機心，公開指出「彼蓋藉宣淫之名，以醜詆其一鄉顯貴之族（指梅衡湘），又藉逐僧毀寺之名，以實其宣淫之事。」馬經綸毫無忌諱地指出此事是麻城士大夫相傾軋，主要在打擊梅衡湘，因此，他挺身爲李贄辯護並不是爲他護短、遮醜，而是說明李贄被誣的真象。又說「評史與論學不同，《藏書》品論人物不過一史斷耳。即有偏僻，何妨折衷，乃指以爲異邪！」爲李贄的異端辨誣，認爲這只是個人對歷史人物的看法不同而已，這些是可以共同商榷的，何必硬是指摘他爲「異端」呢？況且被指爲異端的僞學之禁，在宋已有朱熹，本朝也有王陽明，他們最後不都平反嗎？而蘇軾的文章，當時也有斥以爲非的，甚至也有官府下令毀板，不准世人傳習，而後「朱學大行，比於五經，而蘇文之盛，至家戶傳誦。」[65]馬氏視李贄爲「百世以俟聖人不惑之人也。」所以自然難諧於世人，馬經綸又從「素行」方面來爲李贄辨誣，他在〈與李麟野都諫轉上蕭司寇〉說：「卓吾先生之素行何如也，宦游二十餘年，一介不取，清標苦節，人所難堪，海內薦紳，誰不慕說。」馬氏除了盛讚李贄，並反諷那些貪婪、好色、諂媚、自私的官吏，面對李贄，能不慚愧嗎？

或因馬經綸的申辯，使冤情日明，大金吾也難以具體的罪狀定罪。袁中郎〈李溫陵傳〉記載：大金吾審問李贄說：「若何以妄著書？」李贄回答說：「罪人著書甚多，具在，於聖教有益無損。」其倔強性格與維護聖道的心，至死不易。這與他獄中詩〈書能誤人〉：「可生可殺曾參氏，上若哀矜何敢死！但願將書細細觀，必然反覆知其是。」前後相參照，更可知李贄著書立說之初衷，是想打破封建窠臼，開示沉溺在虛僞的俗套中而執迷不悟的鄙陋官員；點醒受封建箝制而昏迷、麻木的人心。期望封建統治者高擡貴手，給人民基本生活的需求，而人民也能恪守崗位，盡忠行義，使國家富強，人民安樂，這就是李贄衷心的期待。只恨世人不能體會其用心，遂於塵世爭擾中把問題複雜化，而終於使李贄被迫走上異端的不歸路。這條路雖然一路風雨交加，坎坷難走，但是對李贄來講可說是求仁得仁的明智抉擇，又有何怨？他在臨終的獨白〈不是好漢〉詩說：「志士不忘在溝壑，勇士不忘喪其元。我今不死更何待，願早一命歸黃泉。」可知他以志士、勇士自許，並已置生死於度外，甚至以死爲解脫。所以他在獄中聽到被刺發原籍的消息後，深感羞愧，他說：「我年七十有六，死耳，何以歸爲？」三月十五日，李贄叫來侍者剃髮，侍者離開時，便持刀自割喉頭，兩天都還沒斷氣，侍者問：「和尚痛否？」贄以指書其手曰：「不痛。」又問曰：「和尚何自割？」書曰：「七十老翁何所求？」遂絕[66]。這種超脫死亡的悲情，是參透莊子「本無生」、「本無形」、「本無氣」死生若一之理後，所呈現出內心的澄美世界，在回答侍者「不痛」、「七十老翁何所求」等辭語中，我們隱約看到一個忍辱負重的長者，已從人間的苦難中獲得解脫。直趨《金剛經》：「無我相、無人相、無眾生相、無壽者相。」以及無嗔怒心的永恆之境。這與歌利王截肢以成就忍辱之道，正有同樣崇高偉大的殉道精神。

①馮夢龍《古今譚概・貪穢・錢癆》。
②《條麓堂集》卷二十三。
③《古今圖書集成・職方典》卷一二四九。
④《續焚書》卷二〈三教歸儒說〉。
⑤《廿二史箚記》卷三十二〈明祖晚年去嚴刑〉。
⑥《二十七松堂集》卷一〈明太祖論〉。
⑦《明史》卷二八二〈儒林傳〉。
⑧《白沙子全集》卷二〈復趙提學僉憲〉。
⑨《明儒學案・姚江學案》。
⑩《王陽明全集・與王純甫》。
⑪《明儒學案・泰州學案》。
⑫《爨桐集・辨無欲》。
⑬李贄先人姓林或李，說法不一，《清源林李宗譜》、《鳳池林李宗譜》主林為本姓。《李氏族譜》則主李為本姓，但二派皆承認十九世祖睦齋公為林李二姓的共同始祖，林海權《李贄年譜考略》頁四七五，故有林李同宗之說。
⑭《清源林李宗譜》。
⑮〈李卓吾的家世故居及其妻墓碑——介紹新發現有關李贄的文物〉，《文物》，一九七五年第一期。
⑯《林李宗譜》。
⑰李贄族人從商的尚多。參見張建業《李贄評傳》頁二二一。
⑱高映：《雞足山志》卷六〈名賢〉。
⑲《焚書》卷三〈卓吾論略〉。
⑳《焚書》卷三〈雜述〉。

㉑《焚書》卷三〈三蠢記〉。
㉒《續焚書》卷五〈石潭即事四絕〉。
㉓《焚書》卷三〈卓吾論略〉。
㉔《焚書》卷三〈卓吾論略〉。
㉕《李溫陵全集》卷十一〈易因小序〉。
㉖耿定力〈誥封宜人黃氏墓表〉。
㉗《焚書》卷三〈卓吾論略〉。
㉘《焚書》卷三〈卓吾論略〉。
㉙《泉州府志》卷七十三〈紀兵〉。
㉚〈卓吾論略〉。
㉛〈卓吾論略〉。
㉜〈卓吾論略〉。
㉝〈卓吾論略〉。
㉞〈卓吾論略〉。
㉟《焚書》卷一〈答鄧明府〉。
㊱《左派王學》第四章〈李卓吾與左派王學〉。
㊲〈卓吾論略〉。
㊳《明儒學案．泰州學案三》。
㊴《續藏書》卷二十一〈侍郎儲文懿公〉後論。
㊵《焚書》卷三〈論政〉篇。
㊶〈姚安太守卓吾先生善政序〉。
㊷《焚書》卷二〈附顧沖老送行序〉。

㊸《姚州志》卷四〈名宦〉。
㊹光緒修《姚州志》卷五。
㊺《續焚書》卷一〈與焦弱侯〉。
㊻同上。
㊼《焚書》卷一〈答耿司寇〉。
㊽《李溫陵集》卷四，頁二〇一。
㊾《焚書》卷二〈答焦漪園〉。
㊿《焚書》卷二〈與曾繼泉〉。
51《初潭集》卷四〈夫婦論〉。
52祝世祿《環碧齋尺牘》卷二〈與游麻城朋孚〉。
53錢謙益《列朝詩集》閏三。
54《焚書》卷二〈與同友山〉。
55《焚書》卷六〈寓武昌郡寄真定劉晉川先生〉。
56《續焚書》卷一。
57《續焚書》卷一〈復耿克念〉。
58《續焚書》卷一〈與周友山〉。
59《史記．趙世家》。
60《李溫陵外紀》卷三〈與方子及論易因〉。
61《續焚書》卷一〈與友人書〉。
62美．喬納森．斯彭斯著，王改華譯《利瑪竇傳》頁三三二，西安人民出版社，一九九一年八月。
63《續焚書》卷一〈與方伯雨〉。
64《李溫陵外紀》卷四〈與當道書〉。

⑥⑤ 馬經綸《李溫陵外紀・與周礪齋司業》。

⑥⑥《珂雪齋集・李溫陵傳》。

二、李贄的思想

1 李贄反孔嗎？

明代建國後，朱元璋深感武將只是決勝負於兩軍之間，儒生則能通曉治平之術，因此特別重用儒生。爲了表示尊儒，乃詔封孔子後裔，賦予他們種種優待。因爲朱元璋能重用儒生，爲後代立下規模，故有明一代「文教特盛，大臣以文學登用者，林立朝右。」①可惜這一切只爲了加強思想控制而已，朱元璋設國子學及科舉取士，限定太學要以朱子爲宗，令學者非四書五經不可讀；非濂、洛、關、閩之學不必講。科舉也以四書五經爲標準本。因此，儒學雖經大力提倡，孔子也備受尊崇，但最後卻因儒士一心只爲通過考試，取得功名利祿，攫取富貴。並不重視「博學」、「審問」、「愼思」、「明辨」、「篤行」等術德兼修的重要功夫，因而學植荒疏、虛僞矯情、自私自利、貪婪成風，完全喪失了孔子精神的本色。雖然明世宗嘉靖九年詔封孔子爲「至聖先師」，給予最高的尊榮，但仍無法改善那些俗儒、陋儒對孔子的真正了解。李贄不忍見這些人假孔子之聖名，藉宏揚孔孟之道，陰圖一己之富貴，於是大肆批判，痛擊假道學家。在至情義憤的激情下，打落了孔子被神化的光環，還給大家一個真實的孔子。

其實，孔子的思想在孟子時已被神聖化。孟子說：「予觀於夫子，賢於堯舜遠矣。」「自有生民以來，未有孔子也。」把孔子推向神聖的殿堂。到了漢代，董仲舒罷黜百家，獨尊儒術，並進一步把儒家思想落實爲封建統治者控制人民思想的工具，使儒家兼具權威性，於是後人敢於批評孔子者也就更少了。其中雖有東漢王充〈問孔〉篇，不顧朝野上下盲目崇孔的風氣，對孔子進行非難。唐代劉知幾《史通》也有〈疑古〉、〈惑經〉的篇章，對聖人也起了懷疑。宋代自歐陽修著〈易童子問〉，疑傳疑經風氣，更瀰漫兩宋。明代王陽明有「夫學貴得之心，求之於心而非也，雖其言之出於孔子，不敢以爲是也。」② 敢於向孔子的神聖地位挑戰。以上各家，雖然反對世俗盲目崇信孔子，迷信儒家，但在封建威權的護法下，也僅能點到爲止，不敢任意發揮。只有李贄敢宣稱「咸以孔子的是非爲是非，故未嘗有是非耳。」③ 又於《焚書》卷一〈答耿中丞〉中說明天生一人有一人的用途，不待取給於孔子，就能自足。「若必待足於孔子，則千古以前無孔子，終不得爲人乎？」可知李贄是從根——人的本性圓滿自足處，來否定孔子的神聖權威。並因此而論定孔子也有時代的局限性，如果都以孔子的是非爲標準，也就沒有屬於當代的是非標準，這就徹底否定了孔子的絕對權威。把孔子從神聖而不可測的神化境界中，還原到人間的本來面目。正因孔子也是人，所以具有人性、人欲，同樣要穿衣、吃飯，李贄在《明燈道古錄》中就極力闡明此理，並再三呼籲世人「勿高視一切聖人爲也。」又於〈贊劉諧〉中直呼孔子爲「仲尼兄」，譏諷道學家「天不生仲尼，萬古如長夜」的淺陋。由是可知，李贄是中國歷史上第一個徹底反對盲目崇拜孔子的人。

雖然李贄反對盲從孔子，但他卻沒有全盤否定孔子，反而非常尊崇孔子，肯定他的道德與功業。李贄推崇孔子可說多方面的：

㈠聖德：李贄遊曲阜，乘興晉謁夫子廟，登杏壇，入林中，見檜柏參天，飛鳥不敢棲止。其中尤以刺草不生，棘木不長，更令他不禁驚嘆地說：「豈聖人之聖真能使草木皆香潔，鳥鵲不敢入林窠噪哉！至德在躬，山川效靈，鬼神自然呵護。」④對孔子聖德，歌頌不止。直謂山川效靈，神鳥共應，草木爲之香潔，鬼神自然呵護。

有鑑於孔子之聖德大度量，福蔭子孫，李贄乃謂：「夫孔夫子去今二千餘歲矣，孔氏子孫安坐而享孔聖人之澤……歷周、秦、漢、唐、宋、元以至今日，其或繼今者萬億劫可知也。蓋大聖人之識見度量總若此矣，而又何羨於佛，於釋迦乎？」李贄尊孔，愛屋及烏，認爲子孫坐享孔子之澤，是情理所當然，而且可繼續享受千萬年，可見李贄心目中的孔子是一個有至聖之德的人。他於《藏書．德業儒臣．孟軻》中說：「嗟呼！世無孔子，則古今天下真無是非。」又在《明燈道古錄》說：「吾以謂千古可以語至聖者，夫子也。」可爲明證。

㈡不執定見：孟子稱孔子爲「聖之時者也。」即是美孔子能知通變，李贄對此也讚美有加，認爲孔子善言性而不執著於一說，是爲「萬世之師也宜也。」⑤又謂孔子好古敏求，學而後知，其言行舉止，能因時制宜，「分明是舜以下聖人之舉措也。」

㈢超脫名利：名韁利索，人所難脫，但李贄在《續焚書．復李士龍》說：古今能夠超然於名利之好，不與名利作對的人，釋迦佛三大聖人。對於孔子能超脫名利，頗表佩服，故尊爲

「聖人」。《焚書．何心隱論》中稱讚孔子是出類拔萃的人，首出庶物的人，「爲魯國之儒一人，爲天下之儒一人，萬世之儒一人也。」對於孔子以天下爲家，爲天下謀利而不謀私利，極表尊崇。

㈣惜才：李贄在〈寄答京友〉中感嘆人才之難得，而知才者更難得。但對孔子的知才、惜才，頗爲欽佩。他說：「孔子惜才矣，又知人之才矣，只可惜『不當其位』」。對孔子有才、惜才、知才，而不得其位深感惋惜。由上可知，李贄對孔子的真心禮讚，是至高無上的，難怪他在《藏書》中，將漢代的孔子十三、四孫孔霸、孔光與宋代程頤、張載、司馬光、朱熹等大理學家編入〈德業儒臣〉的〈儒臣傳〉中。又編《初潭集》時，也是謹守孔門四科，並以「德」爲首。在《續焚書》卷四〈題孔子像於芝佛院〉中，除了肯定孔子爲「大聖」外，並且從衆在院內供奉孔子像。足見他幼時在父親的栽培下所撒播的儒學種子，已成爲他一生思想的大樹。這與他一向主張三教歸儒的思想是一致的。

李贄尊孔的思想，尚可由其他方面看出。有一次，李贄弟子汪可受探望他時，當時李贄「以儒帽裹僧頭，迎揖如禮」，汪可受很驚訝地問道：「何恭也？」李贄回答說：「吾向讀孔子書，實未心降，今觀于《易》而始知不及也，敢不知禮。」⑥可見李贄對孔子的敬佩是心悅誠服的。這與馬經綸爲李贄辯護時說他「樂聖人之道，詮聖人之語。」⑦以及他在接受大金吾審問時自言其著作對聖教「有益無損」，可以相互印證。更可知李贄一生自幼習儒，長大後著書立說，無非爲宏揚聖教而努力，其尊孔之心，昭昭可鑑。只因他的思想不拘於鄙陋的時代思潮，不容於虛僞的社會風氣，不苟合於腐儒墨吏的自私貪婪。因此，爲了追求個性的解放，個體的獨立，李贄不得不奮力一搏，以自己的血淚，衝破堅厚密實的封建樊牢，也因此而得罪那些抱殘守缺，故步自封的道學先生。最後假道學辯不過，壓不住李贄，便用謠言中傷，政治恫嚇，甚至誇大事實，羅織罪行，給李贄亂扣帽子，逮捕入獄。而李贄從此也就背負「妖人」、「怪物」、「名教叛徒」的惡名。

度過了大清王朝的黑暗時期，一直到五四以來，在新民主、新科學，風起雲湧；新思潮、新文化，洶湧澎湃，學術自由終於獲得解放，李贄也因此得以卸下沉重的反封建之歷史包袱，走入人羣，接受掌聲，成了進步的思想家。由周作人在〈讀《初潭集》〉中，把李贄列爲中國思想界的三賢之一，並且說：「三賢中唯李卓吾以思想得禍，其人似乎很激烈，實在不盡然。據我看去，他的思想倒是頗和平公正，只是世間歷來的意見太歪曲了，所以反而顯得奇異。」這也就是李贄獲罪的真正原因。李贄是尊孔？抑是反孔？是孔子「護法」？或「異端」？「妖人」？或「賢人」？我想時間是公正的裁判！從周作人的評論中，我們喜知李贄已走出歷史的雲霧中，得見青天朗月，如果李贄地下有知，也將會心地微笑。

2　李贄為何反「假道學」？

李贄文章中所批評的「道學家」，其實是指假道學，酸道學；所批判的「儒學」是指俗儒、迂儒、腐儒、陋儒等人。蓋儒學在明代後期可謂形存而實亡，儒學的真傳，也就是孔子的真精神——惟微的「道心」已蕩然無存，而只有「人心惟危」的無限的擴張，致使人心浮靡，物欲橫流，假人假事，充斥世間。然在舉世皆「虛假」之中，獨有覺醒者——李贄，因看不慣那些迂儒陋吏滿口仁義道德，內心競相爭權奪利；也憐憫百姓在窮苦困頓的生活中，徬徨無助。因此生性好潔、耿介絕俗的他，為正本清源，乃針對社會危亂，人心偽詐的禍首——假道學家，大肆批判，猛烈攻擊。希望能改造社會，淨化人心，使民富國強，這就是李贄反假道學家的動機。前節講到李贄非常尊孔，但他卻反對盲目尊孔。而這些假道學家就是盲目尊孔的典型，因此李贄特別厭惡。事實上李贄反儒學與尊孔並沒有矛盾，因為他認為這些道學家並不能真正繼承孔子學說，而只是拿著孔子做招牌，作為謀取功名利祿之掩護而已。因此，李贄在〈三教歸儒〉中說：「自顏氏沒，微言絕，聖學亡，則儒不傳矣。」將韓愈〈原道〉中所主張的孟軻死後，道遂不傳，更提早了二〇一年。李贄以顏淵的死，作為道的中絕點，可見他對「道」的肯定是在於「德」，因為在他看來，如果沒有「德」性之知，則一切道理聞見都是假的，反而會障礙人們的真心。

因此，他認為後人學孔子，其實都未能知聞孔子「一以貫之」之道。大多數人都是盲從父師，因襲前說，學孔子，但卻不知孔子精神之真諦。他在《焚書．與焦弱侯》說：「更可笑者，一生學孔子，不知孔夫子道德之重，足以庇蔭後人，乃謂孔林風水好，足以庇蔭孔子，則孔子反不如孔林矣。」明白地點出迂儒的迷信無知。李贄修習儒學也有親身的體驗，他在〈聖教小引〉中說他自幼讀聖教卻不知聖教，尊敬孔子但不知孔子何以可尊？就像「矮子觀場，隨人說妍，和聲而已。」可見一般人學孔子，要了解孔學真義，若不用心體會，並且躬行實踐，可能一輩子也不了解。

李贄對於儒學的真正了解，也是在他五十歲以後，鑽研佛學，又洞窺生死本原，乃復窮研《大學》、《中庸》，知其通貫，又晝夜不停地研究《易》學，最後，遂通曉孔子學說的精義。正因對孔子及儒學之徹悟，故他對庸憒頑懦、迂腐不化、虛僞好名、貪婪無用的道學家也恨之入骨，貶抑獨深，說他們是「被服儒雅，行若狗彘之徒。」⑧毫無靈性可言。

李贄對假道學家提出尖酸刻薄的譏刺，自有其深刻的意義。綜觀李贄作品中，假道學之所以令人痛恨，其原因有五：

㈠好名：李贄批評今之學者只好虛名，不務實學，他於《焚書．復焦弱侯》中說：「大抵今之學道者，官重於名，名又重於學。」假使學不足以得名，名不足以升官，就棄名如敝帚。完全違背了《禮記．學記》中所說「藏焉、脩焉、習焉、游焉」的謙遜力學之精神。在這貪名求利風氣下培養的士子，如何能成爲德業兼修、文質彬彬、有爲有守的真儒呢？李贄在《初潭集》卷二十〈道學〉一篇中即對好虛名的道學家提出一針見血的批判。他在此歸納出世上有三種人必講道學：其一爲好名者，二爲無用者，三爲欺天罔人者。可見好名、無用、虛僞是道學家令人鄙視的原因。正因道學家之好名不肯力學，爲李贄所不齒，故他於《續焚書．與焦漪園太史》又批評「儒者之學，全無頭腦」、「終無透徹之日」，更何況「鄙儒無識，俗儒無實，迂儒未死而臭，名儒死節殉名者乎！最高之儒，名而已矣。」對於儒者好名，容易爲名所牽累，往往一入名網，決難逃脫，終致沉淪，分析可謂透徹。

㈡好利：孔子有言：「富貴可求也，雖執鞭之士，吾亦爲之；如不可求，從吾所好。」又說：「貧而無怨難。」可見「一簞食，一瓢飲，居陋巷」的聖賢安貧樂道之生活，並非人人都能「不堪其憂，不改其樂。」誠然，李贄並不反對求利，並且把利當作是社會進步的動力，主張人人都有權求利，反對董仲舒「正其誼不謀其利，明其道不計其功」的迂遠理想，他把「私」、「利」當作是人情，也是人類生活的基本需求。積極鼓勵人們去追求，反對封建統治者「存天理，去人欲」式的壓抑與剝削。

李贄反對道學家求利，是反對他們借道學之名，行奪利之實。因道學家常口是心非，口誦仁義，心慕富貴，身行不義。不像市井小販之徒，想賺錢就做生意，心口如一，真實可愛。李贄於〈三教歸儒說〉認爲世上不講道學而致富貴的人是有學有才，有爲有守，所以不給他富貴也不行。他說：「夫唯無才無學，若不以講聖人道學之名要之，則終身貧賤焉，恥矣。此所以必講道學以爲富貴之資也。」可見李贄痛恨道學，實因道學家是以講道學作爲謀富貴之手段，欺天罔人，實在可惡。這種假道學，名爲學道，心實追求富貴，雖然變詐機巧花樣百出，但都逃不過李贄的「法眼」。他於《焚書．又與焦弱侯》中，即將這些五花八門的道學面具一一拆穿，讓這些善於僞裝美化的道學先生，原形畢露。他分析出今日所謂的「聖人」與「山人」是一樣的，只是有幸與不幸耳。幸而會作詩則自稱「山人」；不幸而不會作詩則辭卻山人，而以「聖人名」。會講良知的，則稱爲聖人，不會講良知的，則卻謝聖人之名，而以「山人」稱。這些人「展轉反覆，以欺世獲利，名爲山人而心同商賈，口談道德而志在穿窬。」可見不管「山人」、「聖人」如何變化粉飾，但其「欺世獲利」的本質是不變的，這就是道學家令人厭惡的地方——虛僞求利。

㈢無用：李贄認爲食君之祿，自當公忠體國，勤勉事君，公而忘私，死而後已。這樣才符合君臣大義，爲有用之臣。他於《明燈道古錄》說：「若既食君之祿，仕人之國，則……豈可嘿嘿以取容，而曰我欲爲明哲乎！……彼道學者獨竊此以自文，是賊道者也。」李贄再三強調臣事君以忠，不可用明哲保身來推諉責任，並譏諷道學家常不能辨此，是爲無用之「賊道」。李贄於《焚書．因記往事》特別對這種「無用」的道學家之醜陋嘴臉刻畫出來，認爲這些人不但失去真性，也沒有真本領。蓋「平居無事，只解打恭作揖，終日匡坐，同於泥塑。」認爲只要心靜無雜念，便是大聖大賢人。而較爲姦詐者則隨俗附會，又摻入良知講席以苟合時世，陰圖高位。一旦國家有事，則「面面相覷」，嚇得「絕無人色。」甚至互相推諉，以爲能明哲保身。李贄感嘆地說：「蓋國家專用此等輩，故臨時無人可用。」李贄生動傳神的刻畫出明末政治舞臺上主角人物的身影，因爲這一羣人無才無德，竊居高位，一無用處。甚至張牙舞爪，殘民自肥，致使明代深陷危亂之中，十足可恨。即使用世之才，抱懷絕異之資的儒者，想爲國效命，但不能委曲以求用者，同樣爲李贄所不容，他說：「此儒所以卒爲天下後世非笑也。」⑨ 可見李贄對於無用之儒鄙之甚切。

㈣固執不通：李贄認爲時有古今，地有南北，時移勢殊，乃理之所必然。是以因襲守舊，復古倒退，抱殘守缺，不知新變之儒，實爲時代進步的絆腳石。李贄於《藏書．世紀列傳總目後論》說：「儒臣雖名爲學，而實不知學，往往學步失故，……然而實不可以治天下國家，亦無怪其嗤笑也。」對儒者因襲故舊，不知守經達變，因時因地而制宜，以善治天下，甚感不齒。在李贄看來，即使是儒家的宗師——孔子，也不贊成因襲，他於《焚書．答耿中丞論道》說：「孔子未嘗教人之學孔子也。使孔子而教人以學孔子，何以顏淵問仁，而曰『爲仁由己。』而不由人也歟哉！……由此觀之，孔子亦何嘗教人之學孔子也哉！」孔子答顏淵、仲弓、司馬牛等弟子之問，因材施教，大叩大鳴，小叩小鳴，各適其情，並沒有教人一味學他。「而學孔子者，務舍己而必以孔子爲學，雖公亦必以爲真可笑矣。」孔子不執一，不劃地自限，所以能爲「萬世師表」；後代儒者拘泥孔子之說，不敢有所發明，卒爲闒闒小儒，怎不令人遺憾！

㈤虛假不真：李贄生性剛直，爲人實在，爲文求真，對於言行不一，虛假造作的道學家，尤其痛恨。他在〈復焦弱侯〉中指出：世間有三等作怪人，致使世間不得太平。其中最令人喜歡的是：怕做官便捨官，喜講學便講學，不喜講學便不肯講學，因爲這種人表裏如一，所以身心俱泰，手足輕安，沒有負擔，真正是心安理得者。而最令李贄厭惡的是「本爲富貴，而外矯詞以爲不願，實欲托此以爲崇身之梯，又兼採仁義之事以自蓋，此其人身心俱勞，無足言者。」這種兩頭照顧，內心貪慕榮華富貴，外表又假仁假義以自蓋的人，虛僞矯情，最無誠信。李贄在《初潭集》卷二十〈少年〉說：「近信之色，是爲正色，豈道學所知！」即是對假道學言而無信的諷刺。李贄於《焚書．答耿司寇》中與耿司寇短兵相接，針鋒相對的攻伐，李贄攻擊耿的重點即在於耿的貪名好利，又好以仁義道德自掩，是標準的自私自利之徒。他說：「以此觀之，所講者未必公之所行，所行者又公之所不講，其與言顧行，行顧言何異乎？」批評耿定向講得太好聽，做得又太少，這種虛假行爲，令人痛惡。李贄除了痛恨道學先生的虛僞外，對其不真也頗厭惡。蓋李贄爲人貴一「真」字，若無真情，或虛與委蛇者，必爲李贄識破而唾棄。這點由他待客之道可見，他見客人中有氣味不相投者，則沉默不語，甚至閉戶不見。若逢性相近者，則終日促膝長談，妙語如珠，趣味橫生，毫不厭倦。同樣一人，爲何前後判若兩人？正因「真」與「不真」也。他在《初潭集》卷十七〈豪客〉中稱美孫叔敖殺兩頭蛇爲仁者真心之流露，並非爲前途通達而殺，所以是「真達」、「真豪」。他並以這種「真」情，反譏道學先生之不真，而嘆息地說：「噫！是豈易與講道學者談耶！」痛斥道學家之不真，極爲深刻。這與《初潭集》卷十五〈哀死〉一節中所載：「以上皆哀死者，唯其痛之，是以哀之，……非道學禮教之哀作而致其情也。」同是對道學先生不真而發的批評。

由上可知，李贄痛恨道學家，主要是因道學家的虛僞不真，好名求利，固執不通，又一無用處。這種人充斥在當時的朝廷，也是政治成效不彰之首禍。反之，真實苦幹，不爭名奪利，而能通權達變的棟梁之才，正是李贄所激賞的，也是拯救當時危機四伏的大明江山亟需的人才。因此，李贄對於善於變通，篤實力行的真道學，非但不反對，而且敬佩萬分。他於《初潭集》卷二十〈會說〉中稱譽陳摶、邵雍爲「實學、實行、實說」之士。又於《史綱評要》卷十二〈東漢記〉批評喜好臧否人物，而不爲危言激論的郭泰爲「大儒」。《藏書．德業儒臣》將通達不迂的荀子列爲第一，爲孟子作傳時，也不掩其長，稱「足以繼孔聖之傳無疑，其言性善亦甚是。」此外，李贄在《藏書》中爲楊時作傳時稱他：「大才卓識，有用之道學也。」對於真道學的景仰有加，由此可見。

由此觀之，李贄所痛恨的道學家，乃是虛僞無情的假道學家，對於有才識，能通達不迂的真道學還是相當崇敬的。他對假道學大張撻伐，旨在去僞存真，以避免世人以假亂真，混淆是非，危害天下。誠如張鼐所說：「卓吾疾末世爲人之儒，假義理，設牆壁……總之，要人絕盡支蔓，直見本心，爲臣死忠，爲子死孝，朋友死交，武夫死戰而已。」⑩可見李贄的本心是要破僞求真，各盡其職，以便救國治國。雖然他在破除積習難改，而根深蒂固的俗儒習性，似有過於激憤之處，但其本心是良善的，其以儒爲本的思想仍嶄然可見。只是這種救世濟人的良善本心，是惟有「第一線」的人才能信愛之，一般只見膚相而不見骨肉的人是難以見其堂奧之美的。可惜世人誤解其意，別有用心的人曲解其說，卒使李贄蒙受不白之寃，被誣爲「儒教叛徒」，致使是非曲直不能分明，公理正義無法張揚，這不僅是李贄的不幸，更是世人的不智。

3　民本思想

民本思想是李贄思想的重心，也是他的政治理想。這個思想的基礎主要建立在聖凡不分，人人平等的思想上。他強烈的要求社會平等、個性自由、個性解放，打破封建制度對階級的嚴格劃分，企圖把人民從層層封建禮教之束縛中解救出來。此舉對封建統治者產生極大的衝擊，對後代反專制、反壓迫、反傳統，重視人民的生活福祉，以民爲主之進步思想家影響十分深遠。在提倡民本思想之前，李贄爲了清除根深蒂固而深植人心的傳統習見，因此首先提出聖凡平等、貴賤平等，以爲民本思想之張目。這種思想是王艮、何心隱等左派王學的進一步發揚。李贄在〈答周西岩書〉說：「天下無一人不生知，無一物不生知，亦無一刻不生知者……天下寧有人外之佛，佛外之人乎？」正說明從生知的觀點而言，人人都是相同的，甚至推及牛馬驢駝等禽獸之類，也未嘗不如此。在他看來生知正如佛家所共認人人都具有的「佛性」。既然人人相同，所以「人人平等」也就有理可據了。「生知」之說，本是對《論語》及《中庸》對知分爲三等，即生而知之，學而知之，困而學之之批駁，而提出「天下無一人不生知」的看法，強調天下人人皆生知之平等觀而不重視知之等差，以免這種「知」的落差，被利用爲封建階段劃分的理論依據。

以上是由人人所具有的「知」性來言人之平等，既然人人具有同樣的「知」性，因此由道德上來說，聖人與凡人也是平等的。李贄《明燈道古錄》說：「德性之來，莫知其始，是吾心之故物也。……故聖人之意若曰：爾勿以尊德性之人爲異人也。彼其所爲，亦不過眾人之所能爲而已。」李贄把「德性」當作人之「生知」，企圖以此打散聖人的光環，讓聖人回復到人間世，與常人一樣，並無異能，也無特別的德性。所以他又勸人說：「勿以過高視聖人之爲可也。堯舜與途人一，聖人與凡人一。」把人們心目中奉爲具有至德的聖王——堯舜，看作與凡人一樣。既然聖人無特異之德性，由此可推知，聖人也無異能，常人有所不能，聖人也是一樣，但世人們常常只知道百姓與愚夫愚婦之不賢不能，而不知聖人也是有所不能的。李贄說：「聖人所能者，夫婦之不肖可以與能，勿下視世間夫婦之爲也，……勿高視一切聖人爲也。」以聖也有「不能」來看聖人與凡人無異。這種聖人之能與愚夫愚婦之能皆平等之觀點，也是由「生知」衍伸出來的。目的只爲徹底拔除人們對聖人的迷信，而喚醒人們對「生知」的自覺。李贄在《老子解》中說：「侯王不知致一之道與庶人同等，故不免以貴自高。……人見其有貴有賤，有高有下，而不知其致之一也，何嘗有所謂高下貴賤者哉？」也是同一論點。

李贄由「生知」的觀點肯定人人平等，聖凡爲一。在此，他又把聖凡爲一的平等觀進一步落實到富有政治色彩的貴賤身分上，蓋他認爲從平等「致一」的觀點而言，侯王之貴是自以爲貴，是因不知「致一」的道理，故有此錯誤的認知，庶人爲賤也是政治制度之設定，並非生而爲賤，其實侯王可言賤，庶民也可言貴，貴賤是後人所加，如果通曉「致一」的道理，也就會肯定「貴賤平等」，而不再有自貴、自賤之思想。由此看來侯王與庶民只是角色不同而已，人格是平等的，正如璞玉和玉石，雖面目不同，其本質實在是一樣的、平等的。

李贄貴賤平等的理論，正是追求平等、自由之先聲。他雖然未明白宣示反專制，重人民，以民爲本。但從他指出「侯王以貴自高」的不是，以及「庶人也可以言貴」之主張，可知李贄追求民本思想之用心。蓋基於人人平等的觀點，人人皆有生存權、自由權。爲政者雖不能參天地之化育，使人民生活安樂，常保康寧。但也不應該刻薄百姓，殘民以逞，甚至草菅人命，視人民如土芥，剝奪人們的基本人權。而是要順乎天、應乎人，適度的滿足人民的基本生活需要，使百姓不虞匱乏，各遂其生。使人們了解「我與聖人天地萬物本無有別也。」⑪俾爲追求獨立人格，爭取貴賤平等著下先鞭。

李贄從人性論之哲學層次中否定了聖凡之分，論證了聖凡平等，聖凡既然平等，則萬民之君王又豈能高高在上，不顧民意而專制獨裁呢？爲了進一步爭取人民的基本生活需要，李贄不惜改變傳統之「道」的內涵，把素來偏向於「形而上」的「道」，重視「存天理」、

「去人欲」的封建政治哲學，從天上拉到人間來，爲民服務。他說：「道之在人，猶水之在地。人之求道，猶之掘地而求水也。」⑫祛除了道的神祕性，落實到人身上，凸顯「人」的重要性，說服統治者要注意照顧人民，以民爲本。李贄在《明燈道古錄》中也有同樣的呼籲，他說：「道本不遠于人，而遠人以爲道者，是故不可以語道。……可知人即道也，道即人也。」又說：「道不離人，人不離道。」把封建統治者心目中神聖的道與卑賤的人民，化合爲一，視道爲人，人即是道。爲君王照顧人民，滿足人民的自然需求，找到一個合理的訴求。

究竟要如何才能滿足人民的自然需求?李贄提出兩點：(1)因民之性，讓人民各遂其生。(2)順民之欲，滿足人民的需求。因人之性在《莊子．馬啼》即已提出：「彼民有常性，織而衣、耕而食，……素樸而民情得矣。」主張依民常性，不拂民情，同乎無欲，而歸素樸。〈秋水〉篇也有：「牛馬四足之謂天，落馬首，穿牛鼻之謂人。」把依乎物性視爲自然，有意之作爲看作是人爲。二者同樣是強調因應本性，無爲自然的重要。

李贄擷取莊子因民之性的精神，又從《易經》「乾元」的道理中找到人性各異的形上依據。他說：「一物各是一乾元，是性命之各正也，不可得而同也。」⑬是知人人各有獨立的特性，這種因人而異的個性是不可「強而齊之」⑭的。李贄認爲這就如人生的大道一樣，不只一條，每一個人都可以照自己的才質、好尚去走出自己的路，獲得最好的發展。他說：「夫道者，路也。不由一途；性者，心所生也，亦非止一種已也。」⑮因爲人性各異，所以因其性而發展，是治理天下最好的抉擇。聖人之治也不過如此而已。蓋人各有志，人各有性，有的想出世，有的想入世；有的想隱退，有的想被重用，有的人個性剛，有的柔，有的認爲可做，有的卻認爲不可，這些道理李贄在《明燈道古錄》中已詳加論述，他認爲「固皆吾人不齊之物性」，但「聖人皆任之矣。」所以說「能尊德性，則聖人之能事畢矣。」他認爲聖人之所以爲聖人，就是在於聖人能因物之性，任物之情，故能無爲而天下治。因爲天地之大，萬民之衆，「物之不齊，又物之情也。」⑯因此聖人之治，主要在「尊德性」，即達到尊重人人生而具有的個性。其次是「任物情」滿足人們的生理需求，與物質願望。「任物情」與「尊德性」的聯合，就是聖人之治，這種政治完全以民爲本，才正是愛民如子的仁政。

爲了使他的理想政治能徹底實現，他又提出「聖人亦有勢利之心」，爲爭取人民合法的權益舖路，因爲連聖人都有好富貴、勢利之心，則一般人也有這種世俗所謂的「名利」之心，也就不是什麼罪過了。李贄在《明燈道古錄》說：「夫聖人亦人耳，既不能高飛遠舉，棄人間世，則自不能不衣不食，絕粒衣草而自逃荒野也，故雖聖人不能無勢利之心。……則知勢利之心，亦吾人秉賦之自然矣。」從人類生活的自然需求來看，聖人實與凡人一樣，同樣有食、衣、住、行等自然之求，因此李贄推論出「勢利之心」是人類稟賦中之自然，它與天理是同存的，不必爲了「存天理」，就要「去人欲」。並且要進一步積極的肯定人有私心，追求私利。李贄在《藏書．德業儒臣後論》說：「夫私者，人之心也，人必有私而後其心乃見，若無私則無心矣。」李贄肯定私心的主要目的是要引出人的真心。因爲他認爲私心與前面說的「勢利之心」都是「稟賦之自然」，就如種田的想秋天私有的豐收，就會耕種得更勤快，持家的人想到私人倉庫的充實，就會更努力治家，這也是自然的道理。所以若說「無私」者，都是架空臆說，如畫餅充飢一樣不切實際，李贄接著說這是「觀場之見，但令隔壁好聽，不管腳踏虛實，無益於事，袛亂聰耳，不足采也。」李贄把「私心」當成天賦之自然以後，求私利不但是理所當然的事，並且可說是社會進步的動力。因此他反對董仲舒「正其誼不謀其利」的說法。而主張有國者若能因「勢」「利」導，順性而用，則可各從所好，各騁所長，各盡其材，天下安定。他於《焚書．答耿中丞》說：「富貴利達所以厚吾天生之五官，其勢然也。是故聖人順之，順之則安之矣。」李贄把情欲看成人的天性，聖人治理天下，只要順從人民的欲望而治，使人人都能各適其位，無一人不中用，那麼治理天下就很容易了。

李贄既然把人欲看作自然稟賦，賦予人欲正面的肯定。因此推及治民思想，首重愛民，他在《孫子參同．始計》說：「始計五事。一曰道，夫道莫先於得賢，莫要於愛民。」而愛民之首要即在「順其性不拂其能」⑰，使人人能夠獨立自主，自我實現。為此，他反對傳統儒家所提倡的「君子之治」，而代之以「至人之治」。因為他認為「君子之治、本諸身者也；至人之治，因乎人者也。」〈論政〉篇「本諸身」是以自己的是非標準治理人民，如禮樂刑法之設即是；「因乎人」是因乎人的情性而治之，是因勢利導，無為而治的。李贄又進一步指出君子之治與至人之治的優劣，他認為君子之治不如至人之治，正因它違反自然生長的原則，昧於「大時不齊」的道理，故以一己之有無，指望天下不同於己者也要同於己，因此有禮樂刑法等教條律令之張羅，而基於「法令滋彰，盜賊益有」的政治經驗，則民復多事。不若至人之治，使民無欲而自樸，這也是李贄以民爲本的理想政治。

李贄爲了讓他的政治理想能獲得實現，乃極力主張反對用封建禮教來束縛百姓。他批評爲政者不知禮之真義，故不能使民格心歸化，廣收治效，而是「欲強天下使從己，驅天下使從禮，人自苦難而弗從，始不得不用刑以威之耳。」李贄認爲用「政」與「刑」來治理天下，只能如《論語》所說：「民免而無恥」，這是一套俗吏的治法，不若用「德」、「禮」來治天下，更能讓人民衷心服從。而這個「禮」並非對封建禮教之「禮」，而「本是一箇千變萬化活潑潑之理」⑱。這個「禮」是人性的自然規律，是從人性的自由、自然的發展爲大前提，而反對外在的「止乎禮義」之禮，不贊成對人性的壓制與扼殺。李贄在《焚書．讀律膚說》說：「故自然發于情性，則自然止乎禮義，非性情之外復有禮義可止也。」強調人性的自然表現就是禮義，這種禮義根源於自然之性，才算是自然真道學，才能具有千變萬化，活活潑潑的道理。用這種「禮」來治天下，才能使人人順心，不待禁止而自然合理。這也是李贄「物各付物」的政治理想，何謂「物各付物」呢？李贄在《明燈道古錄》中曾提出解釋說：「只就其力之所能爲……則千萬其人者各得其千萬人之心，千萬其心者各遂其千萬人之欲，是謂物各付物。」正說明理想的政治是順從民心，因物本性，滿足每個人的欲望，使萬物並育而不相害，道並行而不相悖。

探討李贄的民本思想，從「生知」的平等觀點出發，經過了聖凡平等，因民之性，順從民欲，肯定私心，反對君子之治，解除人民的束縛等一連串的主題探求中，我們對李贄民本思想的流變有了深入的了解，當更能體會李贄反對封建、因民性、順民欲，以民爲本的政治理想之可貴。而這種思想的產生正顯示出人們對於數千年來封建專制獨裁政權的厭棄，也反映出當時市民階層反對專制，追求自由、平等與個性解放的強烈動機。而李贄提出上述種種論點，都是爲其民本思想之立論，披荆斬棘，破除千年封建堅厚冰層之沍寒，使他的民本思想能獲得重視與推行。李贄這樣的努力，不但確立其民本理論，也爲黃宗羲「原君」思想奠下立論之基石。

以上層層探討中，可以發現李贄是從四面八方來建立他的「民本思想」之理論架構。至於他這種思想的徹底落實，在他〈答鄧石陽〉的信中有清楚的展示。他說：「穿衣吃飯，即是人倫物理；除卻穿衣吃飯，無倫物矣。世間種種皆衣與飯類耳，故舉衣與飯而世間種種自然在其中，非衣飯之外更有所謂種種絕與百姓不相同者也。」這段話可以說是李贄民本思想最具體的宣言，在這裏，我們可以敏銳的嗅出：李贄的民本思想最重視的就是滿足人民的自然需求，而這也是爲人君王責無旁貸的天職。李贄說：「天之立君，所以爲民」，明白地揭櫫君王的職責，是生民養民，照顧人民。相形之下封建統治者千方百計，用盡酷法嚴刑來壓榨人民，即是一大諷刺。因此，李贄評論歷史人物，也常以「愛民」與否爲評價的標準，誠如他對「長樂老」馮道與曹操的讚美，即是站在「民本」的論點出發的。

4 平等思想

在民本思想一節中，我們已大略探討過李贄聖凡平等、貴賤平等諸思想，得知李贄是一個講平等講得非常徹底的人。他的平等思想還有：民族平等、三教平等、諸子平等、男女平等等，在此特論他最具進步精神的男女平等觀，以見其思想特性。誠如周作人說：「我曾說看文人的思想不難，只須看他對婦女如何說法即可明了……李卓吾的思想好處頗不少，其最明瞭的亦可在文裏看出來。」⑲是也。蓋女子的地位在《易經．坤卦》象徵陰柔之德的潛移默化下，復經孔子所說的「唯女子與小人難養也。」一語的催化作用，逐漸產生男尊女卑的傳統思想，並積澱在民族的心靈結構中，成爲一項牢不可破的傳統觀念。李贄生長在封建的黑暗時代——明代中葉，不忍見女子受到長期的壓迫與卑視，毅然起來爲提高女子地位而奔走呼號，並爲此而付出慘痛的代價。比如他招收女弟子，即成爲道學家汚蔑他的有力理由。

李贄宣揚男女平等的思想，主要從四方面來發揮：⑴學道，⑵政治，⑶愛情，⑷才識。首先我們由學道方面來看，傳統的觀念總認爲「女子無才便是德」，因此對於女子知識教育較不重視，而對女子的家教卻極爲嚴格，從宋、元間的《鄭氏家規》，及明代楊繼盛的家書中，對婦人女子的種種限制，可知女子想讀書學道有很多外在條件的限制。加上佛教小乘教派認爲成佛是特殊的人，需經特殊修行始得正果。而女身垢穢，又有五障，要女子即身成佛是不可得的。因此當時社會對女子的看法，總是認爲婦人短見，是不宜學道的。李贄對這些說法不以爲然，特別撰文大加駁斥，他在〈答以女人學道爲見短書〉特別對短見、遠見提出己見。他認爲所謂短見者，就是不出閨閣之間，而遠見是指能明察生命本源的人，短見的人只見到百年之內，或近到子孫，又近到自身而已。而遠見的人，則能洞見形體之外，悟出生死之表，而見得無窮永恆的境界。短見的人只能道聽塗說，聽些市井小兒之語，而遠見的人能知天命、畏大人之言，不敢侮辱聖言，更不會迷惑於流俗的愛憎，這是李贄對短見遠見內涵的詮釋。以此爲標準來看男女的短見、遠見，才是真正有識見。李贄說：「余竊謂欲論見之長短者，當如此，不可只以婦人之見爲見短也。」正是說明此理。又說：「故謂人有男女則可，謂見有男女豈可乎？謂見有長短可，謂男子之見盡長，女子之見盡短，又豈可乎？」一針見血地指出時人對女性的歧視。滌蕩了人們心目中因襲已久的傳統偏見，爲飽受壓抑的女性，吐出一口長久鬱積在胸中的悶酸之氣，並給那些歧視女人學道見短的男子一記狠狠的教訓。蓋李贄認爲：「假如以女子之身，而有男子之見，樂聞正論而知俗語之不足，樂學出世而知道俗世之不足戀，則怕當代男子看了，也會羞愧流汗不敢出聲的。」歷史上一些傑出的女性，如與周公、召公並列的邑姜，又如以一聖女而正〈二南〉之風的文母等，都是令人景仰的女性。而當時的社會賢達也沒有因他們是女性而排斥，可見修世間法講究治國平天下的人，都不敢有性別歧視，更何況要求出世學道之人呢？龐公之妻龐婆，及其女靈照，同師馬祖求出世道，最後都得道成仙，先後化去，這就是一個女子學道成功的典範。是知女子學道見短的偏見，正是男女不平等觀念下的後遺症，而這種偏見的辨正在佛經《海龍王經》卷三中即有記載，龍王女寶錦離垢錦與大迦葉論辯「女身得成佛道？最終大迦葉不得不承認女身亦得成佛道。」[20]李贄在本文中對薛濤才學的肯定，對龐婆、靈照修道有成的讚嘆，認爲這些都是女中豪傑，對於提昇女子地位實具有驚人的創見。

㈡政治方面：最顯著的是他對武則天的正面肯定與讚揚。武則天當皇帝，飽受傳統道學的非難，而被攻擊最多的則是她的私生活，這種以私人生活的不檢而抹殺她重用人才，安定天下的大德，在李贄看來並不客觀。因此他認爲武氏的醜行，也不過是那些拘守聖人名教的賢人製造出來的罪狀，其實這些人的醜行也不見得比武則天好到那裏去。而武則天的政績在李贄的《藏書》中也獲得很高的評價：「政由己出，明察善斷，故當時英賢亦競爲之用。」㉑讚美她知人善任。又說她：「勝高宗十倍，中宗萬倍矣。」簡直推崇地無以復加。甚至於《史綱評要》卷十九〈中宗皇帝〉中則更直呼她爲「聖主」。又在《藏書》卷九〈忍辱大臣．婁師德〉中說有兩次提到武后，每一次都在其下夾評爲：「聖后」。直見他對武后的敬仰，較之一般儒者對他的惡性批評，更可以看出他對女子高度肯定。而對武氏爲人詬病的淫蕩行爲則認爲「差爲可原，何也？渠既自以爲皇帝，則不甘心爲女子矣。」㉒公然爲武則天淘洗人們心中的「穢垢醜行」。因爲從男女平等的觀點而言，男皇帝可以有後宮佳麗三千人，而女皇帝養幾個「男妃」又有什麼値得大驚小怪的？由李贄把張易之、張昌宗兩兄弟當做「武氏的兩個妃子」，更反映出他對男女平等的積極訴求。

㈢愛情方面：李贄既然認爲男女學道平等，並因而招收女弟子。政治上，也頗能站在男女平等的立場來評定武則天的成就。而在愛情上，李贄豈能讓它成爲男人的專利？傳統的婚姻，大都是憑父母之命，媒妁之言，好的婚姻是不能缺少良媒的。因此當卓文君看到司馬相如風度翩翩，一表人才；又聽到他〈鳳求凰〉撩人的弦音，便情不自禁的爲之癡迷心醉，半夜跟他私奔了！成爲千古以來道學家眼中傷風敗俗的首要話題。但李贄獨不以爲然，他在《藏書》卷二十九〈司馬相如傳〉中認爲：卓文君私奔是婚姻自主，追求愛情成功的案例。這就如《易經》上「同聲相應，同氣相求」、「同明相照，同類相招」；有如「雲從龍，風從虎」一樣地自然相應。因此卓文君奔司馬相如，正如「歸鳳求凰」，是一種很自然神聖的佳話，絕不可任意誣蔑的。因爲在李贄看來，假如當時卓文君如孟光一樣，必定會去懇求父親的首肯，但卓王孫這個氣量狹小、見識淺陋的人，若卓文君請嫁司馬相如，必不獲准而空負良緣，因此李贄以爲卓文君能早自抉擇，忍小恥而成就終身大事，真是明智的抉擇。

㈣才識方面：李贄又從才識方面來看男女平等。他在《初潭集．夫婦論》中對歷史上一些傑出的女子，若無忌母、班婕妤、從巢者、孫翊妻、李新聲、李侃婦、海曲呂母等，皆推崇有加，認爲這些人「皆的的真男子也」。並反諷世上有多少男子是真男子呢？像張昌宗、張易之等以蓮花之面，爲人主所寵幸者，即非真男子啊！又於《初潭集．夫婦論二》列舉出二十五位才智過人、識見絕異的婦女。如：善於識人的僖負羈之妻，擅守家業的巴寡婦清。爲父報仇而自請受戮的趙娥，及善於應變爲子謀劃的陶侃母親等，無不受到李贄無上的禮贊與崇敬，並長嘆曰：「是真男子！是真男子！」已而又嘆曰：「男子不如也！」可見李贄對於肯定女子才學之用心，對提高女子地位的努力是不遺餘力的。此外，自古以來人們常把昏君誤國、亡國的罪過推到女人身上，而不知客觀的檢討導致國破家亡的真正原因，這對女子來講也是很不公平的。李贄不忍女子含冤受詬，乃以卓傑的歷史眼光，辨析帝王成敗之因，爲女子爭取平等的待遇，誠如他在《初潭集．夫婦三》說：「甚矣，聲色之迷人也，破國亡家，喪身失志，傷風敗俗無不由此，可不慎歟！……然漢武以雄才而拓地萬餘里，……又何嘗不自聲色中來也……吾以是觀之，若使夏不妹喜，吳不西施，亦必立而敗亡也。」把女子的地位從獨自承當破國亡家的不平等待遇中解救出來。這與理學家周敦頤所說：「家人離，必起于婦人。」㉓把家庭不和的責任完全推給婦人的見解相較，不僅公允合理，而且高明許多。李贄爲了打破男女不平等的傳統思想，不惜與千萬人爲敵，從歷史中找出傑出女子的典範，站在男女平等的立場，爲她們大翻歷史的公案，洗雪歷史的寃屈，重新給她們一個公正合理的定位。他也因此被誣指爲「異端邪說」，並慘遭迫害。然而他對男女平等的主張，卻慢慢解開了「男尊女卑」的死結，解救了無數的女子，成爲後代女子教育之先鋒。

①《明史．儒林傳．序論》。
②《王陽明全集》卷二〈答羅整庵少宰書〉。
③《藏書．世紀列傳總目前論》。
④《續焚書》卷四〈釋迦佛後〉。
⑤《藏書．德業儒臣．孟軻》。
⑥汪可受〈卓吾老子墓碑〉。
⑦《李溫陵外紀．與當道書》。
⑧《續焚書》卷一〈三教歸儒〉。
⑨《焚書．復周南士》。
⑩《續焚書．卷首．卓吾老子書述》。
⑪《明燈道古錄》。
⑫《藏書》卷三二〈德業儒臣前論〉。
⑬《九正易因》卷上〈乾爲天〉。
⑭《道古錄．卷上》。
⑮《焚書》卷三〈論政〉篇。

⑯《明燈道古錄》。
⑰《焚書》卷三〈論政〉篇。
⑱《明燈道古錄》十五章。
⑲《知堂書話・讀初潭集》。
⑳釋永明《佛教的女性觀》第五章。
㉑《藏書》卷六十三〈唐太宗才人武氏〉。
㉒《史綱評要》卷十九〈唐紀〉。
㉓《通書》第三十二。

三、李贄的文學思想

1　提倡「童心說」

大凡一種新思想能破繭而出，風行天下，皆是吸收著肥厚豐美的時代養分，與潛藏在文化中的雄奇能動力量。李贄「童心說」的誕生也是如此。究觀李贄「童心說」的產生背景，實在是對「真」的渴望和對「僞」的嫉惡。也就是反對明代專制政權，用程朱理學及八股取士，來限制文人才士，並用文字獄和嚴格的監控，來箝制天下士子。這種扼殺人性，禁錮人情的高壓統治，使人們真心流失而生活在即將窒息的精神桎梏中。「童心說」即是在這種環境中誕生的，因此特別具有強烈的反封建道統精神，並對衝破復古模擬的風氣有積極的作用。

就文學思潮而言，「童心說」又是爲反模擬，重真情而生。蓋明代文壇，前後七子爲了反臺閣體的雍容華貴，點綴昇平，而提出「學不的古，苦心無益」①的文學理論。於是士子醉心於學習古人文法，模擬古人語氣，襲用古人字句的擬古潮流中，終因只得古人皮毛，而痛失其精髓，故不免陳陳相因，千篇一律，流於膚廓淺陋。到了李贄時，這些「剽襲雷同，如贋鼎僞觚，徒取形式」② 的作品，充斥社會。一般人抱定六經、《論語》、《孟子》奉如神明，一切是非均以此爲標準。因此，在程朱理學的束縛與擬古文風的影響下，真心日漸泯沒，「童心」也就蕩然無存，只有假人、假事，充斥世間。李贄眼看人心陷溺，義理不彰，真理難明，因此提出「童心說」，希望打破道學家藉以掩護的六經之迷信，解放心靈，追求個體自主，找回人人所本有而放失的「童心」。使社會上到處充滿真人、真心、真事、真文，洋溢著純樸真實的氣息。「童心說」是李贄思想的核心，探析「童心說」的真義，可以發現「童心說」是李贄從道家、禪學、王學等各家思想中攝其精要，會以己意，釀造而成。以下乃試從老莊、禪學、王學三方面來探討「童心說」思想的形成。

㈠根源老莊：「童心說」的取道根源應是採自道家哲學。《老子》說：「專氣致柔，能無嬰兒乎？」「如嬰兒之未孩。」「復歸於嬰兒。」「含德之厚，比於赤子。」等等從各種觀點描繪出嬰兒的氣專，精純、德厚、真純。這對李贄解釋「童心」爲「絕假純真，最初一念之本心也。」提供了一份真純樸實的哲思。而《莊子》則繼承《老子》思想，並加以發揚光大。〈庚桑楚〉篇中說：「衛生之經……能兒子乎？」〈秋水〉篇說：「謹守而勿失，是謂反其真。」莫不點出「嬰兒」、「童心」之「童真」思想在養生思想中的妙用。李贄的「童心說」乃採擷老、莊原始素樸的「童心」思想，拋棄道家遺世而獨立的忘世情懷，吸收禪宗任運變化的哲理，與王學「真己」、「良知」的思想而創造出的。

㈡借鏡禪宗：李贄吸收禪宗任運變化、自然純真的道理，使自己從痛苦的社會現實中解脫出來，並悟出自然人性論的主張。且能跳脫禪宗偏向靜坐獨思、抛棄世情，只求做個無憂慮的歡喜佛之訴求。試圖以自己生命的豪情與壯志，去渡化眾生，解救瀕危的國家與苦難的人民。這點也是李贄「童心說」中所強調的「初心」，與較早的唐荊川「本色論」所強調的「初心」有不同的地方。因爲唐荊川的「本色論」在吸收禪學的道理以後，已同化於佛理之中，呈現「不欲不爲」的本心狀態。而李贄的「童心」則著重「絕假純真」之努力。二人所言之「初心」頗有相似之處，但在進入「初心」後，發展取向各有不同，唐荊川入於佛、禪乃陷入「空」中，因而走出人世，遁入空寂，連文章都不太想作。而李贄獨能於懸崖撒手，「空」際轉身，走入人羣，邁向現實社會，企圖從實際生活出發，爲民請命，渡濟生靈。

㈢體現王學：陽明《傳習錄．上》卷一論「心」說：「這心的本體，原祇是箇天理，原無非禮，這箇便是汝之真己。」又〈答陸原靜書〉論「良知」說：「良知即是未發之中，即是廓然大公，寂然不動之本體，人人所同具也。但不能不昏蔽于物欲，故須學以去其昏蔽，然于良知之本體，初不能有加損於毫末。」王陽明的「真己」，即是良知在人身上的完全呈現，而「良知」也是人人所具有的未發之中，寂然不動的本體，這種「本體」會受物慾的影響而昏蔽，故要靠「爲學」的功夫以去蔽。但「學」對於「良知」是沒有絲毫增損的，這也是李贄認爲道理聞見，反成「童心」障礙之理源所在。

而這條理路的傳承，應是透過李贄的老師——王襞的傳遞。王襞在《東崖語錄》上說良知是「一毫不勞勉強扭捏」，他認爲良知原無一物，原自現成就有，只要「順明覺自然之應」，就能識得靈明的良知。總之，王襞之學，一切以「不犯手爲妙」③，誠如落花流水，鳥啼山峙，渴飲饑食，夏衣葛，冬穿裘，道就在一切自然之中完全呈現。這種講求明覺自然，以求自知自能的思想，對李贄「絕假純真」的「童心說」自有發明之功。

以上是對「童心說」之溯源。然而諦觀李贄「童心說」之精義，實可包涵「本」、「真」、「破」、「時」、「私」、「邇言」諸關鍵字：

㈠本：李贄釋「童心」爲「絕假純真，最初一念之本心也。」特別強調「本」字，是深入本體境界，注意人性與自然的契合，追求文章的本質美。誠如吳虞〈明李卓吾別傳〉中所說：「卓吾之學爲知本」。彭際清〈李卓吾傳〉評「童心說」爲「發明本心，剝膚見骨。」是知李贄「童心說」已深入本體，挖掘到創作的根源，這是李贄精深微妙的美學見解，也是文藝思想之核心。

㈡真：李贄用「真心」來解釋「童心」，他說：「夫童心者，真心也。」似將二者對等看待。「真」這一字，雖然爲我國文學作品的最高境界，但李贄的「真」卻有特殊的「真樸純淨」之含義，是沒有後天道理聞見的污染，而自然流露出的真實本心。這是李贄從精研老、莊哲學，編註老、莊著作中體悟出來，而注入「童心說」中的。

李贄也能了解老子「爲道日損」的道理。因此他解釋「童心」在長大後突然喪失的原因，是因爲道理聞見從外而入居於心，使心不能虛而明，呈「真」象，他說：「蓋方其始也，有聞見從耳目而入，而以爲立于其內而童心失。」可知早期童心的失落是因聞見從耳目入主於心的緣故。而長大後「有道理從聞見而入，而以爲主于其內而童心失。」這是長大後因道理橫據胸中，而痛失「童心」。第三期童心的失落，是成年以後，道理聞見日多，所知所覺日廣，又知道「美名之可好也」、「知不美之名之可醜也。」因此在爲掩醜爭美中，不知不覺童心又喪失了。

㈢私：指人之私心，李贄肯定「私心」，認爲「私心」也是人類稟賦之自然。他在《明燈道古錄》說：「勢利之心亦吾人秉賦之自然。」又於《焚書．答鄧明府》說：「趨利避害，人人同心。」承認人類的私心也是屬於「初心」。蓋唯有這種根源於自然之「私心」的真誠流露，才能看見「本心」。是知私心與本心是一體兩面的。如果不讓「私心」發出，而刻意節制壓抑，則很容易生僞而蒙昧真心。因此，李贄肯定人的私心，並不是鼓勵人人唯我，利己而已，主要是要在「私心」中見得本心。李贄說：「夫私者，人之心也，人必有私，而后其心乃見，若無私則無心矣。」④可知刻意打壓私心，則人心易僞，而喪失本心。

㈣邇言：從李贄對「本心」的追求中，我們可看出「童心」與「邇言」也有密切的關係。換言之，「童心」說的內涵也有「邇言」的成分在。李贄《焚書．答鄧明府》說：「然此好察邇言，原是要緊之事，何者？能好察則得此本心，然非實得本心者決必不能好察。」可見，李贄認爲「本心」的追求是要在百姓的日用彝倫上去認識，去實踐，捨此而空談道理，違反自然本性，縱使聞見再深，也是有損童心，無法見得本來面目。李贄又說：「如好貨，如好色，如勤學，……凡世間一切治生產等事，皆其所好而共習，共知而共言者，是真邇言也。」可見李贄好察「百姓日用之邇言」正顯示出他重視下階層，喜歡追求百姓生活中之「真實」。因爲這種真實是包括自然情欲的滿足，是「本心」的真實，自然的真實，而非唱高調，口號式的真實。是知「童心說」的「本心」是建立在「邇言」的基礎上所構造出來的美學精品。

㈤破：李贄「童心說」具有「破」的意蘊，即要破除「道理聞見」等宿知。蓋「童心說」的要旨在於「去僞求真」，主要矛頭是針砭虛僞的道學家。「童心說」載：「夫既以聞見道理爲心矣。則所言者皆聞見道理之言，非童心自出之言也。」李贄認爲童心是心靈的本體，是本然存在而圓滿自足的。此與理學所謂的「德性之知」同樣強調天生俱足，不待增減的。因此，外在的「道理聞見」對於童心，是不能加減毫末的。是以李贄又說：「言雖工，於我何與？豈非以假人言假言，而事假事，文假文乎？蓋其人既假，則無所不假矣。」此中「其人」即指李贄最痛恨的虛僞之化身——道學家。因此李贄特別指出要見「童心」、「本心」、「真心」就要破除道學家所言的「道理聞見」，甚至於對人人奉爲金科玉律、千古不易的神聖寶典——六經、《論語》、《孟子》等書，也要「打破」；又對於各種創制體格的限制也要打破，否則就「斷斷乎其不可語於童心之言」，這是很明白的。

㈥時：在破除「聞見道理」的心靈之癥瘕積聚以後，靈動清明的童心自然汩汩而出。因此在「童心說」的內涵中我們又可以看出其流動的「時」變性質。站在「時」變的觀點來評論文章，則每個人的文章都有其特性，每個時代的文章，自有其時代精神。因此，時代在變，文章也隨著變，各種文體的新陳代謝，乃理之常。並不能以「文體」的不同來評判文章的高下。李贄說：「苟童心常存，則道理不行，聞見不立，無時不文，無人不文，無一樣創制體格文學而非文者。……不可以時勢先後論也。」正說明「童心說」的時變性，同時也肯定了「人」在文章中的主體地位。

我們由「童心說」的內涵中可歸納出，李贄「童心說」是由哲學角度，深入本體之中，找出童心的根本——「最初一念之本心。」並藉「本心」所含的自然慾求，如好好色，好美貨等，來肯定人們追求日常生活，滿足基本情欲的合理性。因此我們可以說：李贄「童心說」是由「虛」來證明百姓人倫日用的合理性；由「實」來呈現「虛」的真實意義。當然，由「童心說」所延伸出來的「自然情性」、「適性」、「發憤」等思想，也是李贄重要的文論，在此不再多談。以下乃試從直觀思維方式來察看「童心說」。

身為一個卓越的思想家，李贄也有極高明的邏輯思辨能力。觀其「童心說」的邏輯思辨法，乃是從他敏銳的直覺意識中「直覺體悟」出來的。而非由層層推敲，慢斟細琢磨出，這也是李贄思維的重要特色。而這種直覺證悟的思維方式，是李贄乞靈於禪學中的「般若」而來的。蓋禪悟中的「般若智」，就是講「直觀智」。李贄的個性峭直，待人接物，獨行己志，即使教人學佛，也強調不矯情，而要「直心而動」，才能成「真佛」，可見他的思維方式是重直覺的。因為在他看來，唯有「直」才接近「真」，才接近「自然」，而達到最高的審美要求。反之，若不直，或稍有委曲，則必容易生偽，一旦涉「偽」，或有意為之，也就不真了。這也是李贄堅持「發憤」為文，「直抒胸中獨見」的道理所在。是知李贄直覺表現方式，是一種當下直見，不待凝思，「不涉理路，不落言詮」的直覺感受。因為唯有這樣才是最純真，為「最初一念之本心。」

正因為「童心說」是內心直覺體悟出來的，所以這是一種由具有本體精神的哲學層次透出，來詮釋文學；而非由文學理論、創作、審美規律等具體的探求中，逐步構築出來的。因此它是有形上的靈動性，而不受社會事物，聞見義理的羈絆和束縛，對於破除宿見、宿聞等守舊的習性，特別具有掃蕩廓清的作用力。而且藉著這分「童心」精神的高揚，也很容易就跳出傳統的樊籬中，創造出具有「驚天地、泣鬼神」的崇高感之作品。這種崇高精神也是李贄創作中所極力追求而引以爲快的。李贄即靠著這分「童心說」的高揚，跳出古典美學「中和」性的制約，開創出一條嶄新的崇高美學之大道，彌補中國美學的不足。

只是李贄「童心說」太過強調心的創生權威，以「是否從胸臆流出」作爲文學作品評鑑的標準。無形中自然忽略了客觀現實生活作爲文藝創作活泉的重要性；截斷了文學與文化傳承、時代變遷的對應關係。因此在「心」體不能搜之無盡；或雖能如袁中道所說的「心靈無涯，搜之愈出」，但這種內轉而偏向心靈的追求之作品，將因逐漸忽視反映社會生活的豐富內容，而失去了活潑真實的生命。所以「童心說」有其掃蕩因襲模擬之歪風、蕩滌僵化腐敗的人心之強烈功能，也有解放心靈、凸顯自我、爭取自由獨立的可貴精神。但一味高懸「童心」作爲最高的審美標準，而棄絕人事、社會等文學生命的泉源文學；又未能從文學的理論、創作規律、藝術思維、形式、範疇等方面作有系統的探究。這或許是以「童心說」爲主的晚明浪漫思潮，容易流於以平庸爲高尚，以淺率爲清真的原因。特別是在作者高昂的戰鬥意志減弱或消失後，批判的鋒芒逐漸遲鈍，更容易使人爲迴避現實的壓力，走向消極遁世，追求心靈的抒發，沉醉在風煙山水、亭園美竹等閒情逸趣的賞玩中，而與客觀的現實世界失去聯繫。這些後遺症在公安派的淺率與竟陵派的冷澀中，即明顯的反映出來。但這並不是李贄「童心說」之弊，而是後人不解「童心說」的「時變」觀點所致。因爲不能新變，所以，也就難以代雄了。

2 主張「自然為文」

由重視「真心」、「本心」延伸發展，李贄又提出「自然爲文」的主張，這個「自然」並非是風格論上的自然，而是屬於創作論上的自然。即要求爲文要能因其性，發乎情之自然，寫出「發憤」之作。也唯有如此才能創作出「化工」之文，否則若著意雕琢，雖再好的作品也只能算「畫工」，不能算是自然之作。以下乃試從順性、自然情性、發憤、化工等思想，探求李贄「自然爲文」之真義。

㈠順其心性：順其性就是要順乎本性的自然發展。李贄在《焚書．論政》說：「夫道者，路也，不止一途，性者，心之所生也，亦非止一種而已也。」把抽象的「性」，用具體易知的路來比喻，正要人們了解每個人都有不同性格和情感，這種性情的真誠流露而成的文章就是好文章。蓋李贄反對以「條教之繁」、「刑法之施」（〈論政〉）來束縛百姓，使百姓不能順性而發，自得其樂。因此他在〈論政〉篇中又指出最理想的政治是「順其性不拂其能」，完全聽由人性自然的發展。

㈡發於情性：從「順其性」發展，李贄又提出「自然情性」的觀點，來闡明他對文學創作的見解。《焚書．讀律膚說》稱：「拘於律則爲律所制，是詩奴也，其失也卑，而音不和諧；不受律則不成律，是詩魔也，其失也亢，而五音相奪倫。不克諧則無色，相奪倫則無聲。」李贄認爲從格調及格律上來說，不管「受律」或「不受律」，往往顧此失彼，難以兩全。這正是講究人爲技巧的限制啊！而究竟要如何才能解決此難題？李贄說：「蓋聲色之來，發於情性，由於自然，是可以牽合矯強而致乎？」是知不管音律或詩文之美，皆是情性的自然發揮而成的。絕非勉強牽合，或講究技巧所能達成的。李贄又說：「故自然發於情性，則自然止乎禮義，非情性之外復有禮義可止也。惟矯強乃失之，故從自然爲美耳，又非於情性之外復有所謂自然而然也。」可知李贄反對封建教條式的禮義，也否定「發乎情止乎禮」的儒家倫理觀，因爲他認爲禮的精神本是鮮活的，他說：「世儒既不知禮爲人心之所同然，本是一個千變萬化活潑之理。」⑤又說：「禮者自齊，不得別有齊之，若好惡拂民之性，災必逮乎身，況得而齊之邪！」因此，他認爲情性的自然發揚即是禮義，並不是情性之外還有禮義限制。反之，若違反情性的禮義，則非真正的禮義，是會被人民唾棄而自取災禍的。

基於自然情性的「自然」特性，李贄認爲各種作品只要順其特性，不要「矯強」，自然能呈現各種風格和情調，這就是美的最高境界——自然美。他認爲性格清澈的人發出的音調自然宣暢，性格舒徐的人發出的音調自然疏緩，曠達者自然浩蕩，雄邁者自然壯烈，沉鬱者自然悲酸，古怪者自然奇絕。「有是格，就有是調」。這些都是情性的自然流露，是不能矯強而一律求之的。李贄雖然崇尚自然，但是他所講的自然是無爲的自然，若有意爲自然，則「與矯強何異」？所以自然之道是不能有絲毫的造作在其間的。

㈢發憤爲文：司馬遷始倡「發憤著書」說，王褒、蔡邕更把「發憤」之情移到音樂上，提出「發憤作樂」說，韓愈也有「不平之鳴」的發憤之說，梅堯臣、歐陽修又有「窮而後工」之主張。這種蓄極積久，爲情勢所不能遏止而爆發出來的強烈情感，正是李贄所提倡的「發憤爲文」。他於《藏書．史學儒臣》說：「言不出於吾心，詞非由於不可遏，則無味矣……《史記》者，遷發憤之所爲作也。」把史學鉅著《史記》視爲司馬遷出自內心，蓄積至極，而不得不發的「發憤」之作。也正因《史記》是出自真心的發憤之作，才能耐人尋味，引人入勝，使人讀之大發共鳴之心而欲罷不能。否則，若「不憤而作，譬如不寒而顫，不病而呻吟也，雖作何觀乎？」這種不是出於「發憤」的作品，不但不值得看，縱然看了也是「無味」的。可見情感如波濤洶湧，思緒沸騰而不得不發的「發憤」之作，正是李贄自然爲文最真切而熱切的表現。有關這種蓄積胸中，迸發爲文的創作過程，李贄在《焚書．雜說》中有極爲深刻的描述，他說：「且夫世之真能文者，比其初皆非有意爲文也。其胸中有如許無狀可怪之事，其喉間有如許欲吐而不敢吐之物，其口頭又時時有許多欲語而莫可所以告語之處，蓄極積久，勢不能遏。一旦見景生情，觸目興嘆，奪他人之酒杯，澆自己之壘塊，訴心中不平，感數奇於千載。既已噴玉唾珠，昭回雲漢，爲章於天下，遂亦自負，發狂大叫，流涕慟哭，不能自止。」李贄認爲真正的文章並不是像杜甫作詩那樣，常常要「撚斷數莖鬚」才能完成；也不是像陳師道那樣要裹在棉被中拚命苦吟才能寫出。而是情動於中，蓄積既久，在勢不可遏時，即景興會，觸目興嘆，真情實感就像狂風暴雨自然流洩。甚至整個人融入其中，創作心靈進入顛狂的情態中，與禪定後歌哭笑罵，激動踴躍的美學境界極爲接近。李贄這充滿激情的「自然爲文」之主張，正是吸納「發憤」與「不平」的觀點融會而成。此舉不但打破了傳統重視與儒家「中和」一脈相承的平淡美學觀。並開創出一條純任自然，自由表達出自己憤世嫉俗，激烈抗爭及關懷社會的豪情壯志之美學大道。彌補了中國美學偏向溫柔敦厚的「優美」，而缺乏「崇高美」的缺憾。美學家李澤厚在《華夏美學》中說：「西洋文藝自希臘以來所富有的悲劇精神，在中國藝術裏卻得不到充分的發揮，又往往被拒絕和閃躲，人性由劇烈的內心矛盾才能發掘的深度，往往被濃摯的和諧願望所淹沒。」李贄「不拒絕」、「不閃躲」直接寫出內心劇烈的矛盾所產生的憤懣與不平，不但擴展文學作品的廣度，也「發掘」了心靈的深度，對於中國文學理論的貢獻具有開拓始創之功。

李贄在《焚書．伯夷傳》提倡發怨怒，並在〈復焦漪園〉中說：「文要感時發己」。這也都是因發憤爲文與自然論而發。這種由血淚和生命的豪情交織而成的文章，是令人不忍埋沒的。是以李贄在〈雜說〉中又說：「寧使見者聞者切齒咬牙，欲殺欲割，而終不忍藏諸名山，投之水火。」李贄在〈發憤說〉中已因悲壯激越之情的發揚而走上悲壯崇高之路，這種嶄新的美學道路之開創，正是李贄長期飽受封建禮教壓抑而激發出來的，也是晚明經濟繁榮，市民階層興起的時代美學思想之突變的象徵。

㈣化工、畫工：透過「童心說」的文學理念，李贄又爲他的自然爲文提出更具體的審美標準。於《焚書．雜說》中說：「《拜月》、《西廂》，化工也；《琵琶》，畫工也。」透過《拜月》、《西廂》、《琵琶》的比較，具體地闡發作品貴在真實自得，由內心發出等純真自然的美學思想。蓋「畫工」是人爲的工巧，指形式的雕琢，技巧的追求，字句的精巧，這種刻意創作的作品，雖然能巧奪天工，直教人看了嘆爲觀止。在李贄看來還是有待的，仍受限制而缺少無窮的逸韻。因此，再好也只能說是「畫工」之作而已。這是《琵琶》不如《拜月》、《西廂》的地方。至於「化工」之妙，正如天生地長，盛開在大自然中的鮮豔花朵，人見人愛，但要找出它的美的所在，卻是「了不可得」，只能從中領會，而莫名其妙，爲什麼呢？李贄說：「要知道造化無工，雖有神聖，亦不能識知化工之所在，而其誰能得之？」。因此，我們可知「畫工」與「化工」雖然同極天地之工巧，但仍有高下之分。蓋前者之巧爲奪天地之工，而尚知有工；後者之巧，則已臻於不知天地之工的自然狀態。是知「畫工」與「化工」之區別在「自然」兩字而已。德國美學家席勒說：「一個偉大的藝術家爲我們再現對象（他的再現是完全客觀的），平庸的藝術家爲我們再現他自身（他的再現是主觀的），低劣的藝術家爲我們再現資料（再現由媒介的，自然本性和藝術家個性所局限的規定性。）」⑥而李贄的「畫工」正是指作家「自身」及對「質料」的再現，只有「化工」才是完全客觀的再現對象，而不知所表現的「對象」之天工。是知爲文之妙實存乎「自然」耳。

李贄這種自然爲文的主張落實到文學批評中則極力反對文字、句子、結構、法度等爲文技巧的琢磨。他認爲文章自然精采，並不是靠形式的雕琢與字句的錘鍊所能得到。他於〈雜說〉中說：「且吾聞之，追風逐電之足，決不在牝牡驪黃之間，聲應氣求之夫，決不在尋行數墨之士，風行水上之文，決不在一字一句之奇。」李贄自然發憤爲文的觀點正與蘇軾文如行雲流水，「常行於所當行，止於所不可不止。」⑦的散文創作論相合。也是蘇軾在〈江河唱和集〉中所提倡的「不能不爲之爲工」，而不以「能學」爲工的自然文論之發揚。因此李贄推崇蘇軾文章爲「天下五大部文章之一」⑧除了說他「胸中絕無俗氣，下筆不作尋常語」

外，更是對他自然爲文的肯定。可知他認爲「化工」之文並不是以結構嚴密，對偶精工；遵守傳統的道理，合乎法度，講究首尾相應，虛實相生的古文技巧所能寫成的。李贄在此不徒闡發「化工」之文，自然高妙，是不能用取巧而得的，也隱約透出他反對封建道統及擬古、復古的思想。

李贄「自然爲文」的主張，正如他的「童心說」一樣，是融貫道家、禪學及蘇東坡等人的自然觀，並注入強烈的時代精神所表現出來的文論，試觀其自然文論與老莊、蘇軾的「自然」，實各有特性，而以李贄的「自然」論最具有積極關懷人世的精神。老莊的自然之道，偏向追求遺世獨立、逍遙自在的隱居生活，是屬於遁世的自然。蘇軾學習老莊自然的精神，來醫治受傷的心靈，終於悟出超脫現實社會的應世之自然，表現出個人曠達豪放的胸懷。李贄挹取老莊自然之分子，發揮老莊對現實社會之怒吼——非聖反禮義；及莊子對「竊國者侯，竊鉤者誅」的憤世豪情。採取與老莊和光同塵、含光混世不同的處世方法，不向惡劣的現實環境屈服而隱遁自己，不去學老子往「小國寡民」的「桃花源」式的理想國去鑽，也不學莊子妄想化作大鵬飛向「無何有之鄉」的逍遙世界。毅然面對現實，拋棄官位，勇敢堅強地向權威挑戰，置個人富貴騰達、生命安危於度外，企圖打破禮教與政治的束縛，追求個人的自由平等，使整個社會都能合乎自然之道。

3　重視小說戲曲

李贄的「童心說」，主張從「時變」和「真」的觀點來打破文體的限制，肯定各種體裁的作品都有其時代意義和不朽的價值。李贄提倡小說戲曲，把小說、戲曲擡高到與六經、《史記》等經典相當的地位，在當時已是高妙絕俗，而爲破天荒的論見。蓋長久以來，尊經宗道的文學觀念，一直籠罩在人們心中。由於孔子肯定《詩》具有「興、觀、羣、怨」的倫理教化功能，所以詩、文便順理成章地成爲中國文學史上之主流。至於小說，則因起源於「志怪」，專門記載一些道聽塗說、稀奇古怪的事，故被視爲荒誕不經，虛幻不實，有違孔子不語「怪、力、亂、神」的寶訓。因此小說雖經長期發展，也只能在民間流傳，難以登上大雅之堂。

因此，在明代以前的社會文化結構中，小說一直處於班固所說的「君子弗學，然亦弗滅」的矛盾心結中。正因爲它雖是小道，但仍有可觀之處；所以不會被禁除，但也因它「致遠恐泥」，所以難獲推廣。長久以來在人們的深層意識結構中，始終存著輕視小說的心理。因此，小說的地位始終難以與詩文並列，即使偶有士大夫隨興創作，如韓愈寫〈毛穎傳〉等，馬上就受張籍、裴度等人的責難，裴度更把他看成是「以文爲戲」⑨，簡直是亂開玩笑，有違名教精神，小說之不見容於正統文學，由此可知。

但是明代中葉以後，隨著經濟的發展，社會的繁榮，個性的解放，市民階層的興起，人民生活方式的改變，以及社會文化結構的重新調整。致使人們對於文學的胃口隨之改變，好惡也有不同，大家都迫不及待的想擺脫傳統禮法的束縛，追求人性的自然舒展和欲望的滿足。長久陷入擬古泥淖中的明代詩文，因逐漸與現實脫離，與人心隔離，因此，並不能滿足人們的需求。在舊的文學作品無法提供人們心靈的需求時，真正能深入反映「人情」、「人性」、「人欲」的小說戲曲，也就乘時而起，由文學的邊緣地帶，向文學核心地區移動。最後終於在人民熱切的需求聲中，走上可以媲美正統文學的舞臺，而大顯身手。並藉著小說戲曲能夠深切反映社會人生的表現功能及藝術魅力，帶動社會的審美風尚，由「雅」入俗，締造小說文學的高峯。

在這一季小說的高峯盛會中，李贄雖然沒有直接從事小說戲曲的創作，但他以個人的真才、膽識，及善於掌握時代脈動的心，在人們期待的心情下，與封建保守勢力，殊死搏鬥，成功地解開了傳統社會蔑視小說、戲曲的無形枷鎖。對於提高小說在文學史上的地位，意義非凡。李贄在〈童心說〉中對儒家奉為至尊的六經、《論語》、《孟子》大加貶抑，揭開了六經等名經巨典的神祕外衣。他認為六經被「神化」的原因，不是史官過分褒揚推崇，就是臣子過於贊美所造成。要不然就是迂闊的門人，懵懂的弟子，有頭無尾，缺乏系統的記載師說。而後人便誤為孔子所說，盲目崇拜，尊以為經。所以李贄說：「六經、《語》、《孟》，乃道學之口實，假人之淵藪也。」不但痛斥虛假的道學家，也把六經的神聖地位貶到歷史的最低點。李贄刻意批評六經等書，除了凸顯出他反封建、反傳統的精神外，也為他所極力推崇的小說戲曲爭取正統的文學地位預占地步。他認為只要是出自「童心」的作品，不管那一種「創制體格文字」都是好文章。「詩何必古選？文何必先秦？降而爲六朝，變而爲近體，又變而爲傳奇，變而爲院本，爲雜劇，爲《西廂記》，爲《水滸傳》，爲今之舉子業，皆古今至文。」突顯文學本質「真」的共同特性，徹底打破人們對文體形式的差異執著，此舉不啻正式宣告文學的正統性決定在「真」字，而不在體格。凡是合乎「真心」、「童心」、「本心」的作品，就是道地的文學，就是天下之至文，就該有正統的地位，反之，則是假文假事。無形中就質疑獨尊六經，以詩詞文學爲主流的正統文學思想，而賦予小說、戲曲等平等的地位。李贄在〈雜說〉中的戲曲理論也有一些精闢的見解。誠如他批評《拜月》、《西廂》爲自然奇妙的「化工」之作。而列《琵琶》爲次等的「畫工」之作即是。李贄對上述作品的深究精研，評論的新穎卓越，正可做爲他重視小說、戲曲等俗文學的有力證據。

李贄的小說觀除了在「首開小說評點風氣」中所論「逼真」、「傳神」等外，還散見於《焚書》中的書答、雜述、《藏書》、《史綱評要》及《初潭集》的評語中，主要以傳神、卓識、注意小人物及小說人物的時空背景等著眼。王先霈在《中國文藝思想論叢》中介紹李贄的小說評論的三個重要觀點，即：「要求作家有器識，要求小說人物的描寫能傳神，和注意人物與環境的關係。」誠爲中肯之論。此外，李贄在〈水滸傳序〉中說：「故有國者不可以不讀，一讀此傳，則忠義不在《水滸》而皆在於君側矣。賢宰相不可不讀，一讀此傳，則忠義不在《水滸》，而皆在於朝廷矣……而皆爲干城心腹也。」直把《水滸傳》視爲經世治國之寶典。又於《焚書．紅拂》中批評《紅拂記》：「關目好、曲好、白好、事好，……孰謂傳奇不可以興，不可以觀，不可以羣，不可以怨乎？」此言一出，可以說把小說、戲曲提昇到與正統文學相等的地位。由此可知，重視小說、戲曲是李贄進步思想的重要理念，也是他了不起的見解。從他對小說、戲曲的評點中，更可以看出他對小說、戲曲重視的真心落實與實踐。

4 首開小說評點風氣

評點是我國古代文學批評、文學欣賞的一種特殊形式，顧名思義，評爲批評，點爲圈點，即文學家、文論家按照自己的思想觀點，好惡情感，對作品的形式、內容、技巧、結構、語言、人物塑造等方面，進行評注、圈點。依評點地方的不同，可分：在書眉上稱眉批，在行間爲夾批、夾評，在章回的結尾爲總評。評點的功能除了可以點出作品的精采地方，激發作品的藝術感染力，使讀者易於了解外；也可以抒發評點者的情懷，表現其卓越的觀感，提高作品的藝術的地位。

以評點的方式作爲批評、欣賞的方法，在李贄之前，早有人做過，如南宋呂祖謙評點《古文關鍵》、劉辰翁評點《世說新語》、《杜詩》、《荆公詩》、《蘇詩》等即是。明代則有歸有光以五色筆評點《史記》，茅坤、鍾惺等也都有評點作品。可以說無不「批窾導窾，鬚眉畢露。」⑩頗能將作品的精神意蘊發揮若干。這種畫龍點睛，以金針度人的評點藝術發源雖早，但真正有意識地肯定小說的地位與價值，對長篇小說有系統地進行評點的，應是始於李贄。李贄首開評點小說的風氣，影響後代小說評點及理論甚鉅。誠如歐陽代發所說：「李贄是中國小說的實際開創者，儘管袁本較容本後出，但李贄評點在前，比起以後的小說評點來，他的評點思想格調是最高的，這與李贄思想進步，富有創見相一致。」⑪只可惜李贄對小說評點的重大貢獻，長久以來因錢希言、周亮工的幾句話，而被質疑，實在令人深感遺憾。明人錢希言《戲瑕》卷三〈贋籍〉中曾說：「批點《水滸傳》、《三國志》、《西遊記》、《紅拂》……并出葉（即葉晝）筆，何關于李？」以及清人周亮工在《書影》卷一中也說：「葉文通，名晝，無錫人，……當溫陵《焚書》、《藏書》盛行時，坊間種種借溫陵之名以行者如……《水滸傳評》，皆出文通手。」把許多著名的評點著作如《水滸傳》、《紅拂記》等書，全部盡歸爲葉晝之手筆。事實上這種說法有商榷的餘地。如果說其中有些是葉晝所評點，有些是李贄所評點，或較爲中肯。依據有關記載李贄嘗評點古書，並以批點古今的書籍爲樂。誠如他〈童心說〉所說的是「奪他人之酒杯，澆自己之壘塊。」這是李贄在著作中所記載的。《續焚書》卷一〈與焦弱侯〉說：「古今至人遺書抄寫批點得甚多……《水滸》批點得甚快活人，《西廂》、《琵琶》塗抹改竄得更妙。」李贄在信中除了表達批點《水滸傳》的快活及《西廂》、《琵琶》的美妙外，還說他也批點《孟子》一并送往請教。又查考《焚書》卷四中載錄有關《玉合》、《拜月》、《紅拂》之題詞中也可作爲李贄批點小說戲曲之佐證。

袁中道〈李溫陵傳〉說：「他所讀書皆鈔寫爲善本，……下至稗官小說之奇，宋元名人之曲，雪藤丹筆，逐字讎校，肌襞理分，時出新意。」對於李贄以紅筆在白紙上批點、讎校，深入剖析小說戲曲等原文的妙理所在，並時有發明之處。這也可作爲李贄用心批點文章的旁證。誠然，李贄死後「而名益尊，道益廣，書益傳播。」⑫在供不應求的情況下，書商爲了牟利，於是不擇手段，大量僞造，致使「真書、贋書並傳於天下」⑬袁中道還曾爲此事憤恨不已。他於《珂雪齋集．答袁無涯》說：「近日書坊贗刻，……李龍湖書亦被人假托攙入，可恨！可恨！此當至吳中與兄一料理也。」是知李贄書被冒名僞造，真是嚴重到不得不處理的地步。但如果因李贄作品贗品多，真僞莫辨就全盤否定，則又欠公允，更有負李贄對評點的努力。對李贄本人及記載他的評點事蹟之友人、弟子，又當如何交代呢？所以李贄曾經評點小說戲曲是不容置疑的。而其評點作品中又以《水滸傳》的評點最可相信。我們可由下列幾方面來看李贄是否評點過《水滸》：

⑴李贄著述中論及《水滸傳》者，如《焚書》卷三〈忠義水滸傳序〉。

⑵李贄給友人信中提到此事：《續焚書》卷一〈與焦弱侯〉信中述他批點《水滸》、《西廂記》等。

⑶李贄的友人曾載此事：李贄與三袁兄弟算是亦師亦友。袁宏道〈東西漢風俗通演義序〉中記載李贄批點《水滸》使一個緘默十年的人，看了後拍案狂叫說：「異哉！卓吾老子吾師乎？」又袁中道《遊居柹錄》記載「袁無涯來以新刻《卓吾批點水滸傳》見遺。」並回憶他在萬曆二十年（一五九二年）李贄居武昌朱邸時，他前往拜訪，看見李贄正命僧常志抄寫此書，逐字批點。

⑷李贄的弟子嘗載此事，楊定見在《水滸傳》小引中說他遊吳地時，碰到一個李贄狂的人，向他索求李贄的著作，他就把行囊中「卓吾先生所批定《忠義水滸傳》及《楊升庵集》二書與具。」楊定見爲李贄弟子，胡適在民國五十年元月十七日讀李贄評點的《忠義水滸傳全書》時曾作小記：「這個一百廿回本《水滸傳》是楊定見原刻本……定見是李卓吾的弟子。」

合。

⑸評點思想特性與李贄相契合：袁無涯刻本的《水滸傳》肯定水滸人物爲「忠義」之士，因受不了大賢處下，不才處上，長期被欺壓迫害，才上梁山造反的，故評點中崇忠直，斥惡官，這種貶官府、尊綠林的思想，在當時是大膽的「異端」，與李贄思想的「異端」特質相合。

由以上之辨證可知李贄批點《水滸傳》應是可以肯定的，況且錢希言的《戲瑕》編於西元一六一三年，而袁無涯刻本是出版於一六一四年，所以錢氏所能看到的本子是容與堂本《水滸傳》，這個本子在今天看來是假的。因此，他只能說明容本不是李贄批評，而不能否定李贄評點過《水滸傳》。今存署名李贄評點的《水滸》有三：⑴容與堂本《李卓吾先生批評水滸傳》一百回本⑭。⑵袁無涯刻本《新鐫李氏藏本忠義水滸全書》一百二十回本。⑮⑶芥子園刊本《李卓吾評忠義水滸傳》一百回本。最後一種是大家公認的僞書，姑且不論。而容本與袁本的真僞之辨，應以袁本爲真。⑯

大體而言，袁本的評點思想對宋江等水滸人物，完全贊同，而容本有贊美也有多次露骨的批評：如「假道學」、「真強盜也」。顯示其基本思想觀點與李贄不合。且袁本有楊定見在小引中交代本稿之來龍去脈而容本卻無。故由各種因素綜合鑑定，以袁無涯刻本爲真，普遍獲得各家採認。

李贄評點《水滸》的思想核心是「忠義說」，而其藝術理論又是以「童心說」爲中心。綜觀他對小說評點的審美標準是：

㈠逼真：「童心說」的本質在一「真」字，李贄評點《水滸》即特別強調人物真性至情的刻畫，及對事物描寫的逼真。他於十六回評：「語與事俱逼真。」三十回：「妙處只是個情事逼真。」足見「逼真」爲李贄評《水滸》的基本美學標準。而由《焚書．三大士像議》說「世有真人然後知有真佛……唯真識真，唯真逼真，唯真念真。」可知其「逼真」之源正是由「童心」發出的真人、真事、真佛等妙明真心的流露。

㈡傳神：《周易．說卦》說「神也者，妙萬物而爲言者也。」把萬物之妙形諸文字，是能傳神者也。顧愷之更提出「以形寫神」論。唐張九齡也有「夫形者神明之表而動用之應也。」強調意得形傳，筆精形似。李贄於《焚書．詩畫》說：「畫不徒寫形，正要形神在；詩不在畫外，正寫畫中態。」主張形神並重，但他並不以形似爲滿足，努力追求氣韻生動的傳神美學觀。化用到小說評點，則要求小說作品要藉著人物形象的逼真描寫，透出被描寫人物的性情及精神。如三十八回寫李逵初露面：「一個黑凜凜大漢上樓來。」李贄評：「只三字神形俱現。」把「黑凜凜」三字所表現出來的「色黑」、「聲重」、「形粗」具像化，聲情化，使文章生色不少。又二十四回中盛讚小說對武松、潘金蓮描寫得很傳神，說：「將一個烈漢、一個呆子、一個淫婦寫得十分肖像，真神手也。」藉著對比手法，將小說人物傳神寫照。是知「傳神」的審美觀是李贄小說評點的靈魂。

㈢重趣味：古人論詩文之美，常以氣、神、韻、味、境、逸等作爲美學範疇。而李贄爲因應時代的審美思潮，拈出「趣」來作爲審美的標準，使傳統偏向「韻外」、「味外」之美學思想，從抽象中導入人生，注重人生情趣的追求，使人生充滿情趣。誠如李贄在第五回說：「奇趣疊出。」四十三回中說：「說得有趣。」七十四回有：「趣甚……」、「更趣」

等。此外，李贄也注意到人物心理的刻畫與形象的塑造，如第一回寫洪太尉尋不著天師，身歷大蟲、大蛇之險惡後，怨罵道士的那段故事。李贄眉批：「初是心裏想，次是口裏怨，今口裏罵，轉變轉增。」又第三回寫史進投奔延安府，路過渭州時，李贄評說：「直接此數句，眼裏、心裏、口裏，一時俱現，更無一毫幫襯牽纏了，真史遷之筆。」除了指出作者簡鍊的文筆外，也點出作者著重心理的描繪。

㈣形象塑造：如第四回描寫魯智深到五台山下打鐵店打禪杖戒刀，「那打鐵的看見魯智深腮邊新剃，暴長短鬚……先有幾分怕他。」李贄批道：「從打鐵人眼裏寫出剃鬚髮的魯達真形來，是何等想筆。」可見李贄的評點也很重視巧妙地刻畫人物形象。此外，李贄的評點也不忘牽合現實，以抒發己憤：如第二回寫徽宗即位，即擡舉高俅，先派他到邊界，以立邊功，不到半年便升到殿帥府太尉職事。李贄眉批說：「邊功濫敘，私恩驟遷，千古同弊。」明言邊功濫敘的時弊。

總之，李贄評點《水滸》不只重視逼真、傳神、趣味，並注意到人物形象的塑造與心理的描繪、現實的反映等藝術精神與現實的結合，給予小說獨立的藝術生命，與反映現實的肯定。雖然他在小說評點的藝術與後來的評點比較起來，還不是很有系統，也不見得精深，但他對於開創鈎隱索玄、金針度人的評點之學，有功不可沒的啓發作用。

① 李東陽〈答周子書〉。
② 袁中道〈中郎先生全集序〉。

③《明儒學案．泰州學案》一。
④《藏書．德業儒臣後論》。
⑤《明燈道古錄》。
⑥毛崇杰著《席勒的人本主義美學》，第四章，湖南人民出版社，一九八七年八月。
⑦〈答謝民師書〉。
⑧周輝《金陵瑣事》。
⑨《全唐文．寄李翱書》。
⑩廖燕《二十七松堂集》卷十一〈評文說〉。
⑪《古代文學理論研究》第十二輯。
⑫楊定見〈忠義水滸傳序〉。
⑬《續焚書》卷首〈讀卓吾老子書述〉。
⑭國立政治大學古典小說研究中心主編，天一出版社影印出版。
⑮中央研究院傅斯年圖書館藏。
⑯如戴望舒〈袁刻水滸傳之真僞〉，見戴望舒、吳曉鈴編《小說戲曲論集》一九五八年版。靳同文〈李贄與水滸〉，《歷史研究》，一九七六年第六期。又歐陽代發〈論李贄對水滸傳〉的評點，《古代文學理論研究》第十二輯，一九八七年十月。敏澤著《李贄》，上海古籍出版社，一九七八年九月，萬卷樓圖書有限公司發行，八十二年六月。陳謙豫《中國小說理論批評史》中〈李卓吾對小說理論批評的貢獻〉一章中也表示袁本爲真，華東師範大學，一九八九年十月。

四、李贄的史學思想

1　創發「六經皆史」說

一般人提到「六經皆史」說，總是先想到章學誠。誠然，章學誠於「六經皆史」說頗有闡發，然真正首開「六經皆史」之說者，卻是李贄。考「六經皆史」說之淵源，可以說始於隋代王通，他在《文中子·王道》說：「予謂薛收曰……昔述史三焉：其述書也，帝王之制備矣，故索焉而皆獲；……此三者同出于史而不可雜也，故聖人分焉。」王通認爲經出於史，如《書經》以詳帝王制度，《詩》以顯興衰之由，《春秋》以明邪正之道。這三者都是從不同角度來敘述當時的政治制度、社會生活及人心之善惡。其實都是可以當歷史來看，而難以劃分，是知在王通時已揭櫫「六經皆史」的理念。

唐代學者陸龜蒙在〈復友生論文書〉中曾提出《書》是記言的史書，《春秋》則是記事的史書，「記言、記事參差前后，曰經曰史，未可定其體也。」① 說明經與史在體裁上是很難分別的。正如《春秋》與《書》雖名爲經，但都同屬記事與記言的史書。

元代學者郝經並進一步提出古代無經史之分，他認為孔子定六經，而經之名始立，但並沒有經史之分別，六經原本是史而已。故「《易》即史之理也，《書》史之辭也，《詩》史之政也，《春秋》史之斷也，《禮》、《樂》經緯于其間，何有于異哉！」② 六經之名始於《莊子．天運》。在孔子之時，六經並未冠以「經」字，「經」乃儒家弟子為尊孔子刪定之功，故各加一「經」字，以示敬重，如《詩》加一經字成為《詩經》等。郝氏以為，六經本是先秦時代不同體裁的史書。經是說明事之理，史是記載理之事；經可說是史學的理論，史可說是經的事實依據。如果只治經而不治史，則只知理而不知事情的變化，只有治史而不治經，則只知事情的變化，而不能了解其中的道理。因此必需經史兼治，融合為一，才能知「興廢之由」，通天人之變。

明代王陽明紹承郝經等人的說法，並加以發揚光大，提出「五經皆史」之說。此由王陽明答弟子徐愛的問題可知。《傳習錄》卷一記載：徐愛問先儒論六經，獨取《春秋》為史，而史以記事為要，或與五經事體，終或稍異。王陽明在問答中指出。經史實為一體之兩面，蓋以事情來說是史，以道而言即謂之經。而事即道，道即事，經史之難分，正猶事與道之不可分離。王陽明說：「《春秋》亦經，五經亦史，《易》是庖犧氏之史，《書》是堯舜以下史，《禮》、《樂》是三代史。其事同，其道同，安有所謂異？」對於經史為一，道事相同之理，闡發至明。王陽明又進一步說明五經是史的道理，他說：「五經亦只是史，史以明善惡，示訓戒，善可為訓者，特存其跡以示法。惡可為戒者，存其戒削其事，以杜奸。」他認為聖人作經，旨在勸人為善去惡，史的作用也是明善惡以為訓戒。二者功能相同，所以說五經亦只是史而已。是知經、史之名雖異，而其事體及功用卻是一樣的。

王陽明點出「六經皆史」之內涵後，李贄繼起，正式提出「六經皆史」之術語。他於《焚書．經史相爲表裏》中說：「經、史一物也。史而不經，則爲穢史也，何以垂戒鑑乎？經而不史，則爲說白話矣，何以彰事實乎？」傳統史學以直書爲最高史德，李贄以爲治史不能沒有正確的目的，故特別倡導經世之史。認爲史書若沒有經書明道教化的功能，則何以垂鑑於後世，以收教化之作用呢？經書若不以史事爲基礎，則立論無根據，又如何彰顯事實呢？由此可知，經史是「同一物」的。因此，他又說：「故《春秋》一語，春秋一時之史也。《詩經》、《書經》，五帝三王以來之史也。而《易經》則又示人以經之所自出，史之所從來，學道屢遷，變易匪常，不可一定執也。故謂六經皆史可也。」李贄在闡論經史爲一物的過程中，指出《春秋經》是記春秋一代的史事，《詩》、《書》二經，是記五帝三王以來的史事，與王陽明注釋「五經亦史」的手法相似。但李贄除了特別強調經、史的作用外，更揭示《易經》早已向人們指出經、史的關係。尤其變易之理，自然微妙，學者千萬不可以固執不變，而要能因時變化，即體會到不同時代有不同時代之經，不同時代有不同時代的史，經即是史，史即是經，經史是相互表裏的。李贄在此透露出他順應時變的歷史觀，也間接抨擊理學家拘泥經典，株守程朱，虛僞空疏，脫離社會現實的學風，也爲明清之際「經世致用」之學開下先河。因爲他認爲歷史不停地演化，人們對經史的觀念也不能太固執，否則「若執一定之說，持刊本、死本而欲印行以通天下後世，是執一也，執一便是害道。」③是知研究經典或史書，千萬不能固執一定之說，而要能因時、因地之不同而會通其義，了解經、史相通的道理，才是善讀經史的人。

明代滅亡後，「六經皆史」說並未中絕。清初有袁枚「古有史而無經」之論，認爲今之經書皆古代史官所作。誠如《尚書》、《春秋》爲今之經書，書中所記載的卻是古代的史事。《詩》、《易》所載，亦皆先王之言；禮樂所存，皆先王所立之法。故若說經書皆史可也。《隨園隨筆》卷二十四說：「劉道原曰：『歷代史出於《春秋》。劉歆《七略》，王儉《七志》皆以《史》、《漢》附《春秋》而已，阮孝緒《七錄》，才將經史分類，不知古有史而無經。《尚書》、《春秋》皆史也，……六經之名，始于莊子，解經之名，始於戴聖，考之六經，并无以經學作書名解者。』」袁枚從目錄學上經史之分合，來探討前人對經史的觀念。他認爲古代只有史而沒有經，是以漢代劉歆編《七略》，王儉編《七志》時只把《史記》、《漢書》附春秋類而已，並未另外分門別類，一直到了阮孝緒才別出心裁，將經史分類。袁枚卻從漢人引《論語》、《孝經》皆稱傳而不稱經的例證來論斷古代只有史而沒有經，力矯阮氏之非。「六經皆史」的觀念，傳至乾嘉之時，史學大師章學誠特加闡揚，充分發揮李贄「經史之道，爲道屢遷，變易匪常，不可以一定執也」之精神。賦予「六經皆史」說新的時代內涵，及理論價值，促使「六經皆史」說大爲盛行，致使一般人提及「六經皆史」一詞，皆以爲是章學誠首提。殊不知這是章氏肯定李贄「六經皆史」之論，加以充實生輝，發揚光大。《文史通義·易教上》說：「六經皆史也，古人不著書，古人未嘗離事而言理，六經皆先王之政典也。」王陽明以「事」、「道」來論經史爲一體兩面。李贄則明白的道出經的作用性在「垂戒鑑」，史的作用性在「彰事實」。而章學誠則從「事」、「理」以明經史之要旨，用字雖有不同，但他們對經史的作用在說理記事的看法，同出一轍。章學誠明確指出經出於史，並擴大史的範圍，至於子集諸家，以爲盈天地間之著作，皆是史學。其《文史通義．報孫淵如書》說：「六經特聖人取此六種之史以垂訓者耳。子集諸家，其源皆出於史。」只是後人不明此理，所以妄加分別，而有經、史、子、集等四部分法。徒增人們的困惑，而模糊了經史記事言理之本來面目。

清末龔自珍有「尊史說」，龔氏以爲一切文章皆可稱爲史。他在〈古史鉤沉論〉中即將《詩經》之〈風〉謠視爲「史所采於民，〈雅〉、〈頌〉則史所采於士大夫。」是知《詩》本是史也。孟子所謂：「王者之跡熄而《詩》亡，《詩》亡而後《春秋》作。」即說明這個道理。他又說：「史之外，無有語言焉，史之外無有文學焉，史之外無人倫品同焉。」把史的範圍擴大到極致，認爲離開了史料就沒有語言、文字及人倫品目。換句話說，他認爲不管用口耳傳說的史料，或文字發明以後，用文字記載的文字史料，甚至於非語言文字的地面、地下史料，如宮廷、道路、各種人倫事物的名稱都可以幫助我們了解人類在時間流中的活動情形，因此這些都是史。龔氏之論大大地提高了史的地位，把六經看作是「周史之宗子也」、「諸子者，周史之小宗也。」因爲他認爲各家的作品都有不同，但卻都是人類真實活動的紀錄，所以龔自珍可以說是將「六經皆史」發揮得淋漓盡致的人。

由上可知，在「六經皆史」的發展過程中，李贄除了居有首創之功外，並具有承先啓後的關鍵地位。因此我們可以說「六經皆史」之說，發源於隋代王通，彰明於明代王守仁，創發於李贄，闡揚於清代袁枚，光大於章學誠，揚波於龔自珍。而此種議論實有違宗經徵聖的傳統思想，若非豪傑之士、卓犖之才，有誰敢與傳統大唱反調，顯揚其說。即如時代晚於李贄的章學誠，提出此説尚且誠惶誠恐，不敢多言，他在〈報孫淵如書〉説：「此種議論，知駭俗下耳目，故不敢多言。」而龔自珍「生當文網嚴密的時代，敢於從『至聖』、『顯聖』頭下摘去神聖的光環，還他以述作家的本來面目，確實有些驚世駭俗。」④由此可推知李贄在文化思想箝制非常嚴苛的時代，膽敢反對時人盲目的尊崇孔子，最先提出「六經皆史」之説，豈是驚世駭俗所能形容？李贄被視爲異端，良有以也。而其卓絕的史識與爲理想而奮鬥不懈的精神，身處風雨中仍然挺進，誓死不屈的人格，千秋之下，益加令人敬佩。

2 揭櫫「時變」的歷史觀

李贄論述「六經皆史」中，提出了重視時變的歷史觀。他告訴我們「爲道屢遷，變易匪常」，切忌定執拘泥，否定了經學的永恆性與孔子的神聖性。李贄認爲歷史是不斷變化發展的時間流，對於歷史學家來說，掌握時變，因應新事物是最重要的。因爲在不同的時空下，歷史的評論標準也必須相對地加以變化，而不應拿著一把古尺來量度現今的事物，否則必定格格不入而與時代脫節，失去了歷史的現實意義。

李贄在《藏書．世紀列傳總目前論》説：「人之是非，初無定質，人之是非人也，亦無定論。」否定了一切的是非標準，而提出可以並育並行的多元是非觀，對於打破封建思想的壟斷，實具有積極意義。他又説：「夫是非之爭也，……。昨日是而今日非矣，今日非而後日又是矣。使孔子復生於今日，又不知作如何是非矣。」誠然，歷史的流變如歲月遷移，晝夜更替，不斷地在變化，而是非的標準又豈能永久不變？每一位聖賢，每一本作品皆有其時代意義，但也有其局部限制，所以過去的是非標準不一定符合今日的需要。李贄不以孔子的是非爲是非，即是站在時變的歷史觀而發的。他認爲大家「咸以孔子的是非爲是非」，所以也就沒有真正合於當代的是非標準，何故？因爲孔子雖然在春秋時代自有他的學術成就與事功，但到了兩千多年後的明代中葉，不論社會、文化、政治等都已有巨大的變化。所以如果完全以孔子的話作爲是非的標準而不知變通，則容易流爲僵化的教條，拿這些教條來作爲歷史的標準，勢必失去歷史的真實生命，而無法使後人從歷史中獲取寶貴的鑑戒作用，這樣的歷史教育，不就失去了意義嗎？因此李贄提出因應時變的是非觀，並在《藏書》的編纂中實踐他的理論，他的《藏書》乃選擇漢以來至金、元的君臣名士，撮取他們的行事，分類定品，「一切斷以己意，不必合於儒者相沿之是非。」⑤頗具有革新進步的史學思想，而這種思想的產生也是時代的需求。

試觀李贄所處的時代封建制度已漸趨沒落，社會動盪不安，內憂加劇，外患日緊，不論主客觀情勢均顯現出朱明政權岌岌可危，天崩地解，似已爲時不遠。在這重重的危機中，李贄深切的感覺到救國救民一定要經世致用，而不能皓首窮經，食古不化，徒然陶醉於古典的美夢中而任由現實環境的惡化。李贄求新求變，務實尚用的「時變」史學觀，就是在這種環境中誕生。因此李贄史學鉅著——《藏書》所流貫其間的救世、用賢、尚事功、富國、強國等精神即是因時代的需要而發，也是其時變歷史觀的具體展現。因爲唯有身擔治國大任的官吏，能夠真切領悟到「時變」的道理，才能以自己的「新變」，領導全國人民走向革新精進的道路，使國家轉危爲安，化險爲夷，開拓出平坦的履道。所以李贄在《藏書·世紀列傳總目後論》中懇切地呼籲「受人家國之託者，慎無刻舟求劍，託名爲儒，求治而反亂。」對於儒者治國迂腐而不能順應時變之弊提出忠告。他認爲儒者不知學的原因在於他們不知變通，而往往學步失故，踐跡而不能造其域，故終爲名臣所嗤笑。李贄在《焚書》卷五〈晁錯〉中也說：「夫治國之術多矣。若謂人盡不知術數，必欲其皆就己之術數，則亦豈謂之知數哉？」蓋漢文帝有漢文帝之術，漢高祖有漢高祖之術，甚至於六家九流，凡是能挾以成功的，都有其真實一定的術，「只有儒者不知，故不可以語治。」他認爲治國的方策最上策的是「因其時，用其術，世無定時，我無定術。」這就是所謂「與時消息而已不勞」的上策。至於上上之策，則是「不見其時，不知其術，時在則術在，而術不能違時；術在則時在，而時亦不能違術。」這種上上的治術也只有管仲等能因禍爲福，轉敗爲功的人才能做到。可見治國的要訣，在於因時因地而制宜，不必先存定術，只要時在則術在，時術能密切相合，即算是善治的人。李贄在歌頌管仲之善體時變外，也不禁對儒者的固執不知變通提出批評，他於《焚書》卷一〈復周南士〉中說：「若乃切切焉以求用，又不能委曲以濟其用，操一己之繩墨，持先王之規矩。」這就好像手持方枘而放入圓鑿孔中，不但扞格不入，且有折斷之虞。儒者不能順應時變，委曲求用，而空負切切求用的本心。是對自己的損失，也是國家的不幸。

李贄一生痛恨迂儒、俗儒、腐儒等迂遠不切實際的儒者，就是因爲他們固執而不知變通。而他所激賞的法家人物，如吳起、李悝、申不害、商鞅等就是因爲他們能務實求變，順應時代的需求，提出強國、富國的對策。基於時變的歷史觀，李贄對時文也相當肯定，他在《焚書》卷二〈時文後序〉說「時文者，今時取士之文也，非古也，然以今視古，古固非今；由後觀今，今復爲古。故曰文章與時高下。」他認爲古今是相對的，文章也隨著時代不同而各有佳作，其精光都可流傳後世。那些認爲時文只可以取士，不能行遠的人，「非但不知文，亦且不知時矣。」李贄透過時變的審美觀點，洞悉文章的形式雖然代有不同，但其人倫物理，則千古相同，故推知文章深層結構中的情理也是千古相同，所不同的只是時代精神而已。由此觀之，五言詩興起，則四言詩爲古，唐代近體詩的產生，而五言詩又成爲古詩，古今隨時異俗。因此他認爲各種文體之變皆有其時代意義，不一定要局限於傳統的文學觀。李贄在文學上肯定小說、戲曲等俗文學，也正是依據時變的歷史觀察。在這個史觀下，任何神聖的作品都可能褪色，任何不被重視而具有時代精神的好作品都可能發光。李贄在「童心說」中對於小說戲曲等俗文學的肯定，及視六經、《論語》、《孟子》爲「道學之口實，假人之淵藪」，也都是在「時變」的審美觀點下所發揮的議論。可見「時變」的歷史觀，是李贄進步思想的精神命脈。李贄的思想能具有鮮活的生命，卓異的光彩，正因有此。

張大可在他主編的《歷史文獻學》中說：「明代史論數量很多，僅專著即達數百部以上，超過宋、元總合。但大都平庸說教，惟後朝李贄、張溥兩人的史評有新鮮氣息，爲明代史論名家。」他又特別讚美李贄編著的《焚書》、《藏書》、《史綱評要》等評點作品，尤其主張「史以經世，反對空談義理，破除理學藩籬，不同凡響。」故特別選出李贄爲明代史學的代表人物。分析李贄獲得推崇的理由，主要在其時變的歷史觀，因爲透過這個觀點，可以發現李贄的史學著作不但「有新鮮氣息」，而且「不同凡響」。

3 樹立史學「求真」精神的典範

史學的純真精神，可以說是史學的靈魂。魏收著史被稱為「穢史」，就因失其純真的精神，文天祥〈正氣歌〉筆下的「在齊太史簡，在晉董狐筆」等十二組可歌可泣、驚天地泣鬼神的英雄烈士，所表現的，也是歷史純真的精神。而齊太史與董狐，春秋史筆，定天下之是非，存天地之真情，其不畏強權，不怕惡勢力，寧死不屈的精神，正是史學精神的最佳表現。歷史因有此種純真精神而珍貴，也因失此精神而賤穢，中國史學亦因此而傲視寰宇。歷史純真的精神，也充分顯示出中國史學家的俠骨丹心，成為天地元氣之所寄，正義的泉源。杜維運在《史學方法論》中揭露，從黃宗羲、萬斯同、全祖望三位「可以看出中國史學家所表現的精神，不畏懼現實的勢力，不輕獻新朝的頌辭，為失敗的一朝存實錄，為少數有奇節的人物傳信史。」⑥他們視人間的榮華富貴為過眼雲煙，視天地之純真為永恆的生命，所以刀鋸鼎鑊，也甘之如飴，甚至求之不可得。他又說：「史學家有此種精神，應稱之為史學上的純真精神……人類整部歷史的真實性與價值，也全靠這種純真的精神來維繫。歷史最大的特性，亦即歷史的最大價值所在，在於真。」他認為純真是歷史最大的特性，也是最大的價值所在，歷史失真即不成歷史，史學家為了存歷史之真獻出一切，這應該是史學上最珍貴的精神了。杜維運這段話本來是頌揚黃宗羲、萬斯同、全祖望三位史學家所表現的純真精神。從這三位史家的表現，也可以映照出李贄純真的史學精神。蓋他們重視史學，冒死保存歷史之真的精神，與李贄的精神正是一脈相承，前後相貫。

李贄純真的史學精神，實由其務實求真的理念出發，與其文學重視「童心」思想之反傳統精神是一以貫之的。爲了維護歷史之真，李贄毅然點燃了生命的火炬，燃燒自己，照亮歷史之路。雖然迭遭挫折，屢經橫逆，但他不但不避多事，並且堅持「寧義而餓，不忍苟飽，寧屈而死，不肯倖生。」⑦積極發揮「勇者不懼」、「志士不忘在溝壑，勇士不忘喪其元」的大無畏精神，不畏強權，不忍苟且偷生，置死生於度外。他說：「歷觀從古大丈夫、好漢盡是如此，……可以知我之不畏死矣，可以知我之不怕人矣，可以知我之不靠勢矣。」爲了公理正義的彰揚，堅決地挑起歷史的重擔，自反而縮，則勇往直前，不怕人、不靠勢、不畏死。這種不移、不淫、不屈的大丈夫精神，正是由他「自量心上無邪，身上無非，形上無垢，影上無塵。」⑧光明坦蕩，真實無妄的胸懷而生。正因他仰不愧天，俯不怍人，是以堂堂之陣，正正之旗與俗世交戰，故能有正兵法度森嚴的紀律，是以無懈可擊。李贄以高潔的性情，倔強不屈的個性，與光明坦蕩的心，來鑽研歷史，故對於歷史人物的評鑑，往往能夠秉筆直書，一反傳統對歷史人物的看法，重新評定歷史人物，雖然或因爲歷史觀點之異而難免有所偏頗，但其自成一家之言，以補正史之未備，對歷史的貢獻實非淺小。其中，尤以史學的純真精神，最堪爲後代著史者之楷模。

他在《續焚書》卷一〈與焦弱侯〉說中寫出了他讀史的樂趣。他說：「山中寂寞無侶，時時取史册披閱，得與其人會覿，亦自快樂。」把讀史與古人會面當成是人生的樂事，並非有志於博學宏詞科啊！李贄讀歷史是不以成敗論英雄，而注意到天地間的真精神，往往寄託在失敗者與少數人身上。所以他讀史不但重視赫然有名，爲後世傳誦不已的「大聖人」，對於被後人視爲遺臭萬年，絕無足錄的大壞蛋，也肯定他們的「精神巧思」，自有令人心羨的地方。可以說全面的觀察歷史的真相，真正做到「不以言舉人，不以言廢人」的客觀原則，一切以貫徹歷史純真的精神爲依歸。因爲在他看來，歷史的真有時會被烏雲所掩蔽，致使史官失察；或小人有意栽贓，汚蔑聖賢。因此他覺得史學純真精神的追求，當責無旁貸，舍我其誰？李贄又說：「說真正聖賢，不免被人細摘，或以浮名傳頌，而其實索然，自古至今多少寃曲，誰與辨雪！」李贄爲了保存天地之真，發揚正義的精神，誓爲千百年來沉寃莫辨的歷史人物洗雪恥辱，這正是史學純真精神最自然深刻的表現。爲了找出「浮名傳頌，其實索然」的歷史投機客；爲了平反被人細摘的真正聖賢，他眼觀四面，耳聽八方，全力以赴，極力搜尋，庶明真相，「故讀史時真如與百千萬人作對敵」那種緊張刺激，痛快淋漓的成就感與痛快感，李贄形容爲「殊有絕致」，這是無法輕易告知的。

李贄以求真務實的精神讀史，故他讀史正如與千百人作對。不論考證搜討，辨證釐清，分析歸納，比較綜合，無不全神貫注，努力從事。其目的在爲古今多少寃曲的歷史人物辨雪，雖或因史觀之有異而蒙受非議詆毀，然其純真的歷史精神，豈容抹殺？冒著生命危險，以維護歷史之真，堪爲中國史學家之典範，所謂「讀聖賢書，所學何事」、「風簷展書讀，古道照顏色。」凄涼悲壯的歷史情懷自然流露。或因李贄預知以己之是非，非人之所是，必遭反噬，故《藏書》之命名即寓「藏諸名山，以俟來者」之意，他在《焚書．答焦漪園》

說：「惟此一種繫百年是非，……而欲與知音者一談，是以呈去。」正說明此書關係著千百年來是非的重新評定，其中蘊藏著驚世駭俗的獨特創見，是以只能與知音一談，不能公開發表。

李贄對《藏書》用功特深，且視本書爲「真實可喜」⑨之作，正因它實維繫著千百年的是非，也是李贄精神之所繫。因爲在封建專制的時代，學者往往不便指陳個人的政治觀與對封建的不滿，更不能直陳時弊。姑且不論李贄的歷史著作是否能真正完美無缺的呈現歷史的實，但爲了傳達個人的政治理念和良知建言，同時發抒己憤，居然不惜以生命爲歷史存真實，此種精神是絕對可以肯定的。

正因李贄不忍見歷史之失態，把真英雄畫作軟腳蝦，真風流名士畫作俗士，所以決心爲歷史補苴罅漏，洗卻寃情，清除浮名傳世的歷史人物，重現歷史的真面貌。李贄在〈答焦漪園〉中又說明「今不敢謂此書諸傳皆已妥當，但以其是非堪受前人出氣而已，斷然不宜使俗士見之……若論著則不可改易。」李贄抉幽闡微，出以己意，給予歷史人物重新定位，並希望本書爲法家流傳援引的著作。他告訴友人焦竑說其書中差訛甚多，惟兄斟酌行之。然而論著部分爲其歷史純真精神所託，這是可以確定的。

李贄這種爲歷史存真的使命感，正是中國史學精神的彰顯，清代浙撫李本晟給黃宗羲的信說：「本朝係順天應人之舉，而桀犬之吠堯者不必諱。既將勒成信史，必應闡幽抉微，以定千古爰書。」這是李贄爲「法家傳爰之書」的著史理想，得李、黃諸賢的發揮，異口同聲，同爲歷史傳真作見證，中國史學純真的精神，永遠流貫在滔滔不絕的歷史長河中。

李贄純真的史學精神，影響後代頗大，從張岱、黃宗羲、萬斯同、全祖望等人的史學精神思想中，可以窺見中國史學家純真的精神，他們不畏權貴，不慕名利，一心一意為歷史存真相，為節義之士傳信史，為了正義真理，生死又何足掛齒？杜維運先生說：「歷史不可能全真，歷史的最值得珍貴，卻在於極近於真，所以史學家最主要的任務，是在儘可能將以往曾經發生的事實的真，以及事實與事實間相互的真正關係揭露出來，古今中外史學家所兢兢業業，慘澹經營者在此。」杜氏之言，正是李贄畢生辛勤鑽研史學的真實寫照，其史學鉅著亦因此而作，是知李贄對於史學純真精神的發揚，可謂盡心又盡力矣。明白此理，則對蔡尚思將李贄與司馬遷並列為中國兩大模範史家⑩，自是真知灼見之定論。

① 《全唐文》卷八〇〇。
② 郝經《陵川集》卷十九《辨微論．經史》。
③ 《藏書》卷三二〈孟軻〉。
④ 黃保真等著《中國文學理論史》第七編，頁二一一。
⑤ 《藏書．梅國楨序》。
⑥ 第十六章〈史學上的純真精神〉，華世出版社，六十八年十月。
⑦ 《焚書》卷一〈與城老〉。
⑧ 《焚書》卷一〈與周友山〉。
⑨ 《焚書》卷一〈答焦漪園〉。
⑩ 〈李贄思想體系——漢後一位反舊傳統的偉大思想家〉，搜錄於《李贄研究》。

五、李贄對當代及後世的影響

李贄為反封建而生，也因反封建而死。他勇於批判現實社會的黑暗，與思想界的保守落後、空虛頹廢，帶給晚明僵化岑寂的社會一線熹微的曙光。在歷史走到新舊交替的過渡時刻，獨能善體時變，敏銳地嗅出人們內心追求自由解放的渴望。絲毫不顧流俗，敢於冒犯笑侮，甘為「異端」，扮演悲劇的主角，奮起揭露道學家的貪昧偽善與無能。其言辭激切，文筆潑辣，嘻笑怒罵，入木三分，膽識過人，豪氣萬千，閃耀著進步思想的光輝。在晚明封建思想的暗夜，獨樹一幟，大放異采。其流風遺韻，源遠流長，影響廣大。茲就其思想、文學、史學、美學等四方面，簡論他對後世的影響。

1　思想方面

㈠民本思想：李贄肯定私欲，主張因民之性，順從民欲，滿足人民基本生活的需求。反對傳統儒家所謂的「君子之治」，而提倡「至人之治」，即是要求拋棄封建統治者以「禮」作為束縛人民的工具。他想讓人民適性地發展，各遂其欲，各暢其生，達到萬物並育而不相害的大和諧境界。這種反傳統、反專制，以民爲本的思想經過李贄的倡導，對後世學者影響頗大。如黃宗羲〈原君〉說：「古者以天下爲主，君爲客，凡君之所以畢世而經營者，爲天下也。」正是李贄民本思想的發揚。

黃宗羲以後，反對專制最力者爲唐甄，他在《潛書·抑尊》說：「天子之尊，非天地大神，皆人也。」又於〈善游〉篇說：「天子雖尊，亦人也。」否定封建帝王的至尊地位。甚至將帝王視爲民害，他說：「自秦以來，屠殺二千餘年，不可究止。嗟呼！何帝王盜賊之毒至於如此其極哉！」①正因帝王極力敲剝天下人的骨髓，以供他一人的享受，故他把惡劣的帝王視爲盜賊。他說：「自秦以來，凡爲帝王者皆賊也。」批評帝王之激烈，亙古未有。與李贄反對專制，重視百姓的思想，前後輝映。

清代大儒戴震，不但理欲思想與李贄相合，其於政治上也重視人倫日用，通情達理，他說：「人倫日用，聖人以通天下之情，遂天下之欲，權之而分理不爽，是謂理。」②又如清代維新變法的健將譚嗣同，反對禮教束縛人身，禁錮人民思想，將名教視爲獨夫民賊愚弄百姓的權術，深刻地揭發名教虛僞的本質，徹底否定傳統禮教的價值，他不但對理學家「存天理，去人欲」嚴加駁斥，認爲：「不知無人欲，尚安得有天理。」③。而對專制帝王的絕對威權也加以否定，他說：「君也者，爲民辦事者也，臣也者，助民辦事者也。」視君臣爲人民的公僕。其地位「且較之尋常之民而更爲末也。」這種貶抑崇高的君權，極力擡高民權的「君末民本」之主張，雖是時代的產物，也是李贄民本思想的繼承與發揚。

民國以後，一些醉心於新文化的人，否定舊思想，積極地求新求變，舊禮教遂承受空前的浩劫，打倒「孔家店」之聲浪響徹雲霄，孔孟思想因此而式微。李贄在這次的革命聲中重新被擡出，作爲破除傳統挑戰禮教的利器。吳虞在〈明李卓吾別傳〉中對於李贄聰明蓋世，快口直腸，快談雄辯，目空一代，故常有「憤激過甚」之處，以致觸當道，慘遭禍害，頗表同情，並認爲其中私人恩怨，自不能免。甚至從李贄不幸的遭遇，借題發揮，批評俗儒固陋偏狹，排除異己，乖僻迂妄，終使國家「喪權辱國，敗績蹙地」，從此一蹶不振。

周作人對李贄，也頗能同情的理解與肯定，他在〈讀《初潭集》〉中認爲「李卓吾的思想好處頗不少」，而其思想又是「和平公正的」，他在「天下第一大危險的事乃是不肯說誑話，許多思想文學之獄皆從此出」中，說明李贄遭禍的根本原因。並在〈捫燭脞存〉中說：「卓吾老子何有奇，也只是這一點常識，又加以潔癖，乃更至于此殺身矣。」對李贄的寃死發出了歷史的不平之鳴。其文中流露出的反傳統之批評精神，正與李贄一脈相承。

㈡實學思想：李贄的實學思想，表現他對重實用的法家人物之推崇，文學主張寫有用之文，及反對俗儒之無用中得知。他研究《易》學，也是爲了人生日用。他於《續焚書》卷一〈與友人〉中，批評一些學《易》者，不知聖人之心，徒求於高遠，「何益於人生日用參贊化育事耶！」又在《續焚書》卷一〈與耿子健〉中自稱《明燈道古錄》、《藏書》爲「萬世治平之書」。又於〈自刻說書序〉④ 闡明他著書立說的目的，無非是爲了經世治國之用。因此他對事物的評價也是反對超功利的觀點，對於董仲舒「正其誼不謀其利，明其道不計其功」的迂遠理想，不以爲然。因爲這種理想雖立意甚高，但使人無利可圖，在現實功利的社會中，是難以實現的。誠如他所說：「若不計功，道又何時而可明也。」⑤

李贄對於治國主張，唯才是用，反對傳統用人重德輕才的觀念，他在《藏書》卷二十二〈智謀名臣〉論中即大力推崇有用的「智謀之士」，而貶抑不實用的節義之士，認爲「節義者，敗亡之徵也。」正是取決於功利主義的實學觀點。此外，他痛斥俗儒救荒無奇策之說法，指出「世間何事不可處，何時不可救乎？」⑥又於《藏書》中述及朱熹時，憤怒地揭發朱熹不明時變，誤國無用。在強敵壓境時，不能奮發有爲，提出轉危爲安的對策，而僅以正心誠意勸諫人主去除內侍中之小人，誠是迂闊無用之論。李贄重實用的精神，從根本上改變了傳統儒家的價值觀念，開啓後代實學之先聲。流風所及，鼓動了明清之際實學的風潮。誠如提倡經世致用的顧炎武、倡導實用主義的顏元、李塨等人，都是實學健將，也是李贄實學思想推波助瀾的大功臣。是知李贄爲明清實學之導師，任繼愈《中國哲學史》中把李贄這種公開宣揚功利主義的觀點，看成是後代反對唯心主義哲學家空談性命，「主張經世致用，講求實利的進步思想家，如顧炎武、顏元等人思想的先導。」只可惜後代學者談到經世致用之實學，很少提到李贄，「這實在是實學思想史的疏漏。」⑦足見李贄對明清實學的啓迪之功，不可沒焉。

㈢重商思想：李贄出身擅長做生意的回教家族中，自幼耳染目濡，深諳商理，從他的作品中也可以看出他靈活的商業頭腦。《焚書》卷五〈爲相灌輸〉讚美桑弘羊提出「爲賦相灌輸」之法，增加國家稅收，平抑天下物價，兩利兼收，是很有經營的頭腦。並譏霍光、班固不懂生意的道理。又於《藏書．名臣傳．孔僅、桑弘羊》中說：「大農諸官，盡籠天下之貨物，貴者賣之，賤者買之，如此富商大賈，亡所牢大利，則反本而萬物不得騰躍……民不益而天下用饒。」對桑弘羊頗具商業頭腦的「平準法」，大爲推崇，並作夾評「眞眞」二字，嘖嘖稱奇。

李贄除了能洞悉商情，肯定具有商業經營理念的桑弘羊外，自己也曾公開爲商人請命。他在《焚書》卷二〈又與焦弱侯〉中即對商人甚表同情，他說商人「挾數萬之貲，經風濤之險，受辱於關吏，忍詬於市易，辛勤萬狀。」並且還要結交卿大夫之門，才能賺一點錢而不被欺侮。一反傳統把商人看成爲富不仁的「賤大夫」觀念，對後代影響很大。誠如：黃宗羲於《明夷待訪錄．財計》中批評「世儒不察，以工商爲末，妄議抑之。」的不是，肯定商人的地位，直視爲立國的根本。顧炎武也說：「關中故多豪傑之士，其起家商賈爲權利者，大抵崇孝義，尚節概，有古君子之風。」[8]給予商人的人格至高的評價。

此外，王夫之把能使人民致富的大商人，視爲「國之司命」[9]。顏元在其〈言行錄〉中提出經商可以發財發身的商業哲學，毫不避諱的談求利發財。這些進步的商業思想，皆可看作李贄重商思想的發皇。

㈣理欲之辨：程朱之學主張「存天理、去人欲。」認爲天理與人欲是相對立的，「不是天理，便是私欲。」[10]「天理存則人欲亡，人欲勝則天理滅。」人類唯有消滅人欲，才能成就天理，走向聖賢之路。李贄之時，程朱之學方興未艾，但他卻不苟流俗，毅然反對程朱，認爲程朱之學者，都是「敗俗傷世」[11]的人。因此，他提出「穿衣吃飯即是人倫物理」[12]，把世間種種，看作都是衣與飯類而已。顯然是將天理人欲視爲一物，並強調滿足人民生活基本的欲望是爲政者的責任。這種進步思想在後代也獲得發揚。誠如陳確說：「天理正從人欲中見，人欲恰到好處即天理也。」⑬王夫之雖然在〈正蒙〉中說：「飲食男女皆性（欲）也。」這種正視人民的需求，與理學家禁欲的思想，截然不同，也與僧侶主義完全對立，傳及清代戴震，更大力抨擊程朱以理殺人，不合自然人性。他在《孟子字義疏證》下即對統治者把民之饑寒愁怨、飲食男女等需求看作是不值得重視的人欲問題感到不滿。他說：「古之言理，就人之情欲求之，使之無疵之謂理。今之言理也，離人之情欲求之，使之忍而不顧之謂理。」是知後人講理，不顧人之情欲需求，如果勉強去做，適足以驅天下人盡轉爲欺僞的人，這樣禍患就無窮了。

由程朱之天理人欲兩相對立，到李贄反對程朱，肯定人欲爲天理之進步思想，並影響陳乾初、王船山、戴東原等人的天理人欲論。可見李贄在理欲之辨，是由「天理勝，人欲滅；人欲勝，天理滅」，走向「天理人欲爲一」之路的關鍵人物。

㈤男女平等：李贄否定男子之見長，女子之見短，並招收女弟子。盛讚卓文君是一位勇於追求愛情的女子。說她能「忍小恥而就大計」⑭，可知李贄不只是男女平等的理論家，也是一個實行家，影響所及，如明末唐甄《潛書．夫婦》，即提出「五倫百行，非恕不行，行之自妻始。」表現出對女性的尊重及男女平等的主張。因此他也效法李贄招收女弟子。徐允祿更主張女子不必守寡，男子也可以娶寡婦，夫婦無義可離婚，並且離婚不影響名節。他說：「古禮制於男子，男子自私，所以重父輕母、輕女是極不孝。」⑮清代袁枚認爲讀書明理，不分男女，總以才具爲先。此外，李汝珍《鏡花緣》中的女兒國，特別強調女子的社會地位，譚嗣同在《仁學》中也提出仁以通爲義，而通有四義，「男女通」即是一義，也提倡男女平等。康有為《大同書》也主張男女平等，各自都有獨立之權。這些主張都與李贄男女平等的思想同樣具有進步的意義。侯外廬於《中國思想史綱》說：「李贄特別提出了男女平等的觀點，……這樣的進步觀點開清代俞正燮等人的先聲，在當時是非常大膽的。」誠為的論。

2 文學方面

㈠焦竑：直取胸臆，自標靈采

焦竑（一五四一——一六二〇年）是李贄的朋友，也是耿定向的學生，《四庫全書總目提要》說他：「李贄之習氣沾染尤深，二人相率而為狂禪，贄至于詆孔子，而竑亦至尊崇楊、墨，與孟子為難。」也是具有幾許「異端」的色彩。只是他的文學思想較為溫和，故不如李贄的激進。他的文論出發點也是反對模擬復古，而主張「直取胸臆」⑯並重視發憤不平之作。他於〈與友人論文〉提出「脫棄陳骸，自標靈采」，認為文章要推陳出新，跳脫前人的窠臼，表現自己的精神風采。又於〈雅虞周集序〉說：「詩非他，人之性靈之所寄也。」他認為靈感不至則情不深，情不深則無法寫出驚心動魄、垂世行遠的作品。其實他所重視的「性靈」與「深情」，正是李贄自然為文，發憤為文的發揮。可見焦竑的「靈采」說，是李贄「童心說」到三袁「性靈」說中間的一個過渡環節。

㈡湯顯祖：力主情說，強調靈性

湯顯祖（一五五？——一六一六年）與李贄一樣，同樣是反對封建，蔑視權貴的浪漫主義者，他曾經拒絕張居正的招納而落榜。在政治上與東林黨顧憲成、高攀龍爲好友，哲學思想上也受泰州學派影響。他雖然曾拜泰州學派的主要人物羅汝芳爲啓蒙老師，但受李贄影響最大。他尊崇李贄，稱他爲「人中之傑」，並說：「尋其吐屬，如獲美劍。」⑰又於〈寄石楚蘇州書〉說：「有李百泉先生者，見其《焚書》，畸人也。肯爲求其書寄我駘蕩否？」對李贄的思想言論，頗爲激賞。李贄死時還作詩哀悼：「自是精靈愛出家，鉢頭何必向京華。知教笑舞臨刀杖，爛醉諸天雨雜花。」足見他對李贄的傾心與嚮慕。

他在詩文戲曲中力主「情」說，反對假道學，他認爲「彼假人者，果足與言天下事歟哉！」⑱正因假人沒有真情，而喜歡以「理」來掩飾自己的虛僞。因此他在〈寄達觀〉中說：「情有者理必無，理有者情必無。」將情理一刀兩斷，而特別突顯「情」的地位。除了「情」之外，他還強調「靈氣」、「靈性」，認爲「有靈性者自爲龍。」⑲肯定文章之妙在於發自內心的真實感受，即自然靈氣的流露，而不在步趨形式之間。

湯顯祖在思想上反對假道學，在文藝創作上反對模擬古人，死守格律；提倡至情，重視有「靈性」的作品。這些與李贄的反道學及自然爲主的主張，精神上是一貫的。

㈢公安三袁：獨抒性靈，不拘格套

三袁與李贄關係密切，特別是在李贄《焚書》出版後，被道學家激烈圍攻之時，袁宏道（一五六八—一六一〇年）毫不避諱地親走麻城拜訪他，使李贄大爲振奮。二人談心論道，大相契合，留住三個月後，才依依不捨地離開，李贄還送他至武昌，並作詩寄情「流水有情憐我老，秋風無恙斷秋腸。」寫出袁宏道離別後的感嘆。萬曆二十年袁中道到武昌訪李贄，五月二十九日過李贄寓中閑話家常，晚上回去，病大作，七月三日因病未癒，自武昌買舟返公安。同年三兄弟聯袂到龍湖訪李贄，並由袁中道記載李贄的談話，寫出〈柞林紀譚〉。由上可知李贄與三袁兄弟往來密切，交情頗深。袁宗道在〈答李龍湖書〉自述他讀別人的文章，但覺沉悶而無聊，讀李贄片言隻字「輒精神百倍」，對李贄作品推崇有加。袁宏道在〈李宏甫〉也說：「幸床頭有《焚書》一部，愁可破顏，病可健脾，昏可醒眼，甚得力。」視李贄的文章爲精神糧食、靈丹妙藥，不但可以提神解憂，還可以健脾醒眼，真是太美妙了！

三袁初見李贄在萬曆（一五九〇年）年春，袁中道〈柞林紀譚〉記載他們三兄弟拜訪柞林叟（李贄），袁宗道（一五六？—一六〇〇年）並提出「聖凡同異之分」、「學道不怕生死否？」等問題，李贄在嬉笑怒罵中透露出壁立萬仞之機鋒，使兄弟受益匪淺。袁中道（一五七〇—一六二三年）接受李贄的點化較多，他在《珂雪齋集》卷二十一〈書月公冊〉中與卓吾對話，說明他受李贄調教，李贄揭示一「疑」啓發他。他在細加體會後，才知道李贄的教誨「真有見也」。他在〈龍湖遺墨小序〉中把李贄比爲「今之子瞻也。」認爲他的才、趣雖不及蘇東坡，但識、膽卻有過之而無不及，真是一個善解李贄的人啊！因此他寫〈李溫陵傳〉，頗能深切地寫出李贄的性情、生平、愛好、學術及其雄豪的人格特性。袁中道在作品中提到李贄最多，可說是三袁中最了解李贄的人。袁宗道對李贄也是由衷敬佩，他給李贄的信中說：「忽得法語，助我精進不淺。」[20]並稱讚李贄的文章說：「此等真文字，惟蘇長公有幾篇相近，餘亦未足方也。」足見他對李贄文章的推崇是不遺餘力的。難怪袁宗道自述讀他人文字時，但覺煩悶，讀李贄的「片言隻語，輒精神百倍」，李贄的文章具有攝人心魄的振奮力量，誠非虛美。又於《白蘇齋類集．雜説類》也屢次引用李贄的文章來説明「生知」、「童心説」、「穿衣吃飯即是人倫物理」等道理。可見袁宗道受李贄的影響甚深。

然三袁之中以袁宏道的個性、才情與李贄最相近，是以他在接觸李贄的異端學説後，所受到的震撼、激盪也最大，錢謙益在《列朝詩集小傳》説他以「通明之資，學禪於李龍湖（李贄），讀書論詩，橫説豎説，心眼明膽力放，於是力昌言排擊，大放厥辭。」可見袁中郎在李贄爲他打開傳説的束縛，增強他的膽識後，心靈頓明，慧性盡出。以前因爲株守俗見，死於古人語下，而使「一段精光，不得披露」[21]；而現在正如鴻毛遇順風，又如巨魚縱大壑，能轉古人，而不爲古人所轉。「發爲語言，一一從胸襟流出，蓋天蓋地，雷開蟄戶，浸浸乎其未有涯也。」（同上）這是袁宏道接受李贄教化後脫胎換骨，茅塞頓開大悟徹悟之境界。李贄也非常激賞他，説：「伯也穩實，仲也英特，皆天下名士也。」[22]並鼓勵他更上層樓，去應試科舉，由〈九日至極樂寺聞中郎且至因喜而賦〉詩：「世道由來未可孤，百年端的是吾徒……黃金臺上思千里，爲報中郎速進途」，可知李贄對袁宏道的器重與殷望。

李贄對三袁文論之影響，主要表現在三大方面：

(1)時變的文學觀：袁宗道《論文．上》説：「夫時有古今，語言亦有古今，今人所詫謂奇字奧句，安知非古之街談巷語耶？」袁宏道於〈雪濤閣序〉也説：「夫古有古之時，今有今之時，襲古人語言之跡而冒以爲古，是處嚴冬而襲夏之葛者也。」二人皆強調文學具有時代性。蓋貴古賤今，模擬因襲，一味迷信古人是不合時宜的。這是李贄「時移勢殊」的時變觀念之發揚。

(2)文主性靈：性靈之文旨在求「真」，袁宏道〈序小修詩〉中提出詩文要「抒性靈，不拘格套，非從自己胸臆流出，不肯下筆。」有時因靈感一來，情與境會，頃刻千言，如江水東注，令人銷魂蝕骨。其間當然有好的，也有瑕疵，但「即疵處亦多本色造語。」又袁宏道於〈敘咼氏家繩集〉中也提出平淡之美，認爲蘇軾酷愛陶詩，是「貴其淡而適也。」而這個「淡」是不能造出來的，因爲其不可造，所以是「文之真性靈也。」主張爲文自然，真情流露，反對矯情造作，無病呻吟。這與他在〈雪濤閣集序〉中讚美江盈科的文章才高識遠「信腕信口，皆成律度」，及唐荊川所追求的「信手寫出，如寫家書」完全相同，同把自然發乎性靈的文章視爲天下之至文。三袁這種文主性靈，不拘格律的主張，正是脫胎於李贄「童心說」、「發憤說」，只是他已將李贄豪情激憤的高昂意志轉化爲自然平淡之風格而已。

(3)重視小說戲曲等俗文學：袁宏道在〈敘小修詩〉說：「故吾謂今之詩文不傳矣。其萬一傳者，或今閭閻婦人孺子所唱〈擘破玉〉、〈打草竿〉之類。」因爲這些都是無聞無識的真人所作，故多真聲。這不是效顰於前人，而是「任性而發」。又與〈江進之書〉也說：「今人謂〈銀絲柳〉、〈掛枝兒〉之類，可一字相襲不？」反對因襲模擬、剽竊之文，獨貴沒有受過「道理聞見」污染，無知無識的真人真聲，極力肯定民歌等俗文學的地位。又於〈陳正甫會心集〉提出「夫趣得之自然者深，得之學問者淺，當其爲童子也，不知有趣，然無往而非趣也。」把童趣當成是人生之至樂，也是最高的境界。這些都是以李贄的「童心說」爲活水源頭，以之觸發出的「性靈」、「童趣」之流派。

由上可知，李贄對三袁的影響可說至深且遠。只是李贄是一位傑出的進步思想家，他善於從哲學的角度來論文學，故能深刻入裏，尖新超拔，跳脫傳統束縛。因此儘管他有關文學之創作並不多，但其文論卻具有前瞻性與深刻性，蘊含著時代人們深切渴望與爆發力。他反傳統，反理學，大膽懷疑的異端性格與叛逆精神，表現在文學理論上，使他成爲文壇之奇葩，充滿大膽、浪漫、革新、進步的光彩。但這種反復古，倡言心性主觀、唯心主義觀點的思想爲三袁所承繼，解脫其束縛，疏瀹其性靈，披剔其慧性。使他們的文學創作成績斐然，活躍文壇，惜他們的思想理論不若李贄之完整，見識也較少，復因沉溺於心性的探求，故其爲文逐漸與社會疏離，以致內容有褊狹淺薄之弊，自然難以深刻的表現社會現況，反映時代的風貌。究其原因，除了他們未能徹底實現自己的文學主張外；三袁的個性也不如李贄之「狂」，也沒有李贄的「斗膽」和堅忍不屈的抗爭精神；而李贄的死卻給他們一個血淋淋的教訓。所以袁中道在〈李溫陵傳〉中指出李贄有五點「不能學」，有三點是袁中道「不願學」的，其中「公直氣勁節，不爲人屈，而吾輩怯弱，隨人俯仰。」這點也是「五不能學」之一。

三袁雖然沒有李贄的識見與狂放不羈的性格，但他們吸收李贄懷疑、浪漫、求真的精神。含蘊停蓄，發而爲文，直抒胸臆，遂開性靈之大閘，讓清新的靈泉流灌晚明文士的心田，使晚明小品於風雲際會之下，如雨後春筍，百花爭艷；麗典新聲，絡繹奔會，創造了中國散文史的新高潮，不但在文學史上寫下光輝的一頁，也使三袁在文學史上各擁有重要的席位。流風所及，影響民間的白話文運動。誠如朱維之說：「所謂明末的文學運動，就是指公安派和竟陵派的反對復古……實際上揭出叛旗更早、更鮮明的倒是李卓吾。」㉓ 是知三袁的文學成就，李贄實居倡導之功。

㈣張岱：文貴獨創，空靈爲妙

張岱（一五九七—？年）的重要文論如「主空靈」、「貴獨創」等，也是由李贄自然爲文的主張中流出。而其《四書遇》，不因襲前人之見，強調以己心釋四書，就接受者的角度，建立讀者自己的「主體性」，去領會經中的道理。這種見解正是李贄「狂者不蹈故襲，不踐往跡。」精神的再現。他在《四書遇》中也曾引：「李卓吾……『何足以臧』」㉔，來說明「佛家破執」的道理，可見張岱以「遇」的方式、目即道存來讀四書，正與李贄「童心說」的思想動向是桴鼓相應的。

㈤馮夢龍：心儀情真，重視民歌

馮夢龍（一五七四—一六四六年）在反迷信孔子及對六經的嘲諷和否定上，也受李贄影響。他在〈廣笑府序〉中說：「又笑那孔子這老頭兒，你絮叨叨說什麼道學文章，也平白地把好些活人都弄死。」又於《智囊》中專輯〈閨智部〉表彰古今才女，揭露「女子無才便是德」的荒謬。這也是受李贄的男女平等思想的啓發。他對文學作品的評價也沾染了李贄的氣息，而力主「情真」。他於〈序山歌〉中提出：《詩經》乃是孔子所採錄的「桑間」、「濮上」之音，蓋孔子「以景爲情真，而不可廢也。」無非闡明唯有「情真」的作品才能留傳，而好的作品也必定具有真情。甚至可以「借男女之真情，發名教之僞藥」，揭發「名教」的虛假荒謬。在他看來，山歌是絕大部分男女情感真誠的流露。他說：「但有假詩文，無假山歌，以山歌不與詩文爭取，故不屑假。」這種重視民歌，惡假求真，反對矯揉造作之論，正是受李贄的影響而成。許自昌《樗齋漫錄》說馮夢龍「酷嗜李氏之學，奉爲耆蔡。」誠非虛言。

㈥金聖歎：評點小說，崇尚真情

金聖歎（一六〇八——一六六一年）自幼就有懷疑精神，長大後對於四書、五經等科舉的敲門磚並不感興趣，而獨對小說、戲曲等俗文學特別有好感。他在〈水滸傳序〉中把六經當作是「聖人的糟粕」。這在清廷專制高壓，文網嚴密的時代，真是要有超然的膽識。金聖歎在反封建、反傳統的精神上與李贄大相契合，而其評點戲曲小說，更是李贄首開評點風氣後最有力的繼承者。金聖歎評點學的主要特色，是能夠注意到人物形象個性化等問題。如他在《水滸》第三十七回，李逵初次亮相時批道：「畫李逵只五字已畫得出相」，就是受李贄批：「只三個字形神俱現。」的影響。又如五十八回史進陷青州，魯智深要獨自去救，武松極力勸阻，李贄評：「急的不顧事之不濟……粗豪，細慎，一見氣，一見識，與世間各懷一心者不同。」寫出魯智深與武松二個同爲勇猛剛強，義重如山的水滸英雄之不同的思想個性。而金聖歎在〈清第五才子書法〉中說：「《水滸傳》是寫人粗魯處，便有許多寫法，如：魯達粗魯是性急……武松粗魯是豪傑不受羈勒……。」這種同中求異的小說評點美學思想，正是繼承李贄而發，可見金聖歎是最能發揚李贄評點思想的人。此外，金聖歎於文學的看法，把文學當作是人們存在胸中的「一句真話」㉕，是那種忍不住「而衝口直吐出來」㉖的內心強烈的情感。這與李贄的「發憤說」、「童心說」正是一路下來的。而他把《西廂記》列爲六大才子書，更是肯定男女真情，與李贄讚美卓文君，異曲同工。

㈦李漁：文章求新，詞重機趣

李漁（一六一一—一六八〇年或一六七九年）是清初著名的戲曲家，他的許多見解，也都能反應出李贄的精神本色。如《閒情偶記．詞曲部》中，提出填詞必須「重機趣」，「勿使有道學氣」，即是對道學家的厭棄。又說：「人惟求舊，物惟求新，……戛戛乎陳言務去，求新之倡也。」主張文章要求新，戲曲更要求新。

李漁在〈賓白第四〉對於賓白的要求是語要求似，栩栩如生，他說：「務使心曲隱微，隨口唾出，說一人，肖一人，勿使雷同。」這與李贄評點《水滸》，充分肯定《水滸》在這方面的成就，看法一致。李贄評說：「軍漢是個軍漢話，都管是個都管話，句句有聲情，妙甚！」「開口語入真境。」（第六回眉批），可見在李贄時已注意到人物語言個性化，李漁深獲啓迪。

㈧葉燮：才膽識力，交相爲濟

葉燮（一六二七—一七〇三年）的思想也是具有李贄那種強烈的批評精神，他在《原詩》內篇中提出藝術家的創造力可分析成「才」、「膽」、「識」、「力」這四種因素交織融合而成。他說：「此四言者，所以窮盡此心之神明。」是知這四種決定詩文創作的因素是缺一不可的，因爲「大凡無才則心思不出，無膽則筆墨畏縮，無識則不能取捨，無力則不能自成一家。」但四者之中「識」尤其重要，他說：「大約才、膽、識、力四者交相爲濟，苟有所歉，則不可登作者之壇，四者無緩急，而要在先之以識。使無識，則三者俱無托。」

葉燮這種思想很明顯地受到李贄影響，李贄在《焚書．二十分識》特別強調爲人處世，或觀乎治天下，要具備「才」、「膽」、「識」，並認爲「才膽實由識而濟，故天下唯識爲難。」葉燮把李贄此一卓越的思想轉用到藝術創造的領域上，使李贄「才」、「膽」、「識」之思想獲得高度的發揚與深化。

(九)袁枚：文主性靈，尊重愛情

袁枚（一七一六—一七九八年）除了在史學上主張「六經皆史」，把經貶爲史，帶有疑經的思想成分與李贄相同外，其他如：(1)反道學：他在〈答楊笙湖〉中主張：「寧可使腐儒厭，不可使通儒嘔。」是也。(2)肯定名利：有人標榜不好名，他就回答說：「人之所異於禽獸者，以其好名也。」肯定名利之追求。(3)爲文主性靈：《隨園詩話》卷五說：「自《三百篇》至今日，凡詩之傳者都是性靈，不關堆垛。」認爲若離開性情，缺乏靈性的作品，反不若民間擊轅相杵之歌，尚遺風雅之韻。(4)重男女之情：他在《隨園詩話》卷六對宋代沈朗奏：「『〈關雎〉夫婦之詩，頗嫌狎褻，不可冠〈國風〉。』故另外寫〈堯〉、〈舜〉二詩以進，敢翻孔子之案。實在是『迂謬』已極。」頗不以爲然。並反駁說：「《詩經》好序婦人，如果以宋儒的夫爲妻綱的觀念來衡量，豈非都不合體裁。」由袁枚的反道學，肯定名利，主張「六經皆史」，尊重男女之情等，在在皆反映出他的思想精神與李贄有密切的關聯。

但他卻在〈答戴敬咸孝廉書〉中把李贄、何心隱之流，視爲「妖魅」、「盜賊」，顯然這是由於過度尊孔所致，所謂「我輩墜地後，舍周、孔何歸？」[27]，可見其意圖；又誤會李贄爲大逆不道的反孔分子，遂有此誤解之詈言。否則，就是因身處高壓專制的清朝，受不了恐怖的文字獄之威脅，因此急著要與李贄等劃清界線，以求自保。我想，如果沒有上面兩項因素，袁枚應收回對李贄的「厲責」，而代以崇敬之頌辭。

㈩章學誠：清真爲文，文無定格

章學誠（一七三八—一八〇一年）號實齋，不只是史學紹承李贄，他的文論也受啓發不少。蓋章氏論文唯重「清真」二字，他說：「清則氣不雜也，真則理無數也。」㉘其氣清理純的審美追求，與「童心」之本心、初心都是在求真，不枝不蔓，李贄在「童心説」說：「夫童心者，真心也。若以童心爲不可，是以真心爲不可也。」可見章氏的「清真」，與「童心說」一脈相承的，而李贄「童心說」中主張童心常存，則不論各種體格的文章皆可以爲至文。這一點也獲得章學誠的呼應，他說：「古人文成法立，未嘗有定格也。」㉙反之，文若定格，則學者常會受制於體例義法而竟趨於格，就寫不出真文。

㈩㈠龔自珍：強調童心，感慨激奮

李贄追求人性解放，爭取個性自由的進步思想，隨著明代的滅亡而復歸沉靜。蓋清朝入主中原，採高壓懷柔，嚴密箝制天下，使知識分子噤若寒蟬，人人自危，唯恐遭池魚之殃，故大家競研考證之學。但到了龔自珍（一七九二—一八四一年）時，國勢由盛轉衰，賣官鬻爵，營私舞弊，層出不窮。龔自珍乃承繼李贄的戰鬥精神，勇敢揭露當時社會黑暗的一面，譴責清廷的腐敗衰朽，抨擊統治官僚的墮落無恥。從他的進步思想中，我們不難看出李贄的影子，比如他嘗著〈論私〉一文，指出大凡塵世人物，不管是皇帝哲后，忠臣孝子，皆有其私。與李贄肯定「私」如出一轍，而他強調摒棄束縛，跳脫樊籬，爭取個性自由，不畏懼惡勢力的奮鬥精神，猶如李贄再現。他在《定盦文集．古今體詩》說：「黃金華髮兩飄蕭，六九童心尚未消。」寫出他不因宦海浮沉而退卻童心，也不因政治生涯的結束而泯滅童心。張兵在〈李贄的童心說與龔自珍的文學思想〉一文說：「強調童心是龔自珍文學思想的主要內容，這和李贄的主張完全默契。」㉚ 誠爲的論。又於〈上大學士書〉提出「感慨激奮」之文論，並強調「我論文章恕中晚，略工感慨是名家。」㉛ 特別強調感慨激奮之作，與李贄「發憤說」同樣強調自然發乎性情的激情。

(十二)其他：小說名著，深受點化

李贄的文論對後代的影響，除了在文學理論、評點小說、戲曲理論外，尚有小說創作方面，如神怪小說《西遊記》，言情小說《紅樓夢》，諷刺小說《儒林外史》，志怪小說《聊齋志異》等，皆可看出李贄思想餘波盪漾，影響深遠。蓋《西遊記》中孫悟空的種種反抗與鬥爭，正是作者對保守社會與傳統文化的大膽挑戰，也是李贄等啓蒙運動思想家的精神洒落之迴光。誠如何永康說：「當明代中葉以后，啓蒙思想運動而生的時候，……李贄則擺開『堂堂之陣，正正之旗』向封建專制主義，及其文化勇敢地挑戰。這一種以百倍信心沖決羅網的解放之風吹到了文藝領域，就催開了生趣盎然，精神灑落的浪漫之花，如《西遊記》和《牡丹亭》。」㉜ 由此可知，《西遊記》反抗傳統與鬥爭不屈的精神，就是李贄與何心隱等人「赤手以縛龍蛇」的沖決羅網之精神。因此我們可說：「李贄是天上的孫悟空；孫悟空是人間的李贄。」二者思想的內在關聯性是非常密切的。

《紅樓夢》一書的主要思想是繼承李贄、黃宗羲等人反道學、反封建、反專制而發的。因此《紅樓夢》的開宗明義，即說明不寫「大賢大忠理朝廷、治風俗的善政。」而且對「閨閣中一飲一食更加瑣碎細膩的描寫。」這就可以看出《紅樓夢》是反對傳統的儒家用「德禮政刑」

來統治百姓，而重視人民日常生活流露。此與李贄「穿衣吃飯即是人倫物理」的精神相通貫。又《紅樓夢》反科舉，大談男女真情，嘲弄男尊女卑的傳統觀念，以及抨擊「文死諫、武死戰」的封建最高倫理準則，無不閃耀李贄追求精神解放、個性自由、男女平等、重視自然情性的流露等進步思想的光輝。

《儒林外史》描寫一羣失意文人的生活，借以批判科舉制度與舊禮教的虛僞，也對那些虛假鄙陋的官僚仕紳的嘴臉，刻畫精微，入木三分。這種反科舉、反虛假、反對男女不平等而發的憤世嫉俗的狂情，似乎不難讓人想起明末的異端分子——李贄。所以何永康說：「王艮的追隨者李卓吾……其行跡充滿了逼人的『狂』氣，吳敬梓同這些先賢、先哲的心是相同的。」（同上注）不僅如此，李贄散文幽默詼諧具有鞭辟入裏的諷刺性。也在《儒林外史》獲得「青出於藍而勝於藍」的高度發揮。且《儒林外史》中的靈魂人物——王冕，在歷經多次挫折的銷爍，而童心始終未泯，是一個道地的「真人」。這是李贄與吳敬梓共同對理想人格形象的堅持與追求。

蒲松齡《聊齋志異》內容雖多爲神怪狐鬼妖魅精怪的故事，但蒲氏寫此書，不只志怪記趣以爲夏夜趣談而已，其反對現實社會，暴露官場的黑暗面，與土豪劣紳，魚肉人民的惡行惡狀，昭然若揭，又其批判科舉限制士子的才思，與讀書人無恥、倖進的心態，更是入木三分。這些與李贄反封建、輕科舉，痛斥僞道學家的思想又有何異？

由上可知，李贄「童心說」等一系列文論，從哲學的高峯普照下來，影響廣遠，不論文論、戲曲、小說、評點等皆受其照拂，生光發熱，各自蔚爲中國文論與文學之瑰寶。李贄啓迪之功，行遠有耀，其不朽價值有如此者。此外，陳明卿說：「卓吾書盛行……且流傳於日本。」而李贄評點的《水滸》流傳日本，導致眾多模擬本子的出現，其中反奸臣、寵臣的思想，及忠義精神影響「日本的明治維新和武士道精神」㉝。足見李贄不僅影響中土，且遍及東瀛。

3 史學方面

㈠首先提出「六經皆史」說：一般人提到「六經皆史」說，總會想到章學誠，其實章氏只是對「六經皆史」說加以發揚光大而已。真正提出「六經皆史」說的人是李贄。李贄在《焚書．經史相爲表裏》說：「經史一物也。史而不經，則爲穢史矣，何以垂鑑乎？經而不史，則說白話矣，何以彰事實乎？……故謂六經皆史可也。」首先揭櫫「六經皆史」學說，成爲開後代六經皆史中說之蠶叢。清代袁枚以「古有史而無經」來證明古代的經皆爲史。章學誠則繼李贄從「事」、「道」的觀點來說明六經皆史的道理，提出「古人不著書，古人未嘗離事而言理」，把六經視爲「先王之政典」，賦予「六經皆史」的理論基礎，並擴大「六經皆史」的範圍。「六經皆史」說傳及清末，則有龔自珍「尊史」之說，他認爲一切語言文章皆可稱史。史之外沒有文字及人倫品目，對六經皆史說發揮得淋漓盡致。使「六經皆史」說成爲明清時代史學上熱門的話題。這完全應歸功於李贄卓越的倡導之功。

㈡爲經世致用史學思想的先聲：明末清初之思想家如顧炎武、黃宗羲、王夫之等人，往往兼治經、史，重視經世之學，故他們受李贄的影響也是多方面的。誠如黃宗羲不但在反專制及民本思想受李贄影響，他在重視史學，治史尋求借鑑的經世史學思想，也是受李贄重視史學，提倡以史經世之影響。李贄衷心於史籍的著作，如《藏書》、《續藏書》等眾多史學著作，也給黃宗羲不少鼓舞。顧炎武雖然在強烈的「尊君」思想下痛罵李贄為「無忌憚」的「小人」。㉞但他脫掉了六經神聖的外衣，視六經為平實的典籍。這與李贄對六經的看法如出一轍，承襲之跡，顯然可見。他在《日知錄》卷三〈魯頌、商頌〉條中，除了間接提出「六經皆史」的看法外，並指出世人迷信六經的不智。他說：「今人以為聖人作書，有驚世絕俗之見，此是以私心待聖人。」提倡兼治經史，以求經世致用，與李贄用心相同。王夫之也是一樣，雖斥責李贄，但也是站在「尊孔」、「尊君」的立場而發。其經世致用的思想卻與李贄的進步思想相契。誠如：李贄主張一治一亂的歷史循環論，認為歷史的更替並不是「天意」，而是統治者的窮奢極侈，這已經注意到治亂的根源在於社會風氣的變化，是人治的結果。因此，他批評鄒衍的「五德終始論」及董仲舒的「三統論」，以「天的意志」來決定歷史的興替，顯然是不對的。

王夫之則一樣反對鄒衍與董仲舒的看法，並從「事理」和「史實」來對鄒、董的謬說提出抨擊。且王夫之主張「古今異時，強弱異勢，戰守異宜，利害異趨。」㉟也與李贄所謂「時變」的史觀時移勢殊，不以孔子的是非為是非，是非之爭如歲月一樣，晝夜更迭一般等論點相合。

傅山在經世致用上，也受李贄啓發，如他在《傅山全書》卷三十一〈聖人為惡〉篇中，就批評一般人對市井賤夫的輕視，而肯定他們不但懂理，也足以治天下，這種肯定市井賤夫的論調，從李贄《焚書．答耿司寇》批評道學家：「反不如市井小夫」所說的真話「令人聽之忘倦」，可以找出根源。

因此，如果說黃宗羲開創清代經世致用的史學思想，那麼李贄在明代已著下先鞭。

㈢樹立中國史學求真精神的典範：歷史的最大價值在於「真」，歷史如果失「真」，也就成了令人厭棄的「穢史」，不但不能彰顯天地之正氣，且會遺臭萬年，魏收的《魏書》就是一個鑑戒。綜觀李贄一生，就是爲「真」而生，且是爲「真」而亡。因爲他個性狷潔，容不下一絲不潔、虛僞。因此，基於生命的義憤，他不但痛斥當世的道學家，也爲歷史人物的含寃莫辨而難以釋懷。他爲了維護歷史的真，堅持「寧義而餓，不忍苟飽，寧屈而死，不肯倖生。」以「不畏死」、「不怕人」、「不靠勢」的卓絕獨立之精神，努力鑽研史籍，重評歷史人物，使蒙寃不白的真聖真賢重見天日；浮名失實的歷史投機客，水落石出，重視歷史的真相。爲了辨雪歷史，他在讀史書時，「真如與百千萬人作對敵」，明辨曲照，不敢苟且。這就是李贄在編著這部「繫千百年是非」的《藏書》之嚴謹治史態度。由於他始終抱著爲歷史呈現真相的史學，以求真精神著史，因此他總認爲這件工作是很快樂的，當他找出真相時，內心的快樂是難以言說的，所謂：「殊有絕致，未易告語」，可知他史學求真精神是與生命相契合的，這也是針對古今之「不真」而激起的義憤，因此他總是用整個生命之真來維護歷史的真。雖然或因史觀的差異而蒙訾議，但他追求純真的歷史精神，是不容抹殺的。這種冒生命之艱危，以維護歷史之真，堪爲中國歷史學家求真之典範，所謂「讀聖賢書，所學何事，而今而後，庶幾無愧。」淒涼悲壯的歷史情懷，自然流露。這與「風簷展書讀，古道照顏色」的古聖先賢，對「正義」、「真理」誓死追求的正氣之歌，自是千古同調。

李贄純真的史學精神，影響後代頗大，從張岱、黃宗羲、全祖望、崔述等人的史學思想中，我們不難窺見中國史學家求真的精神流貫其間。他如邵晉涵，主張對於歷史人物褒貶要慎重、公允。他在〈新唐書序〉中揭示了後世譏議《新唐書》爲敗壞史法之始，正因爲編修的歐陽修、宋祁不能詳細稽考史實，真實敘述，而有「輕易褒貶」、「尋撦」之弊病。這種追求公平、真實的執著，與李贄「求真」精神，同爲史實續「真」脈。又如崔述《考信錄》中追求名實相符合，反對「重名而不究實」的妄信態度。不盲目相信六經，把六經當作一般史書來看，而以科學的方法來辨僞，這也可以說是李贄求真精神的科學化發揚。

4 美學方面

李贄在美學史上的主要貢獻，是開創崇高美學的新境界。而身爲進步思想家的李贄，他的生活是很孤寂的，因爲他生在現實的環境中，又渴望理想的新境，在二者強烈的衝突中，迸發出生命中最強烈的激情，所以他的「發憤說」，也確實是不得不發的自然情性之揮灑。李贄時時感到「胸中有如許無狀可怪之事」、「喉間又時時有許多欲語而莫可所以告語之處」，一定要傾瀉而出，才能心情暢快。這是叛逆者與先知者最大的痛苦、痛快處，更是李贄「發憤說」突破傳統的地方。蓋傳統的「發憤說」是因個人遭逢不幸，情感鬱積而發憤，所作不平之鳴，因此這種傳統的發憤，還是在封建禮法的制約下產生的，故其發出的能量尚小。而李贄的「發憤」，是針對封建腐敗的政權之不滿與痛恨，是爲天下蒼生不幸際遇而發，這一發則衝開禮教的樊籬，打破封建統治的牢網。因此，這是全面性的、社會性的，這種憤蓄積著社會的極大能量，並沒有個人死生的顧忌，因此發出的力量是無窮的，引發的力量也是無限的。這也是李贄學說能夠風靡天下，使「麻城一境如狂」，並遠至東瀛的魅力所在。

正因這種無私無我，爲公理正義，爲救國救民所「發憤」出來的偉大力量，如山崩海嘯，如狂風暴雨，與僵化死寂的社會風氣形成激烈的衝突，產生了震聾發聵，驚世駭俗的奇偉效果；發出崇高、悲壯的衝突美，開創出中國美學激情、奔躍、奮發的新境界。蓋傳統美學主要是以儒家「中和」爲貴，以「和諧」爲訴求的美學理想。固然能配合農業社會淳樸、守法的步調，呈現出「發乎情、止乎禮」的和諧美。但這一切以「和諧」爲審美理想的美學思想，很自然地也會錯失了人世間所普遍存在的衝突、抗爭、發憤、激情等具有悲劇崇高的反映。這個美學的缺口，在李贄提倡做真人、說真話、做真事、動真情的美學追求中獲得充實。爲了歷史之真，不惜把當焚的《焚書》；該藏的《藏書》公開出來，痛擊僞道學家，批判封建腐吏。雖遭反噬，但也無怨無悔，勇往直前，其義無反顧，視死如歸的崇高精神與志節，高揚了崇高、悲劇的美學特性，也爲中國美學開啓了一扇通往崇高壯美的大門，彌補中國美學偏向「優美」的缺漏，這就是李贄在美學上最大的貢獻。

① 《潛書·全學》。

② 侯外廬《中國思想通史》第五卷。

③ 《譚嗣同全集》卷一。

④ 《續焚書》卷二。

⑤ 《藏書》卷三十二〈德業儒臣〉後論。

⑥ 《焚書》卷二〈復鄧鼎石〉。

⑦ 陳鼓應等主編，《明清實學思潮史》第十四章，頁四二五，齊魯書社。

⑧ 《亭林文集》卷五〈高平子君墓誌銘〉。

⑨ 《黃書·大正》第六。

⑩ 《二程集》卷十五。

⑪ 《焚書》卷三〈又與焦弱侯〉。

⑫ 《焚書》卷一〈答鄧石陽〉。

⑬ 陳乾初《瞽言·無欲作聖辨》。

⑭ 《藏書》卷三十七〈儒臣傳〉。

⑮ 《明清史研究論文集·中國資本主義萌芽時期的新思想》。

⑯ 〈蘇叔大集序〉。

⑰ 〈答管東溟〉。

⑱ 〈答王于泰太史〉。

⑲ 〈張元長噓雲軒文字序〉。

⑳ 《白蘇齋類集》卷十五。

㉑ 袁中道〈吏部驗封司郎中中郎先生行狀〉。

㉒ 同上。

㉓〈李卓吾與新文學〉，《福建文化》第二卷，第十八期。
㉔黃俊傑〈張岱對古典儒學的解釋——以四書遇爲中心〉，明清之際中國文化的轉變及延續研討會宣讀論文，七十九年五月，中央大學。
㉕〈與顧掌丸〉。
㉖〈答沈文人永令〉。
㉗〈答李少鶴書〉。
㉘《文史通義》外篇〈與邵二雲〉。
㉙《文史通義內篇二·古文十弊》。
㉚《古代文學理論研究》第十輯。
㉛《定盦文集·古今體詩上·歌筵有乞書扇者》。
㉜何永康〈狂、戚、諧、隱——試論吳敬梓的審美追求〉，《儒林外史研究論文集》，北京中華書局一九八七年九月。
㉝《李贄研究參考資料》㈢頁一六八。
㉞《日知錄》卷十八。
㉟《讀通鑑論》卷二十六。

主要參考資料

一、專著

《李溫陵傳》　李贄撰，文史哲出版社，民國六十年八月。

《卓吾二書》（《初潭集》、《史綱評要》）　李贄撰，河洛圖書出版社印行，民國六十五年三月。

《初潭集》　李贄撰，漢京文化事業有限公司，民國七十一年十二月。

《明燈道古錄》　李贄、劉東星同撰，廣文書局，民國七十二年十二月。

《續藏書》　李贄撰，臺灣學生書局，民國七十五年二月。

《焚書》、《續焚書》　李贄撰，漢京文化事業有限公司，民國七十五年五月。

《藏書》　李贄撰，臺灣學生書局，民國七十五年六月。

《孫子參同》　李贄撰，（《中國兵書集成》第十二冊）遼寧書社，一九九〇年十二月。

《九正易因》　李贄撰，（《續四庫全書》第九冊）上海古籍出版社，一九九五年。

《忠義水滸傳全書》　李卓吾評閱，中央研究院傅斯年圖書館藏袁無涯刻本。

《儒教叛徒李卓吾》　吳澤撰，仲言出版社，一九四九年三月。
《李卓吾思想評介》　福建省晉江地區文物管理委員會編，一九七五年五月。
《李贄研究參考資料》（一、二、三輯）　廈門大學歷史系編、福建人民出版社，一九七六年六月。
《李溫陵外紀》　潘曾紘編，偉文圖書公司，民國六十六年九月。
《李贄評傳》　張建業撰，福建人民出版社，一九八一年六月。
《李贄研究》　張建業、許在全主編，泉州市社會科學聯合會編，一九八九年五月。
《李贄散文選註》　張凡編注，北京師範學院出版，一九九一年十二月。
《李卓吾的佛學與世學》　林其賢撰，文津出版社，民國八十一年四月。
《李贄傳——中國第一思想犯》　鄢烈山、朱建國著，中國人民出版社，一九九二年八月。
《李卓吾生平及其思想研究》　陳清輝撰，文津出版社，民國八十一年十月。
《李贄年譜考略》　林海權著，福建人民出版社，一九九二年十一月。
《李贄與晚明文學思想》　左東嶺，天津人民出版社，一九九七年三月。

二、論文

葉國慶撰　〈李贄先世考〉，《歷史研究》一九五八年第二期，頁七九—八四。
邱漢生撰　〈泰州學的傑出思想家李贄〉，《歷史研究》一九六四年第一期，頁一一五—一三二。

慶思撰〈李贄的尊法反孔思想〉，《文物月刊》一九七四年第五期，頁二一—二七。
陳泗東撰〈李贄的家世、故居及其妻墓碑——介紹新發現的有關李贄的文物〉，《文物月刊》一九七五年第一期，頁三四—四三。
林其泉撰〈略談李贄對儒家反動歷史觀的批判〉，《廈門大學學報》一九七六年第二期，頁四八—五七。
朱恩彬撰〈李贄的思想與容與堂一百回刻本水滸傳評點〉，《古代文學理論研究》第九輯，頁三〇九—三二二，一九八四年四月。
郭豫適撰〈李贄〉，《中國歷代著名文學家評傳》，頁三五五—三九〇，呂慧鵑、劉坡、盧達編，山東教育出版社，一九八五年二月。
張兵撰〈李贄的「童心說」與龔自珍的文學思想〉，《古代文學理論研究》第十輯，頁二三一—二四九，一九八五年二月。
周作人著、鍾叔和編〈讀初潭集〉，《知堂書話》，頁六五六—六六〇，岳麓書社，一九八六年四月。
歐陽代發撰〈論李贄對水滸傳的批點〉，《古代文學理論研究》第十二輯，頁三一九—三三四，一九八七年十一月。
陳謙豫撰〈李贄〉，《中國古代文論家評傳》（下册），牟世金主編，頁六八七—七〇三，中州出版社，一九八八年八月。
王先霈撰〈李贄初潭集、藏書及書答雜述中的小說觀評述〉，《中國文藝思想史論叢》㈢，頁二〇四—二一四，編委會，北京大學出版社，一九八八年六月。
敏澤撰　〈李贄及葉晝〉，《中國美學思想史》，頁六三三—六四八，齊魯書社，一九八九年八月。
陳謙豫撰　〈李卓吾對小說戲曲理論批評的貢獻〉，《中國小說理論批評史》，頁五三—六八，華東師範大學，一九八九年十月。
馬積高著　〈王學的分化與李卓吾的反理學思想及其對文學的影響〉，《宋明理學與王學》，頁一三四—一二三，湖南師範大學出版社，一九八九年十月。
嵇文甫撰　〈李卓吾與王學左派〉，《左派王學》，頁五五—八四，國文天地雜誌社，民國七十九年四月。
楊國榮著　〈從良知說到童心說——王學向異端思想的演變〉，《王學通論——從王陽明到熊十力》，頁一五三—一七一，上海三聯書店，一九九〇年十二月。
池勝昌撰　〈試論李贄「不以孔子之是非爲是非」的觀念史的意義〉，《師大歷史學報》第十九期，頁一九七—二一四，民國八十年六月。
夏寫時撰　〈論李卓吾的戲劇批評〉，《古代文學理論研究》第四期，頁二六五—二八三，上海古籍出版社，一九九一年十月。
陳洪撰　〈李贄在小說本體觀與功用觀上的突破〉，《中國小說理論史》，頁六五—八六，安徽文藝出版社，一九九二年九月。
孫昌武撰　〈從「童心」到「性靈」——兼論文壇「狂禪」之風的蛻變〉，《中國文學研究》，一九九三年第一期，頁四五—五三。

孫長軍、楊德貴撰〈李贄、龔自珍童心思想的多向辨析〉，《信陽師範學院學報》（哲學社會科學版），一九九三年第一期，頁八三—九一。

敏澤撰〈李贄、葉晝關于水滸傳的評論和評點〉，《中國文學理論批評史》（下），頁九〇三—九一六，吉林教育出版社，一九九三年三月。

梁希哲、姜建明撰〈李贄與十六世紀前的中國社會〉，《吉林大學社會科學學報》，一九九三年第五期，頁五〇—五七。

周裕鍇撰〈童心說與性靈說〉，《中國禪宗與詩歌》，頁二四〇—二五〇，麗文文化出版社，一九九四年七月。

陳鼓應、辛冠潔、葛晉榮主編〈李贄的叛逆精神和人本主義〉，《明清實學簡史》，頁一八三—一九九，一九九四年九月。

蔡鍾翔撰〈論李贄的「以自然之爲美」〉，《中國人民大學學報》，一九九四年第二期，頁一〇〇—一〇六。

蔡尚思撰〈我要爲中國大思想家李贄呼冤——李贄的批孔堪稱天下第一〉，《首都師範大學學報》（社會科學版），一九九四年第五期。

李大華撰〈陽明后學的異端品格與道家風骨——從李贄的「童心說」說起〉，《廣東社會科學》，一九九四年第五期，頁七六—八一。

王利器撰〈李卓吾評郭勛本忠義水滸傳之發現〉，《河北師院學報》（社會科學版），一九九四年第三期，頁一〇三—一一〇。
張新洲撰〈從紅樓夢看李贄對曹雪芹的影響〉，《首都師範大學學報》（社會科學版），一九九五年第一期，頁七九—八五。
左東嶺、楊雷撰〈禪宗思想與李贄的童心說〉，《鄭州大學學報》（哲學社會科學版），一九九五年第五期，頁一〇—一六。
許金如撰〈近代自然人性論美學的晨輝——評李贄的美學思想〉，《揚州師院學報》（社會科學版），一九九五年第一期，頁四一—四四。
吳聖昔撰〈李贄評本二探——西遊記版本探祕之一〉，《明清小說研究季刊》，一九九五年第二期，頁一一七—一二六。
敏澤〈簡論李贄的思想及其傑出的歷史性貢獻〉，《暨南學報》（哲社版），一九九五年五月第三期，頁四四—五一。
陳清輝撰〈李卓吾美學思想析論〉，《國立僑生大學先修班學報》第四期，頁四七—一一二，民國八十五年七月。
陳清輝撰〈李贄「童心說」微旨初探〉，《國立僑生大學先修班學報》第五期，頁一二七—一七一，民國八十六年七月。

陳獻章・王守仁・李贄 / 宋志明，王熙元，陳
清輝著. --更新版. --臺北市：臺灣商務，
1999[民88]
面； 公分.--(中國歷代思想家：13)
含參考書目
ISBN 957-05-1582-1(平裝)

1. 哲學-中國-傳記

120.99　　88005594

中國歷代思想家(十三)

陳獻章 王守仁 李贄

定價新臺幣三〇〇元

主編者　中華文化復興運動總會
　　　　王壽南
著作者　宋志明　王熙元　陳清輝
責任編輯　雷成敏
封面設計　張士勇
內頁繪圖　黃碧珍
校對者　許素華　黃嬿羽　陳寶鳳
出版者
印刷所　臺灣商務印書館股份有限公司
臺北市重慶南路一段三十七號
電話：(〇二)二三一一六一一八
傳真：(〇二)二三七一〇二七四
郵政劃撥：〇〇〇〇一六五—一號
出版事業登記證：局版北市業字第九九三號

・一九七八年六月初版第一次印刷
・一九九九年六月更新版第一次印刷

ISBN 957-05-1582-1(平裝)　72013000

100臺北市重慶南路一段37號

臺灣商務印書館 收

讀者回函卡

感謝您對本館的支持，為加強對您的服務，請填妥此卡，免付郵資寄回，可隨時收到本館最新出版訊息，及享受各種優惠。

姓名：________________________　　性別：□男 □女

出生日期：____年____月____日

職業：□學生　□公務（含軍警）　□家管　□服務　□金融　□製造
　　　□資訊　□大眾傳播　□自由業　□農漁牧　□退休　□其他

學歷：□高中以下（含高中）　□大專　□研究所（含以上）

地址：□□□________________________________
　　　________________________________

電話：（H）________________（O）________________

購買書名：________________________________

您從何處得知本書？

　　□書店　□報紙廣告　□報紙專欄　□雜誌廣告　□DM廣告
　　□傳單　□親友介紹　□電視廣播　□其他

您對本書的意見？（A/滿意 B/尚可 C/需改進）

　　內容______　編輯______　校對______　翻譯______
　　封面設計______　價格______　其他________________

您的建議：________________________________
　　________________________________
　　________________________________

臺灣商務印書館

台北市重慶南路一段三十七號　電話：（02）23116118・23115538
讀者服務專線：080056196　傳真：（02）23710274
郵撥：0000165-1號　E-mail：cptw@ms12.hinet.net